I0246105

www.ingramcontent.com/pod-product-compliance
Lightning Source LLC
Chambersburg PA
CBHW031614160426
43196CB00006B/125

* 9 7 8 1 9 4 2 9 1 2 4 4 6 *

بنام عشق

In the name of love

عشق مچاله شده

Love is crumpled

نویسنده: علیرضا رضایی

writer: alireza rezaei

2019 © All Rights Reserved for the Author

کلیه حقوق مادی و معنوی این اثر برای نویسنده محفوظ است.

عنوان کتاب: عشق مچاله شده (Love is crumpled)

نویسنده: علیرضا رضایی (Alireza Rezaei)

ناشر: هنر برتر، آمریکا (Supreme Art, USA)

شابک: ۹۷۸-۱۹۴۲۹۱۲۴۴۶

عشق مچاله شده داستان زندگی دختریست که در نوجوانی اسیر وسوسه های عاشقانه می شود و سالهای پر تلاطمی را پشت سر می گذارد تا مسیر زندگیش را دریابد

داستانی بسیار جذاب و خواندنی میباشد که شما عزیزان را دعوت به خواندن این داستان می نماییم.

The love crumpled is the story of the girl's life, captured by love for her love temptation, and her years of tumultuous life to see her path.

A fascinating and readable story that invites your loved ones to read this story

❈❈❈❈

علیرضا رضایی زاده ۹ فوریه ۱۹۷۵ میلادی در یکی از شهرهای شمال مازندران(محمودآباد) چشم به جهان گشود

نویسنده ایی جوان و دست بر قلم که داستانهای متعددی نوشته است که اثر فوق یکی از آثار بی نظیر او می باشد.

Alireza Rezaeizadeh opened the eye world in north of Mazandaran (Mahmoodabad) February 9, 1975

A young writer who writes a number of stories that is one of his unique works.

تابستان فرا رسیده بود، بعد از پایان امتحانات و شروع تعطیلات تابستانی، یاسمن از اینکه توانسته بود سالی دیگر را با موفقیت پشت سرگذراند بسیار خوشحال بود. چند روزی بود که دیگر آن دلهره و فشار درس و مدرسه را نداشت صبح تا دیر وقت می خوابید و استرحت می کرد مانند تابستانهای گذشته منتظر آمدن خاله و دخترخاله عزیزش بود. دم دمای ظهر بود که از خواب بیدار شد، از جایش برخاست، بعد از شستشوی دست و صورت یک راست به آشپزخانه رفت، مادرش مشغول شستشوی سبزی و آماده کردن نهار بود.

با لبخندی گرم به مادرش سلام کرد : سلام عزیزدلم خوب خوابیدی ؟ ای بد نبود، برای صبحانه، چی داریم ؟ آی شکمو، بشین کنار میز تا برات بیارم. یاسمن با اشتهای تمام مشغول خوردن صبحانه اش شد در حال گرفتن لقمه از مادرش پرسید : مامان جون، قرار بود امروز خاله جون اینها بیان خونه ما، پس چرا نیومدن ؟ بنظرت دیر نکردند ؟

نه عزیزدلم ، گفتند ما ساعت ۷ صبح از تهران حرکت می کنیم. شاید تا ظهر برسند. ممکن است بعداز ظهر ساعت۲ تا ۲/۳۰ برسند، حالا تو چقدر عجله داری ؟ بالاخره میان، نگران نباش. آخه مامان خیلی دلم برای خاله و افسانه تنگ شده، خیلی وقته اونا را ندیدم. عجله نکن تا چند ساعت دیگر به امید خدا اینجان.

یاسمن بعد از جمع کردن سفره و وسایل صبحانه پرسید ؟ مامان کاری نداری تا کمکت کنم. اگر کاری هست بگو تا انجام بدم ؟ نه مادر: قربون تو دختر خوبم بشم، خودم به کارها می رسم، فقط یه زحمتی بکش دخترم به داداشت تلفن کن و بگو ظهر که داره برمیگرده خونه، سر راه اون لیستی که نوشتم (با اشاره به

گوشه میز) براش بخون بگو حتمن بگیره بیاد. یاسمن با گفتن : چشم مامان تلفن می کنم، از آشپزخانه خارج شد و سراغ تلفن رفت تا با برادرش تماس بگیره. بعد از چند بوق آزاد، صدای آشنای برادرش در گوشش نشست : بفرمایید ؟ با شیطنتی کودکانه گفت : سلام، داداشی. وقت داری لیست خرید مامانو برات بخونم.

سیاوش : سلام خواهر کوچولوی خودم، چطوری وروجک ؟ بخون عزیزم.

یاسمن : خوبم داداشی اما به خوبی تو نمی رسم. یاسمن مشغول خواندن لیست شد و در پایان گفت : یادت نره حتماً بگیری ها، مامان منتظره.

سیاوش : باشه، حتماً خب اگه کار دیگه ایی نداری من به مشتری هام برسم.

یاسمن : نه داداشی، خداحافظ. بعد از پایان تماس تلفنی یاسمن مثل روزهای گذشته، تنها کاری که داشت، نشستن پای تلویزیون و نگاه کردن به فیلم بود که سیاوش برای سرگرمی او تهیه می کرد. سیاوش تا جایی که امکان داشت سعی میکرد فیلم ها آموزنده باشند و اگر هم یاسمن فیلم هایی را از تبلیغات فیلمهای قبلی انتخاب می کرد و میخواست بدون هیچ کوتاهی آنها را تهیه می کرد زیرا از این گونه فیلمها در ویدیو کلوپها فراوان یافت میشد. یاسمن عاشق فیلمهای رمانتیک بود. تا جای ممکن این گونه فیلمها را به سیاوش سفارش می داد تا تماشا کند به نوعی برایش جذابیت و گیرایی بیشتری داشتن. یاسمن سیزدهمین بهار عمرش را پشت سر گذاشته بود و دیگر مثل گذشته نبود و بیشتر از خودش سر در می آورد و برای همین هم به دیدن فیلمهای رمانتیک علاقه نشان میداد که برایش جالب بودند او را با زندگی پر رمز و راز بزرگترها آشناتر می ساختند دختر زیرک و باهوش بود. یاسمن دو خواهر و یک برادر داشت که همه از او

بزرگتر بودند. بجز سیاوش، دو خواهرش، قبل از مرگ پدرشان ازدواج کرده بودند. مرگ پدر ضایعه بزرگی در زندگی آنها بود. برای آنکه یاسمن زیاد دلتنگی پدرش را نکند، خانواده خیلی هوای او را داشتند و تا جای ممکن نمی گذاشتند او احساس تنهایی کند و جای خالی پدر او را افسرده کند. هر چند وقت یک بار به سفارش مادرش بخانه یکی از خواهرانش می رفت، سیاوش هم مانند پدر مرحومش برای یاسمن از هیچ محبت و تلاشی کوتاهی نمی کرد. سیاوش ۲۳ سالش بود اما هنوز ازدواج نکرده بود یاسمن فرزند کوچک خانواده بود و در هنگام مرگ پدر سن کمی داشت آن وقت ها دختر ۹ ساله ایی بیش نبود برای همین هم دل نازک و زود رنج شده بود همه خانواده این موضوع را درک میکردند و مادرشان هم همیشه به آنها سفارش میکرد و از آنها می خواست که تا می توانند نگذارند نبود پدر موجب ناراحتی و افسردگی یاسمن شود و تا جایی که امکان دارد نگذارند او جای خالی پدر را احساس کند زیرا یاسمن وابستگی شدیدی به پدرش داشت و بیشتر شبها با صدای شب بخیر پدرش به خواب می رفت ولی اکنون پس از گذشت چند سال که یاسمن به آغاز دوره نوجوانی رسیده بود و در حال رشد وکسب تجربه بود و از آن کودک دل نازک گذشته فاصله گرفته بود دیگر نبود پدر داشت برایش عادی میشد و این موضوع را نسبت به قبل کمتر احساس میکرد.

ظهر فرا رسید اما هنوز از خاله و شوهر خاله و دخترخاله ها خبری نبود، خاله سمیه دو دختر و یک پسر داشت که پسرشان امیر چند سال قبل ازدواج کرده بود و اکنون در یکی از شرکتهای تهران مشغول به کار بود و کمتر فرصت پیدا میکرد تابستان را به همراه خانواده اش به شمال بیاید.

افسانه سال سوم راهنمایی را تمام کرده بود و یک سالی از یاسمن بزرگتر بود ولی چون از کودکی او و یاسمن با هم صمیمی بودند، خیلی به یکدیگر علاقه داشتند و همبازیهای خوبی برای هم محسوب می شدند بین این دو فامیل فقط آنها تقریبا هم قد و اندازه بودند و نیز راحت تر از بقیه حرفهای یکدیگر را درک می کردند و معمولاً اسرارشان را با یکدیگر در میان می گذاشتند، آرزو دختر بزرگ خاله سمیه، ۱۸ سال داشت و دوره پیش دانشگاهی را می گذراند. نمرات درسی اش خوب بود و بیشتر با سولماز جور بود، قبل ازدواج سولماز آنها بیشتر تابستانها در کنار هم بودند اما بعد از ازدواج سولماز او و آرزو کمتر موفق می شدند یکدیگر را ببینند ولی مثل سابق یکدیگر را دوست داشتند و با هم مثل قبل صمیمی و همراز بودند.

صدای زنگ در بلند شد، یاسمن از خوشحالی فریاد زد : مامان جون اومدن

صدیق خانم : نه عزیزم فکر نکنم به این زودی رسیده باشن این باید داداشت باشه که دستش پر بود زنگ زده، درو وا کن برو کمکش که خیلی خسته شده. یاسمن با برداشتن گوشی آیفون پرسید : کیه ؟

سیاوش : منم وروجک درو وا کن که از پا افتادم.

یاسمن بعد باز کردن در حیاط به سرعت خودش را به سیاوش رساند، سیاوش تمام سفارشاتی که مادر داده بود، تهیه کرده بود، یاسمن با لبخندی دل نشین سلام کرد و گوشه ای از بار دست سیاوش را گرفت، سیاوش انگار نه انگار که مشغله فکری و کاری داشت طبق معمول یکسره به آشپزخانه رفت و بعد از سلام و خسته نباشید به مادر، مایحتاج خریداری کرده را به اتفاق یاسمن تحویل مادرش

داد و برای دوش گرفتن به حمام رفت تا قبل از آمدن خاله و شوهر خاله و بچه هایشان بوی عرقش بدنش را که بر اثر گرما و کار روزانه به تن گرفته بود، بشوید و ضمنن دوست نداشت در مقابل دخترخاله اش آرزو با سر و وضعی آشفته و چرکین حاضر شود، چند دقیقه بیشتر طول نکشید که سیاوش دوش گرفت.

یاسمن مشغول شستن میوه و چیدن آن در جا میوه ایی بود و در همین حین رو به مادرش گفت : مامان، یادت نره فردا تولد شادی کوچولومونه با خاله اینها بریم بازار، من میخوام برای خودم و شادی کوچولو یه چیزهایی بخرم.

مادرش پاسخ داد: حالا کو تا فردا، اگر خاله خسته نبود و حوصله بیرون رفتن را داشت،باشه من حرفی ندارم تازه من خودم هم باید خرید کنم، از وقتی تابستان آمده هنوز به بازار نرفته ام، منم باید برای بچه سولماز کادوی تولد بگیرم.یاسمن: راستی مامان، من برای شادی کوچولو چی بگیرم ؟

صدیق خانم :حالا بریم بازار یه لباس بچگانه ایی یا هر چیزی که خودت انتخاب کردی، فرقی نداره، خواهرت خوشحال میشه، من که دوست دارم برای نوه ام پلاک و زنجیر که اسمش روی آن حک شده بخرم، حالا ببینم نظر خواهرت چیه ؟شاید دوست داشته باشه چیز دیگری براش بگیرم، هر چی سولماز گفت همان را برای بچه اش می گیرم.

یاسمن احساس گرسنگی می کرد. پرسید : مامان، نهارمان را نمیخوریم ؟ آخه خاله اینا خیلی دیر کردند

صدیق خانم : نه مامان جون، ساعت هنوز ۲ هم نشده کم کم دیگه باید برسند
هنوز حرف مادرش تمام نشده بود که صدای زنگ در بلند شد.

یاسمن دیگر مطمئن بود که آنها آمده اند. این بار قبل از برداشتن گوشی آیفون با عجله بطرف حیاط دوید تا در حیاط را به رویشان باز کند، حدسش درست بود. مهمانها بودن.بعد از باز کردن در به گرمی از خاله ودختر خاله هایش استقبال کرد حین سلام و احوالپرسی از خاله و دخترخاله هایش، سیاوش هم خودش را رساند و با همه سلام واحوالپرسی کرد، بعد از سلام و احوالپرسی آن دو با شوهر خاله شان، آنها را با اشتیاق زیاد به داخل خانه دعوت کرد و قبل از آنکه یه همراه آنها به داخل اتاق بروند دو لنگه در را برای ماشین آقا رحمان باز کرد، آقا رحمان ماشین را به داخل حیاط آورد و در گوشه ایی پارک کرد.

سیاوش: سلام خسته نباشید رسیدن بخیر آقا رحمان، بفرمایید، زودتر از این منتظر رسیدن شما بودیم. خیلی خوش آمدید.

آقا رحمان : متشکرم سیاوش جان آرامتر اومدیم تا از منظره اطرافم استفاده بیشتر ببریم هم رانندگی آروم برای امنیت وآسایش خودمان بهتره.خانواده چطورند ؟از کار بار مغازه چه خبر ؟خوبه ایشاالله.؟

سیاوش : همه چیزه خوبه آقا رحمان ! به لطف خدا. ممنون. خانواده هم سلامتند.!

سمیه خانم رو به شوهرش : آقا رحمان بیاید دیگه ؟

آقا رحمان : خانم شما بفرمائید، من بعد از شستن دست و رویم میام بالا، سمیه خانم و دخترخاله ها به همراه یاسمن به سمت صدیق خانم که روی ایوان خانه ایستاده بود راه افتادند صدیق خانم منتظرخواهر و خواهرزادهایش ایستاده بود. سیاوش که با همه سلام و احوالپرسی کرده بود. تو حیاط ماند و مشغول گپ و گفتگو با آقا رحمان شد.

یاسمن در کنار افسانه جای گرفت وآن دو مشغول گفتگو و صحبت از این در و آن در شدند از درس و مدرسه گرفته تا دوستان همکلاسی و معلمها ، آنقدر از دیدن دوباره یکدیگر خوشحال بودندکه برایشان قابل وصف نبود. یاسمن گفت : افسانه خیلی بزرگ شدی، همین سه ماه پیش دیدمت ولی انگار یکسال بزرگتر شدی

افسانه : فکر میکنی فقط من تغییر کرده ام یاسمن ؟ پس خودت رو هنوز ندیدی، از اون یاسمنی که چند ماه پیش دیدم زمین تا آسمون فرق کردی ؟ با گفتن این حرف هر دو خندیدند. یاسمن با مهربانی رو به افسانه گفت : در هر حال من خیلی خوشحالم چون تو در کنار منی و من دیگه احساس تنهایی نمی کنم حالا می تونیم با هم کلی حرف بزنیم و درد و دل کنیم، فیلم ببینیم و یا اینکه با هم بازی کنیم، خلاصه، خیلی خوش میگذره. افسانه : حالا کو ؟ حالا می بینی، صبر داشته باش می بینی که چکارها می کنیم و چه آتیشا میسوزونیم اونقدر که همه از دستمون کلافه بشن. بعد از آمدن آقا رحمان و احوالپرسی او با صدیقه خانم خواهر زنش، آقا رحمان با لبخندی حاکی از شرمندگی گفت : باز تابستان شد ما مزاحم شما شدیم. صدیق خانم در پاسخ گفت : این چه حرفیه آقا رحمان، اینجا خونه شماست اتفاقاً من و بچه ها خیلی خوشحال شدیم که شما اومدین مخصوصاً یاسمن که لحظه شماری میکرد تا شما برسید. آقا رحمان گفت : خدا بیامرزد ، اکبرآقا را واقعاً مرد شریف و مهمان نوازی بود شما هم اخلاق اون خدا بیامرز را دارید ما که همیشه شرمنده اخلاق خوب شما هستیم. در این حین سیاوش به سخن آمد و گفت : اختیار دارید آقا رحمان، شما با آمدنتان همه ما را خوشحال میکنید و ما از تنهایی در میاییم.

صدیق خانم رو به سیاوش گفت : سیاوش جان، خاله و آقا رحمان و بچه ها خسته اند و مطمئن هستم تا حالا خیلی هم گرسنه شده باشند، تو و یاسمن سفره ناهار را پهن کنید و ظرف غذا را بچینید. تا من برنج وخورشت را می کشم. در این هنگام یاسمن و سیاوش هر دو از جایشان بلند شدند تا به مادر در چیدن سفره و آوردن ظرف و وسایل ناهار کمک کنند در همین حین افسانه با اشتیاق گفت : خاله جان اگر کمکی از دست من بر میاید   بگویید تا کمکتان کنم

صدیق خانم : نه عزیز تو خسته ای یاسمن و سیاوش هستند.افسانه خسته نیستم خاله.صدیق خانم :عیب نداره افسانه جان حالا که دلت میخواهد کمک کنی بیا به یاسمن در چیدن سفره کمک کن، به این ترتیب سفره غذا چیده شد و همه مشغول صرف ناهار در کنار هم شدند و پس از صرف ناهار همه با کمک هم سفره را جمع کردند و آرزو نیز به تمیز کردن سفره مشغول شد. صدیق خانم رو به آرزو گفت : الهی خوشبخت بشی آرزو جان خیلی زحمت کشیدی. آرزو گفت : چه زحمتی خاله جان ؟ همه زحمتها به عهده شما بود که ناهار به آن خوشمزه ایی را تهیه کردید ، دستتان درد نکند.

سمیه خانم هم وارد آشپزخانه شد و از خواهرش تشکر کرد و کلی از دست پختش تعریف کرد و بعد از آن دو خواهر در کنار هم نشستند و مشغول صحبت شدند و از اتفاقات و بچه ها برای هم حرف زدند.

یاسمن و افسانه با کمک آرزو ظرفهای غذا را شستند. صدیق خانم محو تماشای خواهرزاده اش آرزو بود.علاقه شدیدی به آرزو داشت، همیشه به خواهرش گفته بود. آرزو باید عروس خودم بشه. چندین بار هم در این مورد مفصلاً به گفتگو

نشسته بودند و قولش را کم و بیش از خواهرش سمیه گرفته بود. اما سمیه شرطی برای صدیق گذاشته بود. که آرزو خودش قبول کند و به این ازدوج راضی باشد، سمیه به صدیق گفته بود. خودت که بهتر میدانی خواهر جان، دخترهای این دوره زمانه با دخترهای دوره زمانه ما فرق دارند و دوست دارند خودشان همسرشان را انتخاب کنند و دلشان نمی خواهد دیگران در مورد ازدواجشان تصمیم بگیرند و کسی را به زور به آنها تحمیل کنند ولی اگر نظر خود مرا بخواهی من کاملاً با این ازدواج موافقم. چه کسی بهتر از خواهر زاده خودم ! سمیه خانم تا حدودی میدانست که سیاوش و آرزو به یکدیگر علاقمند هستند زیرا از نگاههای توام با احترام و محبت آن دو به یکدیگر چیزهایی دستگیرش شده بود. و حدس می زد. که آن دو به هم دلبسته شدند در حالی که دو خواهر مشغول گفتگو و خوش و بش کردن بودند. در اتاق صدیق خانم به خواب رفتند.

سیاوش برای راحتی آرزو اتاقش را دراختیار دخترخاله اش قرارداد و در کنار آقارحمان در سالن به استراحت پرداخت و بعد مدتی کوتاه به اتفاق آقا رحمان به مغازه رفتند.

یاسمن و افسانه با هم به اتاق خواب یاسمن رفتند و با هم مشغول تماشای کتاب داستانهای یاسمن و نیز آلبوم عکسهای او شدند تمام عکس هایی که در سه ماه قبل گرفته بودند، خوب افتاده بود عید چه جاهایی که با هم نرفته بودند. کنار دریا، پارک، جنگل و خلاصه هر جا که دیدنی بود و می توانستند بروند، رفتند و تفریح کردند، یاسمن و افسانه چند عکس مشترک گرفته بودند که افسانه همه آنها را می پسندید و از اینکه دوباره می توانست خاطرات زیبای عید را مرور کنند، خوشحال بود، یاسمن چند عکس دوتایشان را برای افسانه چاپ کرده بود تا به

افسانه بدهد همچنین عکسهایی که آنها بطور دسته جمعی و خانوادگی گرفته بودند بسیار زیبا بود و از همه جالبتر عکسی بود که افسانه و یاسمن زیر درخت آلوچه بزرگ که در وسط باغشان قرار داشت، گرفته بودند و درخت آلوچه، مانند چتر سفیدی پوشیده از گل بر روی یاسمن و افسانه سایه زیبا افکنده بود و آن دو در زیر آن ایستاده بودند. به نظر هر دوتاشان این عکس بهترین عکسی بود که با هم انداخته بودند. افسانه بعد از دیدن آلبوم عکسهای یاسمن از او پرسید :؟ از کی تا بحال داستانهای عاشقانه می خوانی یاسمن: برای من نیست، برای داداش سیاوش است و من هم بیکار بودم از روی بیکاری آوردم تا بخوانم و سرم اینطوری گرم شود اما چیزی سر در نیاوردم ولی بعضی ازقسمتهای داستانهایش خیلی ناراحت کننده است، وقتی می خوانم.دلم می سوزد.

شب فرا رسید.آقا رحمان و سیاوش که به مغازه رفته بودند، برگشتند. مغازه اکبر آقا پدر سیاوش، سوپر مارکت بود، سالها اکبر آقا این مغازه را اداره میکرد پس از فوت او هم سیاوش با تمام توان اداره این مغازه را برای سرپرستی مادر و خواهرش به عهده گرفته بود تا زندگی آنها دچار مشکل و کمبود نشود تا قبل از آن درس میخواند و دلش میخواست مهندس بشود اما نتوانست بیشتر از دیپلم ادامه تحصیل دهد زیرا پدرش فوت کرده بود و مسئولیت اداره زندگی به دوش او افتاده بود. از گذشته ها، هر وقت آقا رحمان به همراه خانواه اش به شمال می آمد، روزها را کنار اکبر آقا در مغازه می گذراند مگر آن روزی که خانواده اش و همینطور خانواده اکبر آقا قصد رفتن به جایی را داشتند که آنها را همراهی می کرد حالا هم طبق عادت به مغازه می رفت و خودش را با دیدن مردم و مشتریهای مغازه سرگرم می کرد و اگر هم لازم میشد کمکی به سیاوش می

کرد.آقا رحمان خودش سر تاکسی کار میکرد و زندگیش را از این طریق می گذراند اما مردی مهربان و خانواده دوست بود و در فراهم کردن راحتی خانواده از هیچ تلاشی کوتاهی نمی کرد تمام بچه هایش او را دوست داشتند. بعد از آمدن سیاوش و آقا رحمان دوباره جمع خانوادگی گرم شد.

بعد از سلام و خسته نباشید صدیق خانم پرسید : سیاوش جان، پسرم نگذاشتی به اقا رحمان سخت بگذرد که ؟

آقا رحمان گفت : نه صدیق خانم، چه زحمتی چه سختی ؟ اتفاقاً خیلی خوش گذشت چون تجدید خاطره همیشه شیرین است.خدا حفظش کند آقا سیاوش پسری فعال و پر تلاش است، خیلی خوب مغازه را اداره میکند من هم وقتی می روم پیشش از تنهایی و بیکاری در میام.یاد اکبر اقا بخیر همیشه لبخند روی لبش بود و با مشتریها راه می آمد همه از او راضی بودند، آقا سیاوش درست عین پدرش است تازه ابتکار به خرج داده و مغازه را کمی تغییر و تحول داده که باعث رونق بیشتر کار و کاسبی اش شده به نظر من آقا سیاوش پسر فعال و باعرضه ایی است به تنهایی از پس کارها بخوبی بر آمده است، خدا برایتان نگهش دارد.

پس از شنیدن این حرفها سیاوش با لبخندی حاکی از شرمندگی گفت : ای بابا حسابی ما را چوب کاری میکنید، این نظر لطف شماست آقا رحمان، من هر کاری کنم، وظیفه ام را انجام داده ام.

صدیق خانم در تائید حرف پسرش گفت : شما محبت دارید آقا رحمان البته من با حرف شما کاملاً موافقم.سیاوش واقعاً بیشتر از توانش از خود مایه میگذارد، ما که خیلی از او راضی هستیم و به او افتخار میکنیم در همین حین که صدیق خانم و

آقا رحمان و سیاوش مشغول صحبت بودند سمیه خانم با یک سینی چای وارد سالن پذیرایی شد بعد هم سینی چای را روبروی همه روی میز گذاشت و به همه تعارف کرد، هر کس برای خود استکان چایی برداشت. خاله سمیه رو به شوهرش گفت : آقا رحمان شاید فردا صبح یا احتمالاً بعداز ظهر با آبجی صدیق و بچه ها برویم بازار، تو همراهمان میایی یا اینکه به همراه سیاوش به مغازه میروی ؟ آقا رحمان شما بروید ، من زیاد حوصله و علاقه ایی به گشتن داخل بازار را ندارم، می روم کنار سیاوش در مغازه مینشینم. یاسمن با شنیدن خبر رفتن به بازار در پوست خود نمی گنجید چون دوست داشت برای خواهر زاده عزیزش هدیه ایی بخرد،یاسمن پیش خودش مطمئن شد که مادرش با خاله صحبت کرده وخاله اش راضی شده که با هم به بازار بروند. بعد از صرف شام، یاسمن و افسانه باز هم تنها شدند و به اتاق یاسمن رفتند. خانه اکبرآقا بسیار خوش ساخت و زیبا بود، ۳ تا اتاق خواب داشت، آشپزخانه، کنار ورودی سمت چپ که رو به سالن و کنار اتاق پذیرایی قرار داشت دو اتاق که بینشان حمام و دستشویی بود در کنار سالن قرار داشت و یک اتاق خواب که در انتهای پذیرایی و در کنار آشپزخانه قرار داشت و نمای خانه را با شیشه بندهای زیبا و وسیع که تمام نمای باغ روبرو را می شد دید که باعث جذابیت و زیبایی اتاق می شد، در باغ درختان مرکبات و بین هر چند درخت، چراغهای باغچه ای روشن بود و حیاط و باغ را به زیبایی تمام نشان می داد، اکثر اوقات آنها تمام پرده های روبروی باغ و سالن را کنار می زدند تا نمای کاملی از باغچه و درختان باغ را بتوانند ببینند. یاسمن اتاق خوابش کنار آشپزخانه بود که قبلاً به پدر و مادرش تعلق داشت و اینک برای اوشده بود که شبها را در آنجا می خوابید. اما سیاوش اتاق خوابش را روبروی باغ زیبا یشان بود چون

براحتی می توانست زیبایی باغ را زیر نور ماه و ستاره ها کنار پنجره اش تماشا کند، اما در این شبها که آنها مهمان داشتند، سیاوش اتاق خوابش را به دخترخاله اش سپرده بود و جای خودش و آقا رحمان را در پذیرایی انداخت و همانجا می خوابید. برخلاف شبهای گذشته، صدیق خانم در اتاق خودش تنها نبود، خواهرش سمیه هم در کنارش بود. آرزو هم به تنهایی در اتاق خوابی که به سیاوش تعلق داشت به استراحت می پرداخت قبل خواب آرزو دوست داشت تغییرات اتاق را به دقت نگاه کند کنجکاو بود بفهمد که در ذهن و اطراف سیاوش چه می گذرد آنچنان در افکار دور و دراز خود غوطه ور شده بودکه افکار گوناگون ازسرش می گذشت.از مدتها قبل هم می دانست که سیاوش به او علاقه دارد و چیزی نمی گوید. ولی از سولماز شنیده بود که سیاوش فقط او را می خواهد. اتاق سیاوش باسلیقه و زیبا دکور شده بود می دانست سیاوش خوش سلیقه و با ذوق است که چنین اتاقی را برای خودش در نظر گرفته، به نظر آرزو هم زیبا بود و هم روبروی باغ قرار داشت و هم میشد به راحتی از پنجره به آسمان نگاه کرد و ماه و ستارگان را با آن زیبایی و شکوه حیرت انگیز تماشا کرد،از هنر خوشنویسی نیز در تزیین اتاق استفاده شده بود که به اتاق متانت و آرامش خاصی می بخشید میز مطالعه و چراغ مطالعه زیبا و چند گلدان گل و اشعار زیبایی بصورت تابلو بروی دیوار اتاق خود نمایی می کرد که همه نشان از حسن سلیقه سیاوش بود این همه ظرافت و زیبایی به اتاق فضا و حس و حال شاعرانه ایی داده بود. شعری توجه آرزو را به خود جلب کرد که نوشته بود : گفته بودم چو بیایی غم دل با تو بگویم، چه بگویم که غم از دل برود چون تو بیایی

آرزو با خود گفت : معلوم می شود که این روزها سیاوش هم دل پرسوز و گدازی دارد که چنین اشعار سوز ناکی را به دیوار اتاقش نصب کرده قبلاً این تابلو را ندیده بود. روی میز مطالعه چند کتاب قرار داشت و در کنارش ضبط صوت و چند نوار به چشم می خورد که اوقات تنهایی سیاوش را پر می کرد، آرزو توجه زیادی به آن نکرد ولی مضمون کتابهایی که سیاوش مطالعه می کرد برایش جالب توجه بود. آن شب را آرزو با افکار گوناگون در این اتاق سر کرد و شاد بود از اینکه دوباره می تواند سولماز، دختر خاله عزیزش را ببیند. با دمیدن روشنایی صبح، طبق معمول گذشته، سیاوش برای خرید نان گرم از خانه خارج شد و بعد از خرید نان به خانه برگشت. مادرش سماور را روشن کرده بود، معمولاً سیاوش عادت داشت که صبح زود به مغازه برود برای همین هم خرید نان صبح را با اشتیاق انجام می داد، هم برایش ورزش بود هم باعث شادابی او می شد، مادرش هم برای آنکه او زیاد منتظر نماند و دیرش نشود صبحانه را خیلی زود برایش مهیا میکرد. هنوز خاله و دخترخاله ها و یاسمن بیدار نشده بودند ولی آقا رحمان مثل گذشته ها که به شمال می آمد صبح زود به پیاده روی کنار ساحل رفته بود تا از طراوت ساحل و زیبایی دریا لذت ببرد و هم برای تندرستی خودش ورزشی کرده باشد. از بس که پشت رل تاکسی نشسته بود به آرتورز کمر مبتلا شده بود، چاره ایی نبود، آقا رحمان خوب میدانست که باید از این چند روز تعطیلات و محیط با صفای شمال به نحو احسن استفاده کند سیاوش بعد از خوردن صبحانه به مغازه رفت. آقا رحمان بعد از یکی دو ساعت پیاده روی کنار دریا به خانه باز گشت.دخترها یکی یکی در حال بیدار شدن بودند بعد از شستن دست و صورت یاسمن و افسانه زودتر از خاله سمیه و مادرش صدیق خانم کنار

میز صبحانه نشستند، آقا رحمان هم در کنار دخترش افسانه جای گرفت، آرزو اما هنوز بیدار نشده بود. خاله سمیه رو به خواهر زاده اش یاسمن گفت : یاسمن جان زحمت بکش برو آرزو را بیدار کن و بگو صبحانه حاضر است ما منتظرش هستیم تا بیاید.یاسمن هم بدون معطلی به طرف اتاق خواب آرزو رفت، چند ضربه به در زد و سپس وارد اتاق شد، آرزو به آرامی خوابیده بود انگار هنوز از خواب سیر نشده بود با دست تکانی به او داد : دخترخاله ؛ دخترخاله، آرزو جان، بلندشو، صبحانه حاضره نمیایی ؟ آرزو با صورتی پف کرده و خواب آلود چشمان خمارش را باز کرد و گفت : شنیدم یاسمن جان، بلند می شم، چند لحظه صبر کن و سپس چشمانش را کاملاً گشود و چشمش به یاسمن افتاد که با لبخند بالای سر او ایستاده بود یاسمن فوری سلام کرد.

آرزو ؛سلام صبح بخیر یاسمن جون،

یاسمن : صبح شماهم بخیر دخترخاله، خوب خوابیدی آرزو جان ؟

آرزو : نه آنطور که باید، جایم عوض شده، اوضاع خوابم بهم ریخت تا عادت کنم طول میکشه البته چیز مهمی نیست کم کم عادی میشه تو برو یاسمن جون من هم بعد از اینکه دست و صورتم را شستم میایم. یاسمن به سر میز صبحانه برگشت، خاله سمیه پرسید : آرزو بیدار شد ؟ یاسمن : آره خاله جون، هنوز خواب داشت ولی خیلی زود بیدار شد، مثل اینکه چون جایش عوض شده بود نتونست خوب بخوابه!

با ورود آرزو توجه همه به سوی او جلب شد، آرزو مودبانه سلام کرد، خاله صدیق زودتر از بقیه جوابش را داد : سلام عزیزدلم، صبحت بخیر، زیاد که بهت سخت نگذشت ؟

آرزو : نه، چندان بد نبود. یک صندلی را به طرف خودش کشید و روی آن نشست همه با هم مشغول صرف صبحانه شدند، صبح آن روز نتوانستند به بازار بروند ولی صدیق خانم با دخترانش سولماز و بهار تماس گرفت و خبر آمدن خاله و شوهر و بچه هایش را به آنها داد و برای ناهار آنها را دعوت کرد، سولماز با گفتن آقا مهدی بعداز ظهر هم کلاس دارد عذرخواهی کرد و گفت :من بعدازظهر میایم ولی آقا مهدی شب میاید. پس از پایان مکالمه مادر برای بهار تلفن کرد بعد از سلام و احوالپرسی به دخترش بهار گفت : خاله سمیه اینها آمدند تو و احمد آقا و بچه ها هم ناهار بیایید که بهار پاسخ داد : مامان جون سلام منو به خاله اینها برسونید اما متاسفانه من نهار نمیتونم بیام چون احمدآقا رفته ماموریت و معلوم نیست چه ساعتی بر میگردد، من زمان آمدنش را اطلاع ندارد، می مانم تا برگردد هر وقت آمد با هم میائیم پیش شما و با گفتن از خاله اینها عذرخواهی کنید، شب میبینمتان، مکالمه را به پایان رساند و خداحافظی کرد..

صدیق خانم و سمیه خانم و آرزو با هم نشسته بودند و از هر دری سخن می گفتند و یاسمن و افسانه پای تلویزیون مشغول دیدن فیلم بودند، آقا رحمان هم رفته بود مغازه کنار سیاوش تا تنها نباشد، ساعت ۱۰/۳۰ صبح صدیق خانم برای آماده کردن مقدمات ناهار به آشپزخانه رفت خواهرش هم بعد از چند دقیقه به کنارش آمد و مشغول صحبت کردن شد و بیشتر حرف آنها در مورد زندگی و آینده سیاوش و آرزو بود هر کدام سعی می کردند چیزهای تازه بیشتری در مورد

خواهرزاده اش بداند تا شادیش بیشتر شود کمی در مورد یاسمن و افسانه صحبت کردند و همینطور از روز تولد شادی دختر کوچک سولماز که یکساله میشد.

صدیق خانم: خواهرجان میخواستم برای تولد و گرفتن کادوی تولد بچه سولماز به بازار بروم چون امروز، روز تولد شادی است. سمیه خانم با دلخوری گفت : خواهر جان زودتر بمن می گفتی برای چه میخواهی بروی که لااقل من هم بدانم تا پیش سولماز جان شرمنده نشوم ناسلامتی من خاله اش هستم، فکر نکردی چقدر ناراحت می شدم اگر شب می فهمیدم که چیزی هدیه نگرفته بودم،

صدیق خانم پاسخ داد: خواهرجان، شما چه حرفهایی می زنید، سولماز سلامتی شما را می خواهد دیگه این حرفها چیه که می زنی و حالا شما نباید که حتماً هدیه بگیرید بدهید.

سمیه خانم : نه دیگه تعارف را بگذار کنار خواهر، ان شاء الله بعدازظهر با هم می رویم بازار و کادوی ناقابلی برایش می گیرم. آرزو در حال قدم زدن در باغ بود صدای گنجشکان از لابه لای درختان به گوش می رسید و آرزو، داشت از شنیدن آوازشان لذت می برد. کاش جای آنها بود و میتوانست به هر کجا که دلش میخواهد پرواز کند.لذتش راببرد.. تمام درختان پر از محصول بودند و دهان را به آب می انداختند، آرزو میدانست که تمام این درختان، ثمره تلاش و زحمت های مداوم شوهر خاله اش اکبر آقاست که با عشق و علاقه فراوان به این باغ رسیدگی می کرد و این باغ را روبراه کرده است.اکبرآقا مرد با سلیقه ایی بود، خدا بیامرز، فکر همه چیز را کرده بود حتی برای زیبا شدن باغ از گلهای رنگارنگ وزیبا استفاده کرده بود و در تمام گذر و کنار و گوشه باغ گل سرخ و سفید و شب بو

کاشته بود. تمام ظرافت باغچه آرایی در آنها رعایت شده بود، خاله صدیق هم عاشق گل و گیاه بود، آن همه گلدانهای زیبا کاکتوس از همه مدل در سالن و گوشه و کنار اتاق نشان دهنده ذوق و علاقه وافر او به گل بود. آرزو گل سرخی را از شاخه چید و آن را با تمام وجود بوئید، چقدر خوشبو بود، از بودن در این باغ احساس شادی می کرد از وقتی فهمیده بود که سیاوش او را دوست دارد و خاله صدیق هم دلش میخواهد که او عروسش شود احساس عجیبی نسبت به این باغ و این مکان داشت پیدا می کرد، او از سالهای کودکی سیاوش را می شناخت و شخصیت سیاوش را برای مرد آینده اش می پسندید. از گذشته که سولماز هنوز ازدواج نکرده بود آنها بیشتر به شمال می آمدند و او طبیعتاً بیشتر با سیاوش برخورد و بیشتر باهم صحبت میکردند. ولی از وقتی که سولماز ازدواج کرده بود او کمتر به شمال می آمد و بعدها هم بیشتر وقتش صرف درس خواندن و کلاسهایش می شد و چون درگیر درس و تحصیل بود کمتر وقت فکر کردن در مورد آینده و رابطه و زندگی آینده با سیاوش را پیدا می کرد.

آرزو با خودش فکر میکرد که هنوز خیلی زود است که در مورد ازدواج تصمیم بگیرد و این موضوع را جدی بگیرد. تا هنگامی که در دانشگاه قبول نشده بهتر است در مورد ازدواج با سیاوش اصلاً فکر نکند اما در دلش کاملاً نسبت به سیاوش مطمن بود و میدانست که سیاوش جز او دختر دیگری را دوست ندارد و به دختر دیگری غیر از او فکر نمی کند بنابراین آرزو می توانست با خیالی آسوده از این بابت، تلاش بیشتری کند تا در رشته مورد علاقه خود به دانشگاه راه یابد آرزو تصمیم جدیدی در ذهنش بود که تمام سعی خود را بکند تا رشته مورد علاقه خود را در شمال تحصیل کند یعنی محل تحصیلش در شمال باشد

تا هم بتواند ادامه تحصیل بدهد و هم بتواند به سیاوش نزدیکتر باشد تا بتوانند با هم ازدواج کنند.تمام این افکار را آرزو در سر می پروراند ولی به خاله و مادرش گفته بود فعلاً دارم درس می خوانم، هنوز که دانشگاه قبول نشدم، وقت زیاده، بعداً راجع بهش صحبت می کنیم در حال حاضر تنها هدف من قبول شدن در رشته مورد نظر و راهیابی به دانشگاه است. کم کم ظهر شده بود، آرزو تصمیم گرفت به اتاقش برگردد، وقتی وارد سالن شد چشمش به یاسمن و افسانه افتاد که مشغول تماشای فیلم بودند با خود فکر کرد که چقدر خوب می شد اگر او هم می توانست مثل آنها بی خیال از همه چیز بنشیند و فقط فیلم تماشا کند نه اینکه در خیالات و رویاههای خود غرق شده و منتظر بماند تا موقع آن برسد. یاسمن از آرزو پرسید : دخترخاله، باغمون رو دیدی ؟ خوشت اومد ؟ آرزو : آره مگه میشه آدم خوشش نیاد با اون همه گل قشنگی که در تمام گوشه و کنار باغ به چشم می خوره و منظره چشم نوازی رو پدید آورده، میدونی دلم میخواست همه گلها رو بو می کردم. یاسمن با خنده گفت : پس شانس آوردی بوشون نکردی وگرنه تا حالا زنبورهای داخلش دماغ کوچولوی تورا به اندازه لبو درشت و سرخ کرده بودند و حالا با آه و ناله اینجا نشسته بودی و به زنبورها بد و بیراه می گفتی. با این حرف یاسمن آرزو خنده اش گرفت و از این حاضر جوابی یاسمن بسیار ذوق کرد. یاسمن در ادامه گفت : من هم خیلی باغ و باغچمون را دوست دارم داداش سیاوش اکثراً به گلها آب میده تا خشک نشوند تمام این درختها و گلها را تو این هوای گرم اون آبیاری میکنه، عاشق گل و گیاهه بیشتر شبها از پشت پنجره به درختها و گلهای باغ نگاه می کنه.

آرزو : راستی ؟ نمی دونستم پسرخاله هم به گل و گیاه علاقه داره این جور نشون نمیده فکر میکردم فقط به کار و تلاش در مغازه اهمیت میده.

یاسمن : تازه به خط و خطاطی هم علاقه داره، گاهی اوقات خوشنویسی می کنه بعضی وقتها هم شعر میخونه.

آرزو پس از شنیدن این حرفها با گفتن : یاسمن جان امسال کلاس چندم می ری موضوع حرف را عوض کرد.

یاسمن: دوم راهنمایی

آرزو تشویقش کرد و گفت : باریک الله شنیدم معدلت بالای ۱۹ شده واقعاً که قابل تحسینه، آفرین امیدوارم همیشه همینطور درسخون باقی بمونی.

زنگ در به صدا در آمد و یاسمن سریع به طرف آیفون رفت و پرسید: کیه ؟ و پس از شنیدن پاسخ در را باز کرد. آقا رحمان و سیاوش از مغازه برگشته بودند. خاله و مادرش از آشپزخانه بیرون آمدند و با آنها خوشامد و احوالپرسی کردند و خسته نباشید گفتند آنها هم تشکر کردند و سیاوش پس از عذرخواهی کوتاهی جهت دوش گرفتن به حمام رفت و آقا رحمان هم برای استراحت در سالن نشست. صدیق خانم برای آوردن چای برای آقا رحمان به آشپزخانه رفت و اندکی بعد آرزو با اشتیاق به سوی پدر آمد و با لبخندی بر لب به پدرش سلام و خسته نباشید گفت.

آقا رحمان : سلام به روی ماهت دختر خوبم، شما خسته نباشی من که کاری نکردم فقط کنار آقا سیاوش نشسته بودم، شماها تو خونه زحمت می کشید، راستی آرزو، امروز بازار رفتید ؟ آرزو : نه قراره دخترخاله ها بعداز ظهر بیان با هم بریم،

امروز هم روز تولد شادی کوچولوست تازه یک سالش شده، مامان هم گفته بعدازظهر بهتره چون هوا کمی خنک تر میشه و راحت تر میتونیم توی بازار گردش کنیم و علاوه بر اون هدیه ایی هم که می دهیم مورد قبول دخترخاله است چون خودش هم همراه ما هست و می تونیم از خودش بپرسیم که کدوم را بیشتر قبول داره تا برای شادی کوچولو بگیریم،باباجون تو هم اگر تونستی با ما بیا.

آقا رحمان : نه دخترم جمع شما زنانه است، راحت تر می تونید با هم بگردید و انتخاب کنید من که نمیتونم تنهایی دنبال شما این طرف و آن طرف بیام، حوصله ام سر میره، شما خانوم ها انقدر مشغول خرید و گردش در بازار میشوید که همچی از یادتون میره،من نیام بهتره. آرزو : هر طور دوست دارید باباجون، من که خوشحال می شم همراه شما بازار برم،

آقا رحمان : قربون تو دختر با محبتم، اما امروز شما برای موضوع خاصی به بازار می روید شاید دخترخاله ات روش نشه پیش من در مورد کادو نظر بده، من نباشم شاید راحت تر بتونه نظر بده و انتخاب کنه، در همین حین افسانه و یاسمن به جمع آن دو اضافه شدند و با سلام ورود خود را اعلام کردند آقا رحمان پاسخ سلام هر دو را داد و نگاهی به چهره با نشاط و شاداب آنها انداخت و در دل گفت : بچه ها چقدر زود بزرگ میشوند و ما چقدر زود پیر میشویم. هر چند آنقدر ها هم که فکر میکرد پیر نشده بود و تازه موهایش جو گندمی شده بود آقا رحمان ۵۳ سال بیشتر نداشت او مرد با احساس و خوش برخوردی بود و علاقه خاصی به خانواده اش داشت، آقا رحمان همیشه از داشتن چنین خانواده ایی به خودش می بالید و خدا را شکر می کرد که هر چند با سختی کار بیرون روبرو هست در عوض خانواده ایی خوب و مهربان دارد که قدر زحمات او را می دانند.سیاوش تازه از

حمام بیرون آمده بود که مادرش صدایش کرد : سیاوش جان اگر زحمت نیست سفره را پهن کن بچه ها مشغول صحبتند تا آنها بیایند سفره را ببر و ظرفها را بچین. سیاوش : چشم مادر جان، در خدمت شما هستم.بچه ها با دیدن سیاوش به او سلام کردند و یکی یکی جهت کمک به صدیق خانم به آشپزخانه رفتند آقا رحمان هم گفت : سیاوش جان حسابی تو زحمت افتادی. سیاوش در جوابش گفت : آقا رحمان شما زیادی ما را شرمنده میکنید، چه زحمتی ؟ سفره پهن شد بچه ها با کمک هم بشقاب و دیس غذا و سالاد را آوردن..همه دور سفره غذا برای ناهار نشستند و برای خود در بشقابشان غذا کشیدند و مشغول صرف غذا شدند بعد از صرف ناهار، ظرفها را آرزو و یاسمن شستند و آرزو خشکشان کرد و بعد هم هر کسی سرگرم کاری شد. آرزو مشغول خواندن یکی از کتاب داستانهای سیاوش به نام مازیار گاو سیاه دست سرنوشت شد، یاسمن و افسانه هم مشغول استراحت و پچ پچ کردن بودند. آقا رحمان و سیاوش هم دراز کشیدند تا استراحتی کنند.

سمیه خانم و صدیقه خانم هم در اتاقی دیگر استراحت می کردند ، نفهمیدند کی وقت گذشت ساعت ۳/۳۰ شده بود که با صدای زنگ در خانه همه از خواب بیدار شدند این بار آرزو گوشی آیفون را برداشت آرزو : بله بفرمائید.

بهار : سلام آرزو جان، منم بهار، در را باز کن.

آرزو : سلام دخترخاله بفرمائید. در باز شد و آرزو به استقبال بهار و بچه هایش رفت و با هم روبوسی و احوالپرسی کردند و بهار رو به آرزو گفت : ماشالله چقدر بزرگ شدی ؟

آرزو به شوخی پاسخ داد: خواهش میکنم بزرگی از خودتونه و با هم زدند زیر خنده

بهار گفت : ای بلا، هنوزم همان شوخ طبعی گذشته را داری.

آرزو گفت : البته به شما نمی رسم، راستی چرا ناهار نیامدید؟

بهار : منتظر احمد آقا بودم بعداز ظهر ها معمولاً دیر میاد، اتفاقاً امروز اصلاً نیامد و تلفن کرد که سرش حسابی شلوغ است رو این حساب من هم نیامدم، وقتیم زنگ زد خیلی دیر شده بود به هر حال عذر میخوام.

آرزو :خواهش میکنم چون میخواستم زودتر ببینمت پرسیدم، خیلی لحظه شماری کردم تا بیاین با آمدن بهار و سر و صدای بچه ها، همه از خواب بیدار شدند وقتی بهار و آرزو وارد سالن شدند، خاله و دخترخاله و یاسمن و مادرش هم به سالن آمدند و بهار با همه آنها دیده بوسی و احوالپرسی کرد و بعد هم رو به خاله سمیه گفت : خاله جون خیلی خیلی خوش آمدید، واقعاً مارا خوشحال کردید.

آقا رحمان هم با او احوالپرسی کرد و پرسید : بهار خانم احمد آقا نیامدند؟

بهار : احمد آقا کمی گرفتاری داشت مشغول کار بود، نتونست بیاد ولی غروب خودش و می رسونه تا شب میاد. نیم ساعتی طول نکشید که سولماز هم آمد بعد از احوالپرسی و روبوسی و ابراز خوشحالی خود از دیدن خاله و دخترخاله ها، بچه اش را که در آغوش خوابیده بود به اتاق خواب برد و خواباند و سپس به سالن برگشت و در کنار آرزو روی مبل نشست. سولماز و آرزو همیشه دو دوست صمیمی بودند، سولماز بیشتر از بقیه به آرزو توجه داشت.

سولماز: آرزو جون، خیلی دلم برات تنگ شده بود، چقدر دوست داشتم تو را ببینم.

آرزو : من هم همینطور سولماز جون،دائماً از خاله سراغت را میگرفتم، راستی سولماز دخترت هم مثل خودت شیرین و با مزه است، ماشاءالله خیلی خوشگله، بزنم به تخته چشم نخوره. سولماز خندید و گفت : نه آرزو جون خیالت راحت باشه اون جز شیر چیز دیگه ایی نمیخوره، از این ناپرهیزی ها نمی کنه و هر دو خندیدند.

سولماز : راستی آرزو جون چیکار میکنی با درسهات ؟

آرزو: فعلاً که پیش دانشگاهی قبول شدم حالا تا ببینم بعدش چی پیش میاد، دانشگاه قبول میشم یا نه ؟ هنوز که خیلی راه نرفته باقی مانده.

سولماز: به امید خدا درست می شه، با پشتکاری که تو داری امکان نداره دانشگاه قبول نشی، ما بیشتر از خودت دوست داریم دانشگاه قبول بشی دلیلش رو بعداً بهت میگم ولی قول بده شیرینی اش یادت نره حتماً باید سور بدی.

آرزو قبول می شم غصه نخور، بخاطر رو کم کنی هم که شده قبول میشم.

در همین حین صدیق خانم با سینی چای وارد سالن شد و به همه تعارف کرد و هر کسی برای خودش استکان چای برداشت. آقا رحمان و سیاوش بعد از خوردن چای و میوه از آنها خداحافظی کردند و بسوی مغازه راه افتادند ، صدیق خانم بعد از رفتن آنها، رو به خواهرش گفت : ما هم زودتر راه بیفتیم بریم بازار که تا شب نشده برگردیم البته اگه شما موافق باشید.

سمیه خانم : من که حرفی ندارم و بعد رو به بچه هایش کرد و گفت : بچه ها زودتر حاضر بشین راه بیفتیم ساعت ۴/۳۰ شده دیرمان می شود و آنوقت نمی توانیم خوب بازار را بگردیم. با این حرف همه بلند شدند و یک ربع بعد هم همگی

برای رفتن آماده شده بودند در این میان برای یاسمن و افسانه رفتن به بازار آن هم دست جمعی بسیار جالب و خوشحال کننده بود. وقتی با خانواده به بازار می رفتند بهشان خیلی خوش می گذشت هم خرید می کردند و گردش وتفریح می کردند و بستنی می خوردند و حسابی به همه خوش می گذشت. خاله سمیه زن مهربان و خوش قلبی بود و تا جای ممکن سعی میکرد رضایت بچه ها را جلب کند او خیلی خوش اخلاق و فهمیده بود و هر کسی میتوانست به او اعتماد کند و رازهایش را با او در میان بگذارد. بعد از طی مسافتی به بازار رسیدند، دو طرف خیابان پر بود از مغازه های گوناگون با کالاهای متنوع و جذاب اما آنها باید به پاساژی می رفتند که وسایل وکالاهای مورد نظرشان وجود داشته باشد و بتوانند آنها را خریداری کنند، بعد از گذشتن از چند مغازه وارد پاساژ بزرگی شدند، تمام مغازه ها باز شده بودند از مغازه بزازی، طلافروشی و پوشاک گرفته تا فروشگاههای زنانه و مغازه های سیسمونی بچه و دکوراسیون منزل.قبل از خرید باید خوب می گشتند و انتخاب می کردند، جلوی چند بزازی انواع پارچه ها را دیدند و هر کسی نظری داد. قصد خرید پارچه را نداشتند و بهمین خاطر از آنجا گذشتند و روبروی طلافروشی همه ایستادند ویترین مغازه پر بود از جواهرات از دست بندهای زیبا والنگوهای خوش ساخت و گردنبند و گوشواره ,انگشترهای فیروزه ای گرفته تا عقیق،که همه بر حسب سلایق مشتریها با طرحهای متفاوت و جالب ساخته شده بودند. صدیق خانم چند زنجیر زیبا را نشان داد که پلاکهای مختلفی با طرحهای گوناگون داشت برحسب اتفاق یاسمن روی یکی از پلاکها اسم حک شده شادی را خواند و با اشتیاق گفت : مامان، مامان، آن یکی پلاک که

اسم شادی رویش حک شده است، چطور است؟ همه در یک لحظه با دقت به زنجیر و پلاکی که یاسمن اشاره کرده بود نگاه کردند.

صدیق خانم گفت : خیلی قشنگه، سولماز جون تو نظرت چیه ؟

سولماز گفت : اما اون خیلی گرونه، من توقع خرید اونو از شما ندارم تو خرج می افتید

صدیق خانم : مادرجون تو غصه پولش را نخور، تو قبول کن کاریت نباشد

بهار هم گفت : مامان راست می گه خواهرجون، بنظر من هم خیلی قشنگه،

افسانه و آرزو هم گفته خاله و دخترخاله را تایید کردند و گفتند به نظر ما هم خیلی قشنگ و جالبه، خاله سمیه هم مشغول انتخاب بود، او یک انگشتری زیبا و ظریف را انتخاب کرده بود و همه انتخابش را تحسین کردند بعد از پرداخت بهای طلا ها و خرید هر دوی آنها از مغازه خارج شدند. یاسمن و افسانه هر کدام قصد خرید عروسکی را داشتند که هر دوی آنها بعد از کمی دقت عروسک مورد نظر خود را انتخاب کردند اما چون قیمتها بالا بود از خرید آن صرف نظر کردند و تصمیم گرفتند که دو تایی یک عروسک را خریداری کنند بنابراین به مغازه دیگری رفتند و با انتخاب هم، عروسک کوچکتری را خریداری کردند و خوشحال و راضی از انتخاب خود از مغازه بیرون آمدند بهار و آرزو هم برای خرید لباس و کفش بچه باهم گفتگو می کردند قرار بر این شد که آرزو هر دوی آنها را بخاطر قیمت مناسبش خریداری کند و بهار هم با موافقت سولماز تصمیم گرفت از مغازه لوازم خانگی یک سرویس غذاخوری خریداری کند که همه انتخاب او را پسندیدند بعد هم به اتفاق برای آخرین خرید که متعلق به آرزو بود روبروی یک مغازه پوشاک

بچه گانه ایستادند آرزو به دقت به لباسهای بچه گانه که پشت ویترین بودند نگاه کرد چند دست لباس بچگانه شیک نظرشان راجلب کردآنها را به سولماز و بقیه نشان داد و نظرشان را جویا شد بعد از چند دقیقه آرزو لباسی را که از رنگ و مدلش خوشش اومده بود و بنظر مناسب شادی بود انتخاب کرد و با تائید دیگران وارد مغازه شد تا آن را خریداری کند.

یاسمن و افسانه بیرون مغازه مشغول نگاه کردن به ویترینهای مغازه های اطراف شدند کنار همان مغازه پوشاک بچگانه، مغازه شیک روسری فروشی و عطر و ادکلن بود، یاسمن و افسانه با هم برای تماشای ویترین مغازه به آنجا رفتند، افسانه و یاسمن هر دو خنده رو و با نشاطی بودند و نیز بسیار زیبا و جذاب. افسانه از لحاظ اندام از یاسمن دخترخاله اش کمی بلندتر و خوش تیپ تر نشان میداد. افسانه یواش در گوش یاسمن گفت: یاسمن داخل مغازه را نگاه کردی ؟ پسر فروشنده ذل زده داره ما رو نگاه میکنه. پسره پر رو.

یاسمن که انگار اصلاً توی باغ نبود گفت: افسانه، تو هم چه حرفهایی میزنی ها، اون کجا داشت ما را نگاه میکرد، حتماً به نظرت اومده

افسانه با عجله گفت : ببین، ببین با سر به ما اشاره میکنه که بریم داخل مغازه، چقدر بی چشم و روئه.

یاسمن : خب، لابد فکر کرده ما خریداریم واسه همین مثل مغازه دارهای دیگه تعارف میکنه که از مغازه اش خرید کنیم ولی ما که چیزی نمیخوایم، بیا بریم.

افسانه : حیف که پسر خوش تیپی هست و به ظاهرش نمیاد که آنقدر پررو باشد وگرنه می رفتم جلو و میزدم تو گوشش تا از این به بعد حواسش و خب جمع کنه.

یاسمن: بیا برگردیم، مامان اینها منتظرن.

افسانه : راستی یاسمن از این موضوع به کسی چیزی نگو، باشه ؟

یاسمن : ما که کاری نکردیم که بترسیم ولی خب باشه نمیگم. افسانه و یاسمن سریع برگشتند داخل مغازه پیش دیگران،آرزو هنوز کفش مورد علاقه اش را برای شادی کوچولو پیدا نکرده بود و هنوز سرگرم تماشای مدلهای کفشهای زیبای بچگانه بود. یاسمن و افسانه دوباره از مغازه بیرون آمدند و چون حوصله سر و کله زدن با فروشنده را نداشتند، علاوه بر آن می دانستند که آرزو سلیقه اش از همه آنها بهتر است پس لزومی نداشت که آنها آنجا باشند وقتی از مغازه بیرون آمدند افسانه دوباره فکرش معطوف آن پسر فروشنده شد که به آنها اشاره کرده بود. یکبار دیگر هم به خودش جرات داد و دوباره روبروی مغازه اش رفت. اینبار پسر فروشنده از جایش بلند شد تا دم در مغازه آمد با لبخند گفت : بفرمایید خانم، چیزی میخواستید ؟

افسانه گفت : اگه اشکالی نداره میخواهم ویترین مغازه را تماشا کنیم که پسر فروشنده پاسخ داد: بفرمایید، خواهش میکنم هیچ اشکالی نداره و دوباره به داخل مغازه برگشت. افسانه یک نگاه به ویترین می انداخت و یک نگاه هم به پسر فروشنده : چه پسر خوش تیپی، چقدر هم خوش برخورد و مودب برخورد کرد. ولی ناگهان ترسید که مبادا کسی بهش شک کند بنابراین برگشت پیش یاسمن، یاسمن خندید و با کنایه گفت :خودت تازه میگفتی مغازه داره پسر پررویی هست، حالا دوباره رفتی جلوی مغازه اش؟

افسانه: آخه میدونی یاسمن، میخواستم قیمت یکی از ادکلن ها را بدونم ازش که پرسیدم دیدم قیمتش خیلی بالاست واسه همین پشیمون شدم برگشتم.

پسر مغازه دار برای جلب توجه دوباره به بیرون مغازه آمد وقتی یاسمن و افسانه را دید. با لبخندی که بر لب داشت به افسانه سلام کرد. یاسمن با دلخوری گفت : راس میگی افسانه، پسره خیلی پرروئه، برم به مامان بگم حسابشو برسه ؟

افسانه : نه، نه، یه موقع این کار را نکنی ها، شر بپا میشه، حالا مگه چی شده؟ بنده خدا فقط سلام کرد ما هم که جوابش را ندادیم. در همین حین که یاسمن و افسانه مشغول پچ پچ کردن بودند پسر فروشنده دوباره پرسید : بچه های همین شهرید ؟

یاسمن با اعصبانیت گفت : مگه شما فضولید که می پرسید؟به شما چه ربطی داره که ما اهل کجا هستیم؟

پسر فروشنده از این برخورد یاسمن یکه خورد و برگشت داخل مغازه، افسانه رو به یاسمن گفت :آفرین یاسمن، خوب جوابش رو دادی،پسره خیلی روش و زیاد کرده بود. افسانه کمی فکر کرد و بعد ادامه داد: میگم یاسمن،چطوره مخ این پسره رو کار بگیریم. یاسمن با تعجب پرسید: یعنی چیکار کنیم ؟ افسانه : هیچی،طوری وانمود کنیم که دوست داریم باهاش رفیق بشیم. یاسمن با دهان باز، نگاهش کرد و گفت : مگه دیونه شدی افسانه،میدونی اگه مامانم بفهمه چی میشه ؟ پوست سرمو میکنه،کار زشتیه، ولش کن،از فکرش بیا بیرون. افسانه با دلخوری گفت : یاسمن، حال گیری نکن دیگه، فقط یه خورده سر به سرش میزاریم تا آرزو خریدش را بکنه ما هم حال این پسره سمج رو میگیریم. یاسمن : باشه، خودت

میدونی به من هیچ ربطی نداره.افسانه : پس بیا دوباره از جلوی مغازه اش رد بشیم ببینیم چه عکس العملی نشون میده، تا انتهای پاساژ را دور می زنیم و بر می گردیم.با این حرف هر دو به راه افتادند، جلوی مغازه روسری فروشی افسانه دوباره به داخل مغازه نگاهی انداخت. پسر آنها را شناخت بلندشد و به جلوی مغازه آمد، یاسمن و افسانه تا انتهای پاساژ رفتند و دوباره برگشتند. پسر فروشنده هنوز ایستاده بود، همین که افسانه و یاسمن به مغازه اش رسیدند، آرام به افسانه گفت: دلت میخاد باهام دوست شی نه ؟ شماره ام رو بهت میدم اگه دلت خواست باهام تماس بگیر. افسانه بی خیال انگار نه انگار، ککش نمی گزید،مخاطب پسر فروشنده او هست چون اصلن برایش تازگی نداشت. این موارد برای او، بارها پیش آمده بود چون دختر زیبایی بود و به راحتی نظر پسرها را به خود جلب می کرد، بارها پسرهای زیادی سعی کرده بودند که با او ارتباط دوستانه برقرار کنند و خیلی ها به امید آنکه او تماس بگیرد به او شماره تلفن داده بودند ولی او بی تفاوت از کنار همه آنها گذشته بود، دوست نداشت، در این مورد زیاد فکر کند.او همه چیز را می فهمید از بس که از هم کلاسیهایش درباره پسرها شنیده بود. در مورد دوستی وعلاقه واین موضوعات کنجکاو شده بود و حالا میخواست تجربه ایی در این زمینه کسب کند برایش سرگرمی جدید و جالبی بود.اما یاسمن هیچ از کار افسانه سر در نمی آورد و از نظر یاسمن این کارها زشت و ناپسند محسوب می شد. مادرش همیشه به او سفارش می کرد : دخترم، مبادا گول پسرها را بخوری و با آنها صحبت کنی ، سعی کن اگر جایی با پسری برخورد کردی بسیار باوقار و متین آنچنان که شایسته یک دختر با شخصیت است رفتار کنی بنابراین هنگامی که پسر فروشنده داشت با افسانه صحبت میکرد یاسمن از وحشت به خود می

لرزید.برای یاسمن هم صحبتی افسانه با یک غریبه عجیب و ناپسند بود. دلش می خوست هرچه سریعتر به جمع خانواده وکنار مادرش برگردد. هنگام برگشتن به پیش مادرش احساس راحتی و آرامش کرد. خرید آرزو هم تمام شده بود و او مشغول حساب کردن و پرداخت قیمت هدایای خریداری شده بود و مادر و خاله آماده بیرون آمدن از مغازه شدند، افسانه هنوز بیرون مغازه ایستاده بود آن پسر هم رو به روی مغازه اش ایستاده بود و کاغذی را به افسانه نشان میداد، یاسمن دوباره به کنار افسانه آمد و آرام در گوش افسانه گفت : افسانه خرید آرزو تمام شده و دیگه باید بریم، که پسر فروشنده صدایشان را شنید بلافاصله کاغذ مچاله شده ایی را به زیر پایشان انداخت در همین حین خاله و مادرش و سولماز و بهار و بچه ها و آرزو از مغازه بیرون آمدند افسانه با شتاب و نگرانی به یاسمن گفت : زود باش، اون کاغذ مچاله شده را بردار و بزار توی جیبت، وقتی به خونه رسیدیم ازت می گیرم.

یاسمن از همه جا بی خبر سریع خم شد و کاغذ مچاله شده را از زیر پایش برداشت وسریع گذاشت توی جیبش، بدون آنکه حتی نگاهی به آن بیندازد، پسر مغازه دار هم سرش را تکانی داد با خوشحالی برگشت داخل مغازه،ساعت حدوداً ۸ شب بود که خرید کادوی تولد شادی کوچولو تمام شد و همه هدیه های خود را خریداری کرده بودند و از پاساژ بیرون آمدند. دیگر برای رفتن به پارک دیر شده بود باید به خانه بر می گشتند ولی قبل از رفتن به خانه سری به قنادی زدند صدیق خانم برای همه بستنی و فالوده مخلوط سفارش داد همه نشستند و با اشتیاق خوردند. بعد از کلی سروکله زدن با فروشندگان و خستگی ناشی از خرید و گردش در بازار ، خوردن بستنی و فالوده لذت بخش بود. بعد از خوردن فالوده و

بستنی همه از صدیق خانم تشکر کردند. صدیق خانم یک جعبه نان خامه ایی و یک پاکت بستنی خانواده برای آقا رحمان و آقا سیاوش و دامادهایش گرفت سولماز هم یک کیک تولد بزرگ برای جشن تولد شادی کوچولو خرید همه برای رفتن به خانه به راه افتادند،روز خوبی را پشت سر گذاشته بودند و همه از خرید خود راضی بودند تنها کسی که گرفته به نظر می آمد و توی فکر بود افسانه بود، یاسمن هم دل توی دلش نبود از قیافه اش نگرانی میبارید. دلیلش را نمی دانست، بین راه سه دخترخاله بزرگتر با هم قدم می زدند، یاسمن و افسانه هم دست یکدیگر را گرفته بودند ولی هیچ حرفی نمی زدند هر دو در فکر بودند اتفاق امروز بدجوری ذهنشان را به خود مشغول کرده بود. صدیق خانم و خواهرش سمیه در کنار هم از گرانی اجناس و حوصله بچه ها در چانه زدن و انتخاب سختگیرانه شان گفتگو می کردند تا اینکه به در خانه رسیدند. صدیق خانم کلید انداخت و در را باز کرد و بعد به خواهر و بچه ها تعارف کرد و همه وارد شدند صدیق خانم اولین کاری که کرد این بود که سریعاً خودش را به آشپزخانه رساند تا سریعتر مقدمات شام را فراهم کند و قبل آمدن آقا رحمان و سیاوش و دامادهایش شام را حاضر کند. سولماز و بهار هم برای کمک به مادرشان وارد آشپزخانه شدند و بعد اندک مدتی خواهرش سمیه هم آمد تا به خواهرش در تهیه شام کمک کند وقتی بهار و سولماز را دید رو به آنها کرد و گفت : دخترها شما بروید استراحت کنید من به مادرتان کمک میکنم که سولماز و بهار گفتند : خاله جان شما و مادر بروید استراحت کنید شما خسته اید، امروز حسابی راه رفته اید و خسته شده اید نیاز به استراحت دارید ما خودمان همه کارها را میرسیم و در ضمن ما دو تا خواهر کلی حرف داریم که درحین کار با هم بزنیم آخه خیلی وقته که فرصت این چنینی

نداشیم درکنارهم باشیم با هم حرف بزنیم، تازه اصلاً خسته هم نیستیم شما دو تا خواهر هم بروید با هم درد دل کنید. ما هم کارامون تمام شد میایم پیشتون با این حرف مادر و خاله شان را وادار کردند که به اتاقشان بروند و استراحت کنند،آنها هم چون خسته بودند با اشتیاق حرف آنها را پذیرفتند و از آشپزخانه خارج شدند.

بعد از مدتی آرزو هم به جمع دو نفره آنها پیوست ولی آنها از او خواهش کردند که دست به چیزی نزند و فقط روی صندلی کنارمیز بنشیند و با آنهاصحبت کند. سولماز و بهار آرزو را خیلی دوست داشتند از نظر آنها آرزو دختر با شخصیت و فهمیده ایی بود و میتوانست همسر خوبی برای برادرشان باشد آنها کاملاً روی او شناخت داشتند. آرزو داشت از امیر و زن داداشش نازنین صحبت میکرد و گفت : که چقدر امیر و نازنین دوست داشتند که همراهشان بیایند ولی به علت گرفتاری و مشغله کاری امیر نتوانستند با آنها همراه شوند و به شمال بیایند. سه دخترخاله گرم صحبت بودند که صدای زنگ در بلند شد آقا رحمان و احمد آقا و آقا مهدی و سیاوش وارد شدند، احمد آقا و آقا مهدی غروب به جمع آن دو اضافه شده بودند قبل از آنکه به مغازه بروند به خانه آمده بودند ولی چون کسی در خانه نبود به مغازه رفتند و حالا با سیاوش و آقا رحمان به خانه مادر زنشان برگشتند بعد از آمدن آنها جنب و جوش تازه ایی در خانه به راه افتاد پسرهای بهار،آرش و آرمین مشغول بازی کردن و بالا و پائین پریدن بودند آرمین تازه ۳ سالش شده بود ولی آرش که ۵ ساله بود کمی بازیگوش تر و پرجنب و جوش تر از آرمین بود، با آمدن پدرشان آرش خود را به او رساند و پرید بغل پدرش و در آغوش پدر جای گرفت.آرمین کوچولو نتوانست،که دایی سیاوش او را از زمین بلند کرد و او را در آغوش خود جای دادو مشغول بازی با او شد همه دور سالن نشسته بودند بعد از

پیوستن آرزو و بهار و سولماز به جمع آنها دیگر حرفهایشان گل انداخته بود از هر موضوعی صحبت به میان می آمد بعداز نیم ساعت سفره شام پهن شد و شام صرف شد بعد از صرف شام برای شادی کوچولو جشن تولد مختصری گرفتند و کیکی را که سولماز به همین مناسبت خریده بود روی میز وسط سالن گذاشتند که روی آن یک شمع زیبا تزینی روشن کرده بود سولماز از طرف شادی شمع را فوت کرد که با دست زدن جمع مورد تشویق قرار گرفت بهار چاقو را لای انگشتان کوچک و ظریف شادی قرار داد و طوری وانمود کرد که شادی میتواند خودش کیک را برش دهد. پس از برش کیکها و تقسیم آن بین اعضای خانواده هر کس هدیه ایی را که تهیه کرده بود به سولماز داد که با تشکر و قدردانی سولماز و آقا مهدی، جشن تولد شادی کوچولو به پایان رسید. بعد از صرف میوه، گپ زدن و تخمه شکستن، ساعت حدودای یازده شب بود که سولماز و آقا مهدی آماده رفتن شدند و در همین حین احمد آقا و بهار و بچه ها نیز با آنها همراه شدند و پس از خداحافظی از خاله و شوهرخاله و بچه هایشان و مادر و یاسمن و سیاوش بسوی منزل خود رهسپار شدند. بعد از رفتن آنها خانه آرام شده بود با آن گردش خسته کننده بعدازظهرکه در بازار گذشته بود همه حسابی از پا افتاده بودند. یاسمن و افسانه در کنار هم دراز کشیده بودند که ناگاه چیزی به ذهن افسانه خطور کرد رو به یاسمن پرسید : راستی یاسمن اون کاغذ مچاله شده هنوز تو جیبته؟

یاسمن جواب داد: آره، ولی باشه برای فردا صبح،بهت میدم، الان دیگه دیر وقته چراغها خاموشند، من هم خسته ام و حال بلند شدن را ندارم.

افسانه گفت : نمیخوام تو بلند شی، فقط بگو تو جیب کدوم شلوارته خودم میرم ورش میدارم، بعدهم زیر نور چراغ مطالعه نگاه میکنم تا نور لامپ اذیتت نکنه

یاسمن : شلوار مشکی ام تو کمده، مواظب باش کمدم را بهم نزنی، سمت چپ کمدم را نگاه کنی، شلوارم آویزون است، تو یکی از جیبهایش گذاشتم، بگرد پیدا میکنی.

افسانه : باشه فهمیدم. افسانه کورمال کورمال به کمد رسید، درش را وا کرد، بعد هم طبق گفته یاسمن با دست سمت چپ کمد را بررسی کرد، انگار همین شلوار بود که به دستش خورده بود، چیزی نمی دید در آن تاریکی هیچ چیز پیدا نبود مخصوصاً شلوار مشکی آنهم در تاریکی شب، به هر حال افسانه دستش را داخل جیبش گذاشت اما چیزی نبود، داخل جیب دیگر را گشت دستش به تکه کاغذی خورد آن را برداشت و شلوار را سر جایش گذاشت پاورچین و آهسته به کنار تخت برگشت میز مطالعه یاسمن نزدیک تخت خوابش بود، چراغ مطالعه را روشن کرد ؛ خودش بود، همان کاغذ مچاله شده، آن را باز کرد و رویش یک شماره تلفن و نیز ساعتی که می توانست تماس بگیرد درج شده بود و در کنار آن شماره نام شاهرخ به چشم میخورد. لحظاتی به کاغذ نگاه کرد اسم شاهرخ را چند بار خواند و با خود تکرار کرد : شاهرخ شماره تلفن و یک ساعت آنرا هم چند بار زمزمه کرد و بخاطر سپرد حالش عادی نبود از خود پرسید : چرا من اینکار را کردم ؟ دائم خودش را ملامت می کرد، من هیچوقت خودم را آنقدر پیش کسی سبک نمی کردم. پسره دیونه فکر کرده با همین یه تیکه کاغذ میتونه مخ منو بزنه، بعد هم کاغذ را پاره کرد و روی میز انداخت از اینکه برایش خواندن محتویات و نوشته های آن کاغذ مهم بود، لجش میگرفت. برگشت به سرجایش کنار یاسمن درازکشید.

یاسمن پرسید : افسانه اومدی ؟

افسانه : آره.

یاسمن : چی شد ؟، کاغذ را پیدا کردی ؟

افسانه : آره،خوندمش.

یاسمن : پس دیگه راحت شدی، خیالت جمع شد، حالا میتونیم راحت بخوابیم ؟

افسانه: چی میگی یاسمن، اصلاً برام مهم نبود، فقط می خواستم حس کنجکاویم برطرف بشه

یاسمن : چقدر هم تو بیخیال بودی، از بی خیالی خوابت نمی گرفت.

افسانه : سر به سرم نزار یاسمن، داری مسخرم میکنی ؟

یاسمن: نه به جون تو، شوخی میکنم بگیر بخواب خودم هم کنجکاو بودم ببینم توی کاغذ چی نوشته ؟ ولی باشه برای فردا، باهم صحبت میکنیم، شب بخیر.

افسانه : شب بخیر !

صبح زود طبق معمول سیاوش برای خرید نان گرم بیرون رفت، آقا رحمان هم برای پیاده روی و دویدن به کنار دریا رفته بود، صدیق خانم هم مانند روزهای گذشته سماور را روشن کرد تا چای را دم کند بعد از اینکه سیاوش نان خرید و آقا رحمان هم از پیاده روی برگشت صدیق خانم سفره صبحانه را آماده کرد همگی دور میز مشغول صرف صبحانه بودند، آقا رحمان از خانمش پرسید : خانم امروز قصد رفتن به کجا را دارید ؟ میخواهید جایی بروید ؟

سمیه خانم پاسخ داد : هنوز معلوم نیست، شاید شام را دست جمعی برویم پارک،هنوز تا آن زمان وقت زیاد است، راجع به آن بعدازظهر تصمیم میگیریم، فعلاً قصد بیرون رفتن را نداریم.

آرزو خودش را با کتابهای سیاوش سرگرم میکرد، یاسمن و افسانه هم به اتاق یاسمن رفته بودند چون حرفهای زیادی برای گفتن داشتند قرار گذاشته بودند، که صبح راجع به اتفاق غروب روز گذشته با هم صحبت کنند. کاغذ تکه شده روی میز افتاده بود، یاسمن آنرا برداشت دو تکه را کنار هم قرار داد و نوشته های روی آن را خواند : شاهرخ، شاهرخ و شماره تلفن را هم خواند، چه خط زیبایی هم داشت از افسانه پرسید : افسانه نمیخواهی برایش تلفن کنی ؟

افسانه : تو هم چه زود نظرت عوض میشه خودت همین دیروز بمن میگفتی کار اشتباهی کردم که با اوهم کلام شده ام شماره اش را گرفتم. حالا از من می خواهی که براش زنگ بزنم ؟!

یاسمن گفت : فقط میخواستم بدونم حالا که شماره اش را گرفتی چرا تلفن نمی کنی ؟ مگه نمی خواستی سر به سرش بزاری و حالش را بگیری ؟

افسانه : یاسمن جون، تو این پسرها را نمیشناسی، یه جوری از زیر زبون آدم حرف میکشند بیرون،که خودت نمی فهمی ممکنه خیلی زود ما رو بشناسه بعد هم هر جا ما رو دید مزاحم مون بشه

یاسمن : میدانم افسانه، مامان همیشه میگه نباید با پسرهای غریبه اونم جایی که بزرگتر آدم نیست صحبت کرد چون خیلی زود سوء استفاده می کنند و مزاحم آدم میشن.

افسانه : اگر بعداز ظهر کسی خونه نباشد دو تایی براش تلفن می کنیم.

یاسمن : یه وقت شماره مارو نفهمه ؟

افسانه : تو هم چقدر میترسی، مگه همراه شماره عکس وآدرس ما هک میشه که بفهمه تا نگی نمی تونه چیزی بفهمه. یاسمن تو تا حالا برات پیش اومده که پسری بهت شماره بده یا دنبالت راه بیفته ؟ یاسمن : نه، من از ترس سکته میکنم.

افسانه : ولی برای من بارها پیش اومده اما من بی تفاوت از کنارش رد شدم و اصلاً اهمیتی ندادم.

یاسمن : راستی افسانه نمیترسی دنبالت راه می افتند ؟چیزی بهشون نمی گی ؟ به پدرت چی ؟ نمی گی پسرها مزاحمت می شن ؟

افسانه : یاسمن تو هم خیلی از مرحله پرتی ها، به پدرم چی بگم ؟ دختر خودش باید متانت خودشو حفظ کنه و با هیچ پسری صحبت نکنه، من هم همین کار را می کنم ولی چیکارش می شه کرد خودشون دنبالم راه می افتند و بهم شماره میدن و من هم اصلاً اعتنا نمی کنم.یاسمن : کار خوبی میکنی افسانه،مامان میگه اصلاً نباید پسرها را تحویل گرفت زود دور بر میدارن، تا یه دختری تحویلشون می گیره خودشونو هم گم میکنن بعدش هم برات دردسر درست میکنن. واقعاً ارزشش رو ندارن.

افسانه : میدونی یاسمن چند تا از همکلاسیهایم با پسرها دوست هستن همدیگه رو تو راه مدرسه به خانه میبینن همون دخترا منو که دوست ندارم با هیچ پسری رفیق شم دست میندازند و می گن من آدم ترسویی هستم و جرات اینکار را ندارم ولی من میدونم که این کارها، کار خوبی نیست وبه جرات هم ربطی نداره به

شخصیت آدم لطمه می زنه تازه اصلاً برام مهم نیست که با پسری رفیق شم اما گاهی اوقات هوس میکنم که برای تفریح و رو کم کنی دوستام اینکار رو انجان بدم که البته خیلی زود پشیمون میشم و ادامه نمیدم.

یاسمن : دوستات عجب دخترهایی هستند به خیالشون کار خوبی بلد هستن ؟ افسانه و یاسمن خیلی راجع به داشتن دوست پسر و عشق و علاقه و اینجور چیزها و رابطه بین دو تا رفیق باهم صحبت کردند. یاسمن انگار چیزهای جدیدی می شنید با ولع زیادی گوش میکرد واین گونه حس کنجکاویش را ارضاء میکرد، هر چه افسانه بیشتر میگفت یاسمن مشتاق ترمیشد و در چشمانش برق اشتیاق عجیبی برای شنیدن می درخشید.افسانه و یاسمن بیشتر وقت خود را به صحبت در مورد اتفاقات مدرسه و نیز کارهای بامزه همکلاسیهای خودشان می گذراندند. بعد از ساعتی آن دو برای قدم زدن در باغ از اتاق خارج شدند، یاسمن موقع بیرون آمدن دو تکه کاغذ را داخل دفتر خاطراتش گذاشت و آن را در کشوی میزش جا داد تا کسی آن را نخواند.

آرزو کنار پنجره نشسته و رو به باغ مشغول مطالعه کتاب بود. یاسمن و افسانه به باغ آمدند، آرزو از خنده های شادمانه آنها لحظه ایی چشم از روی نوشته های کتاب برداشت و به آن دو خیره شد وبرای چند لحظه با نگاهش آنها را که مشغول جست وخیز وشادی بودند دنبال کرد.

افسانه و یاسمن زیر همه درختان سرک کشیدند تا رسیدند به درخت گیلاس که مورد علاقه و محبوب یاسمن بود اما هنوز گیلاسهایش سبز و نارس بود، اما خیلی پر محصول بود وقتی گیلاسها رسیده و آبدار می شدند چیدن آنها را یاسمن به

عهده میگرفت.افسانه رو به یاسمن گفت : خوشبحالتان که باغ به این قشنگی دارید خیلی هم بزرگ و وسیع است هر چه داخلش گردش کنید و لذت ببرید تمام نمی شود، از بس تو چهار دیواری خانه مان کز کردم، دلم پوسید. چقدر گلهای این باغ زیبا هستند، من عاشق گلهای رز این باغ هستم، تو چه گلی رو دوست داری یاسمن ؟ یاسمن :من هم گل رز را دوست دارم مخصوصاً رز سفید خیلی از رز سفید خوشم میاد. صدیق خانم و خواهرش هم راجع به پارچه ایی که چند ماه قبل خریده بودند صحبت می کردند صدیق خانم به خواهرش سمیه می گفت : خواهرجان نمیدونم چه مدلی برای دوختن لباسم انتخاب کنم سمیه خواهرش پاسخ داد: خواهر جان بنظرم آن مدل که تازگیها مد شده هم شیک است هم به تو میاد در ضمن من یک کتاب ژورنال با خودم آوردم، همراهم هست میتونی از داخل اون یه مدل که می پسندی انتخاب کنی و طبق اون لباست را بدوزی !!

صدیق خانم گفت : پس سمیه جان اگه زحمت نیست برات بعدازظهر همراهم بیا بریم خیاطی، کتاب ژورنالت رو هم بیار تا با مشورت خیاط، مدل مورد نظر را انتخاب کنیم چون به هرحال خیاط بهتر میدونه که چه مدلی به چه پارچه ایی یا چه سن و سالی میخورره و چه طرحی به چه صورتی و میاد.

سمیه خانم:آره تو درست میگی، خیاط میتونه در این زمینه راهنمای خوبی برای ما باشه.

دو خواهر تصمیم گرفتند که بعدازظهر زودتر راه بیفتند بروند خیاطی وبرگردند.تا بچه ها وقت تفریح و گردش بیشتری در پارک را داشته باشند، صدیق خانم از

جایش بلند شد که ترتیب ناهار را بدهد. موقع ناهار آقا رحمان رو به سمیه خانم گفت : هنوزم قصد رفتن به پارک را دارید یا تصمیمتان عوض شده ؟ سمیه خانم گفت : نه هنوز تصمیم داریم که بریم چون بچه ها هم خوشحال میشن! تازه یه حال و هوایی هم تازه میکنن، من و خواهر جان بعداز ظهر یه سر میریم خیاطی بعد به اتفاق بچه ها می رویم پارک. شما هم سعی کنید ساعت۶ اینجا باشید تا به اتفاق هم به پارک برویم،آقا رحمان هم گفت : چشم حتما به موقع میاییم. بعداز صرف غذا و مرتب کردن خانه و شستن ظرفهای غذا صدیق خانم و مهمان ها برای استراحت به اتاق هایشان رفتند. بعد از ساعتی استراحت، صدیق خانم و خواهرش حاضر شدند به خیاطی رفتند، بعد از رفتن آنها کسی جز آرزو درخانه نبود افسانه رو به یاسمن گفت : یاسمن برای اون پسره تلفن نمی کنیم ؟

یاسمن گفت : نمیدونم : اگه میخوای تلفن کنی حالا بهترین وقته، چون خاله و مامان نیستن و از ماجرا بوئی نمیبرن

افسانه : خیلی خب، پس من می رم ببینم آرزو خوابه یا بیدار تو هم برو شماره رو بردار بیار یاسمن : لازم نیست، من شماره رو حفظم تو فقط برو ببین آرزو خوابه یا نه ؟

پس از اطمینان خاطر افسانه از خواب بودن آرزو، هر دو به کنار تلفن رفتند افسانه گوشی را برداشت و یاسمن هم شماره را گرفت تلفن زنگ خورد، یکی، دو تا، سه تا، الو بفرمایید، بفرمایید خواهش میکنم و پاسخ فقط سکوت الو پس چرا حرف نمی زنید مگر مرض دارید بیخود مزاحم مردم میشید افسانه قبل از اینکه حرف دیگری بشنود گوشی را روی تلفن گذاشت، حسابی ترسیده بود او تا بحال با کسی

غیر از آشنایان و دوستانش صحبت نکرده بود، قلب هر دوی آنها به شدت می تپید.

بعد از مدتی یاسمن پرسید : چی شده؟ چرا رنگت پریده ؟

افسانه گفت : تو خودت هم دست کمی از من نداری.

یاسمن : چی گفت ؟ چرا قطع کردی ؟

افسانه : راستش ترسیدم، زبونم بند اومده بود، آخه تا بحال از اینکارها نکردم

یاسمن : اون حرفی نزد؟

افسانه : چرا اولش گفت بفرمایید بعدش هم که دید جواب نمیدم عصبانی شد میخواست فحش بده که قطع کردم. افسانه رو به یاسمن گفت : این دفعه تو گوشی را بردار و باهاش حرف بزن

یاسمن : من،

افسانه :آره تو، مگه می ترسی ؟ اون که نمی تونه تو رو ببینه وبشناستت.

یاسمن : باشه؛ هر چه بادا باد، بعد هم گوشی را برداشت و شماره را گرفت چند بوق و پشت آن صدای مردانه ایی که می گفت : بفرمایید.

یاسمن چند بار داخل گوشی فوت کرد از آن طرف صدایی به گوش می رسید : پس آدمهای زنده ایی آن طرف خط دارند کباب فوت می کنند نه شاید هم دارند شمع تولدش را فوت می کنه کمی سکوت کرد و ادامه داد: میدونم که دوست داری بامن رفیق شی، پس چرا حرف نمی زنی تا من هم از صحبتهای شما مستفیض شم، حتماً دلت میخواد فحش...هنوز حرفش را تمام نکرده بود که

یاسمن تماس را قطع کرد، قلبش با تمام فشار می تپید، انگار هوای اتاق کم آمده بود به سختی می توانست نفس بکشد از شدت هیجان داشت قلبش از جا کنده می شد تا به حال برایش اتفاق نیفتاده بود که صدای غریبه ایی را بشنود یا کسی انقدر نزدیک گوشش حرف از دوستی زده باشد، خودش هم نمی دانست چگونه جرات فوت کردن و گوش دادن به حرفهای آن پسرک را پیدا کرده بود به نظرش صدای این پسر هم مانند خطش خوب است، حرفهای پسرک در مغزش پیچید و تکرار میشد : میدونم دلت می خواهد بامن دوست شی، چرا حرف نمی زنی ؟ یاسمن دلش میخواست دوباره آن شماره را بگیرد، از افسانه پرسید : به نظرت دوباره تماس بگیرم ؟

افسانه : نه، نه، مگه دیونه شدی ؟زده به سرت ؟ حالا چی بهت گفته

یاسمن : هیچی، همون حرفها که به تو گفته بعلاوه اینکه گفته میدونم دلت میخواد با من دوست شی.

افسانه : باریک الله پس شیرین زبونی هم بلده، مرتیکه عوضی. یاسمن دیگر چیزی نگفت نمی خواست جلوی افسانه ازخودش ضعف نشان دهد و خودش را مشتاق صحبت کردن با آن پسر و شنیدن صدایش نشان دهد، بنابراین با بی تفاوتی گفت : افسانه بهتر نیست بریم فیلم خودمون را تماشا کنیم ؟

افسانه : بریم، من که خیلی وقته منتظرم!

۲۰ دقیقه با هیجان و ترس و اضطراب بین دودخترخاله گذشت، آنها هم صدای آن پسر راشنیده بودند و هم جرات آنرا پیدا کردند که اشتباه خودشان را چندبارتکرار کنند.خودشان هم نمی دانستند چکار میکنند فقط فکر میکردند که سرگرمی تازه

ایی پیدا کرده اند، آنها مشغول تماشای فیلم بودند که آرزو به کنارشان آمد و پرسید : بچه ها چه فیلمی دارید می بینید ؟ یاسمن :سلام دخترخاله آرزو ؟ هیچی طبق معمول فیلم هندی،می بینیم. تو هم اگه دلت میخواد بیا ببین

آرزو : شما خسته نمیشید انقدر فیلم میبینید ؟ یه سرگرمی تازه پیدا کنید. افسانه نگاه معنی داری به یاسمن انداخت و گفت : اتفاقاً همین کار و کردیم، مگه نه یاسمن؟ یاسمن دستپاچه نگاهش کرد و قبل از اینکه حرفی بزنند آرزو که از حرفهای آنها چیزی سر در نیاورده بود گفت : ای شیطون بلاها باز چه نقشه ایی کشیدین باز چه کلکی تو کارتونه، راستشو بگین ؛ این بار میخواین کجا رو خراب کنین ؟ یاسمن با لبخندی سر و ته قضیه رو هم آورد و گفت : هیچی بابا افسانه هم شلوغش کرده تصمیم گرفتیم یه درخت کوچک گوشه حیاط بکاریم،بعدش هم ببینیم ما زودتر بزرگ میشیم یا اون درخته

آرزو با لبخند گفت :من که مطمئنم شما شیطونک ها با این بچه بازی هاتون هیچوقت بزرگ نمیشین و اون درخته ازتون جلو میزنه !!

کم کم غروب خورشید داشت از راه می رسید دوخواهر از خیاطی برگشته بودند و مشغول تهیه وسایل مورد نیاز برای رفتن به پارک بودند شام مختصری را هم تهیه دیده بودند که بیرون دور هم بخورند. آقا رحمان نگاهی به ماشینش انداخت آب و روغن آنرا دید، همه چیز آن فول بود. همگی سوار شدند و به راه افتادند و همین که رسیدند بهترین جای ممکن که به نظرشان رسید انتخاب کردند، روی زمین گلیمی پهن کردند و وسایل را روی آن گذاشتند. قرار بود احمد آقا و بهار و بچه هایشان و سولماز و آقامهدی و شادی کوچولو بیایند قبل از آمدن آنها

سیاوش و یاسمن و افسانه و آرزو برای گشتن در پارک از جایشان بلند شدند و مشغول قدم زدن در پارک شدند. پارک وسیع و زیبایی بود پر از گل و گیاه، سرو و چنار و و درختان و گلهای مختلف و رنگارنگ که به پارک زیبایی و شکوه شگفت انگیزی داده بود. بچه های زیادی با سر و صدای فراوان در محوطه پارک مشغول دویدن و بازی کردن بودند و بعضی از بچه ها سرگرم انواع اسباب و وسایل بازی از تاب و چرخ فلک گرفته تا سرسره و الاکلنگ بودند خانواده های زیادی هم لا به لای درختان و گوشه و کنار پارک نشسته بودند، خلاصه هر کس گوشه ایی را برای تفریح و استراحت انتخاب کرده بود نیم ساعتی طول کشید تا آنها پارک را دور زدند و بعد هم به جمع خانواده پیوستند البته قبل از برگشتن آنها احمد آقا و بهار و بچه هایش و همچنین سولماز و شادی کوچولو هم به جمعشان اضافه شده بودند. بعد از سلام و احوالپرسی، یاسمن و افسانه به همراه آرش و آرمین به سمت سرسره وتاب وسایل بازی به راه افتادند آرش بسوی سرسره و آرمین هم بسوی تاب رفت و همه مشغول بازی شدند آن شب برای همه شب زیبا و دل انگیزی بود. شب از نیمه گذشته بود که همه به خانه برگشتند. شاد،اما خسته و بی رمق ، زیاد طول نکشید که هر کس در جای خودش به خواب رفت. نهار فردا را همه در خانه احمدآقا و شام را در خانه آقا مهدی گذراندند بعد از دو هفته ماندن در شمال آقا رحمان و خانواده اش به تهران بازگشتند با کوله باری از خاطرات شیرین و به یاد ماندنی.آرزو از این دو هفته استفاده زیادی برده بود و شاد بود از اینکه سولماز دخترخاله اش از او راجع به ازدواج او و سیاوش سوال کرده بود و از او خواسته بود تا اجازه دهد آنها قبل از پایان تابستان او و سیاوش را به عقد هم در آورند و نیز چقدر دلش میخواست این اتفاق سر بگیرد،آرزو هم قبول کرد

برای سیاوش باشد ولی باید صبرکند.از سولماز قول گرفت اگر بین خودشان میماند چیزی را برایش بازگو کند، سولماز هم قول داد.

آرزو گفت : میدونی سولماز من در امتحان کنکور شرکت کرده ام اگر به امید خدا در یکی از دانشگاههای شمال پذیرفته شدم اونوقت حرفی ندارم، فعلاً باید صبر کنی تا جوابش معلوم بشه اگر قبول نشدم تا سال بعد باید صبر کنیم یا ببینیم چی میشه، سولماز با شنیدن خبر شرکت آرزو در کنکور و انتخاب غیر منتظره اش در مورد محل تحصیل دانشگاهش، از خوشحالی در پوست خود نمی گنجید چند بار از روی خوشحالی صورت آرزو را بوسید و شادی خود را ابراز کردو گفت : من منتظر آن روز میمانم. روزی که خبرقبولیت را از دهن خودت بشنوم، آن روز تمام حرفها وماجرایی که امروز با هم داشتیم برای مادر و سیاوش تعریف خواهیم کرد و فردای همان روز به تهران میائیم و مراسم عقد شما دو نفر را برگزار می کنیم البته اگر تو راضی باشی. آرزو با شنیدن حرفهای سولماز و از اینکه او موقعیت و احساس او را درک می کند بسیار خوشحال   شد و با لبخند دلنشینی   جواب سولماز را داد.

بعد از برگشتن به تهران تمام فکر و ذکرآرزو به قبولی و قولی که به سولماز در مورد ازدواج با سیاوش داده بود معطوف شده بود، هم خوشحال بود و هم نگران، ولی چون به خودش خیلی امیدوار بود سعی کرد نگرانی را از خودش دور کند و به روزهای خوبی که انتظارش را میکشید فکر کند.

روزها یکی پس از دیگری می گذشت یاسمن کم کم داشت آن شماره و اسم را فراموش میکرد. گاهی اوقات به خانه خواهرانش میرفت و با خواهرزاده هایش خود

را سرگرم میکرد، با آنها به بازی مشغول میشد و سربه سرشان می گذاشت آنها هم از اینکه یک همبازی بزرگتر پیدا کرده اند خوشحال میشدند، یاسمن چند روز در میان به خانه یکی از خواهرهایش می رفت و اگر در این رفت و آمد توقفی ایجاد میشد و یاسمن به دلایلی (تحصیل، امتحان یا بیماری) نمی توانست به خانه آتها برود سراغش را می گرفتند هم سولماز و هم بهار از دیدن یاسمن شاد میشدند. یاسمن دختر شیرین و باطراوتی بود حرفهای خنده دار و بامزه ایی می زد که دامادها و خواهرهایش از شنیدن آن از خنده روده بر میشدند برای همین نبود یاسمن را خیلی زود احساس می کردند، دامادها هم از انجام هیچ کاری برای آرامش و شادی خاطر یاسمن دریغ نداشتند، روحیه حساس و زودرنجش را می شناختند، صدیق خانم هم تلاش می کرد تا یاسمن را همیشه شاد و سرحال ببیند و نگذارد او در فکر فرو برود و غصه نداشتن پدرش و خاطرات تلخ مرگ پدرش فکر کند برای همین از بهار و سولماز خواسته بود که هر کاری می توانند برای خوشحالی و شادابی یاسمن انجام دهند و مراقب روحیه حساس و شکننده او باشند و کاری نکنند که او دلگیر شود و در خودش فرو برود و از همه کناره گیری کند هرچند صدیق خانم میدانست که بهار و سولماز بهتر از خودش یاسمن را درک میکنند.

تا هنگام باز شدن مدارس تنها سرگرمی یاسمن رفتن به مهمانی و بازی کردن با بچه ها بود ولی هنگامی که مدارس باز می شد تمام فکر و ذهن یاسمن معطوف به درس و تحصیل میشد و دیگر به چیزی فکر نمی کرد، چند روزی به بازگشایی مدارس مانده بود تمام مراحل ثبت نام یاسمن در کلاس بالاتر انجام شده بود.

سولماز پای تلویزیون سراپا گوش نشسته بود انگار منتظر شنیدن خبر مهمی بود که گوینده خبر درج نتایج کنکور سراسری را در روزنامه های صبح روز بعد اعلام کرد، بعد از یک ماه و نیم انتظار میشنید که نتایج اعلام میشوند، از هیجان و دلهره در پوست خود نمی گنجید باید تا فردا صبح، صبر میکرد اما هیجان کاملاً در چهره اش نمایان بود، آقا مهدی کنجکاو شده بود و از حرکات سولماز چیزی دستگیرش نشده بود چند بار از او پرسید : چه خبر شده که اینقدر نگرانی، مگر اتفاق تازه ایی رخ داده ؟ چی شده سولماز؟

سولماز : هیچی،چیز مهمی نیست. مهدی جان

آقا مهدی : انشالله خیر است، بگو من هم بدانم مردم از کنجکاوی.

سولماز خودش را جمع و جور کرد و گفت : چیزی نیست فقط یاد حرفهای آرزو افتادم. باید طوری وانمود میکرد که لاعقل آقا مهدی قانع شود و هم دروغ نگفته باشد. آقا مهدی : خب حالا چه گفته این آرزو خانم شما ؟

سولماز: هیچی فقط حرفهای مربوط به خودش که خواهش کرد بین خودمان بماند مهدی جان متاسفم نمی توانم فعلاً برایت بگویم البته سرفرصت مفصل همه را برایت تعریف میکنم ولی الان وقتش نیست. آقا مهدی : نه سولماز جون ایرادی نداره منتظر میمونم که بعداً برام بگی! بعد هم سرش را با حل جدول گرم کرد. صبح، بعد از رفتن آقا مهدی به مدرسه که تابستانها هم وقتش با تدریس جبرانی شاگردهای ضعیفش پر بود، سولماز از خانه خارج شد. ساعت ۸ صبح بود که به کیوسک روزنامه فروشی رسید عده زیادی از جوانها دختر و پسرها و پدر و مادرها که نگران نتایج کنکور بچه هایشان بودند را دید بعد از مدتی توانست روزنامه را

بگیرد، پولش را حساب کرد و سریع آنرا همانجا با اشتیاق ورق زد به ردیف حروف و اسمهای قبول شدگان نگاه کرد به ستونی که اولین حرف آن متناسب با فامیلی آرزو بود نگاهی انداخت در میان اسمها چشمش به اسم و فامیلی آرزو افتاد. چندبار آنرا خواند که نکند اشتباه گرفته باشد، شماره اش را هم خواند درست بود آرزو قبول شده بود رتبه اش هم خیلی خوب بود، هم میتوانست در دانشگاه تهران تحصیلش را ادامه دهد و هم میتوانست به شمال بیاید و در دانشگاه شمال تحصیل کند. سولماز انگار که خودش قبول شده بود نزدیک بود از خوشحالی فریاد بکشد برق خوشحالی در چشمانش می درخشید هم میخندید و هم اشک شوق می ریخت. چند نفر از خانمها و دخترهای اطرافش به او نگاه می کردند و می گفتند : خانم مبارکه قبول شدید. یکی هم گفت چقدر خوشحاله حتماً با رتبه خوب هم قبول شده. دختری هم باگفتن خوشبحالت به او نگاه کرد و گفت : قبول شدی؟ بهت تبریک میگم، آفرین، باریک الله. او هم با تواضع پاسخ داد: متشکرم و از آنجا برگشت و بسوی منزل راه افتاد حالا دیگر به آرزوی خود که قبولی دخترخاله آرزو در دانشگاه شمال بود رسیده بود، چقدر انتظار کشیده بود، بیشتر از خود آرزو او نگران بود، این مدت که خبر شرکت آرزو در کنکور و تصمیم آرزو را میدانست مانند باری بود که بردوش می کشید، زیر فشار آن داشت خرد می شد نه میتوانست به کسی بگوید نه میتوانست خودش را کنترل کند با صبر و حوصله و برباری آن را در دل نگهداشت تا وقتش برسه، همیشه به خودش امیدواری میداد که حتماً آرزو قبول می شود و امروز دیگر انتظارش به پایان رسیده بود، دیگر میتوانست همه را در شادیش شریک کند بخصوص سیاوش را که از شنیدنش بال در میاورد به منزل که رسید اول به محل کار

شوهرش آقا مهدی تلفن کرد و به شوهرش گفت که ظهر حتماً به خانه مادرش بیاید میخواهد خبرخوشی را در مورد سیاوش به همه بگوید،آقا مهدی خواست بیشتر بداند اما سولماز گفت : صبر داشته باش، تا ظهر   طاقت بیاور، خودت میفهمی و سپس از او خداحافظی کرد. ساعت نزدیک به ده صبح بود برای مادرش هم تلفن کرد و به او اطلاع داد که نهار را به همراه بهار و شوهر و بچه هایش به آنجا میایند. مادرش از صدای شاد او کنجکاو شد پرسید : سولماز جان، خبر خوشی هست که آنقدر خوشحالی، خوش خبر باشی.

سولماز: بله مادر جان، میدانم اگر به شما بگویم شما هم مثل من خوشحال و شاد می شوید ولی فعلاً باید صبر کنید که همه جمع بشوند، آنوقت میگویم.

صدیق خانم : باشه دخترم هر طور خودت صلاح میدانی، صبر میکنم به صبرش می ارزد که در جمع شنیده شود، بعد هم سولماز برای بهار تلفن کرد بعد از سلام و احوالپرسی مختصر به بهار گفت که ناهار را منزل مادر بیایید همچنین گفت که میخواهد خبر خوشی را به همه بدهد که یکی ازشنیدنش بال در می آورد و بعد ادامه داد: من میخواهم همین حالا بروم، اگر به احمد آقا اطلاع دادی زودتر بیا، به او هم سفارش کن که حتماً بیاید به شنیدنش می ارزد، یادت نرود   منتظر هستیم.بعد هم از او خداحافظی کرد و آماده شد و به سوی خانه مادرش راه افتاد در بین راه به شیرینی فروشی محل رفت و شیرینی گرفت تا قبل از دادن خبر خوش شیرینی آن را داده باشد. بعد از رسیدن سولماز ساعتی طول نکشید که بهار و بچه هایش هم آمدند و ظهر که شد سیاوش و آقا مهدی هم آمدند فقط احمد آقا کمی دیر کرده بود. همه منتظر شنیدن خبر خوش سولماز بودند، بهار گفت : حالا نمیشود به من بگویی، من خودم به احمد آقا میگویم.

سولماز : نه خواهر جان لطفش به این است که در حضور همه گفته شود. طولی نکشید که احمدآقا هم از راه رسید پس از سلام احوالپرسی از همه، آقا مهدی رو به او گفت : احمدجون چقدر ما رو خوشحال کردی که بالاخره اومدی، این سولماز خانم ما رو گذاشته سرکار، یه خبر مهمی داره که میگه تا احمد آقا نیاد نمیگم.

احمد آقا : شرمنده ام، همگی منو ببخشید کمی گرفتاری داشتم، در گیر یکی از پرونده ها بودم، به هر حال متاسفم که دیر شد و بخاطر من معطل شدید حالا هم در خدمت شما هستم، سولماز خانم بهتر است بیش از این جمع را منتظر نگذاری، من هم مشتاقم خبر خوش شما را بشنوم.

سولماز : حتماً، راستش را بخواهید من و آرزو این بار که به شمال آمده بودند،قول وقرارهای کردیم. قبل از رفتنشان با هم راجع به موضوع ازدواج او و سیاوش صحبت کردیم و قرار شد اگر آرزو در کنکور قبول شد و به امید خدا در یکی از دانشگاههای شمال پذیرفته شد آنوقت قضیه خواستگاری را مطرح کنیم ولی اگر نشد بگذاریم برای سال بعد

صدیق خانم میان صحبتهای دخترش آمد و گفت : سولماز جان، حالا دیگه ما غریبه شدیم که به ما نگفتی ؟

سولماز گفت : آخه مادر، من به آرزو قول دادم تا اعلام نتایج کنکور به کسی چیزی نگویم حتی به شما، به همین دلیل نمی توانستم این راز را با کسی در میان بگذارم. دیشب وقتی در اخبار سراسری خبر اعلام نتایج کنکور را شنیدم بسیار هیجان زده شدم از یک طرف خوشحال بودم که بالاخره هنگام اعلام نتایج کنکور رسید و از طرفی نگران بودم که نکند آرزو در کنکور دانشگاه پذیرفته نشده

باشد ولی وقتی امروز صبح در روزنامه کثیر الانتشار نام آرزو را با تمام مشخصاتش دیدم.مطمعن شدم اسمش در میان پذیرفته شدگان بود خیلی ذوق کردم و از خوشحالی اشک تو چشمام جمع شدبود..ازخوشحالی نمی دونم کی به خونه رسیدم سر از پا نمیشناختم این شد که برای شما زنگ زدم تا به شما اطلاع بدهم و شما را هم در شادی خود شریک کنم.

آقا مهدی گفت : پس خوشحالی جنابعالی بخاطر شنیدن خبر اعلام نتایج بود.

سولماز: بله، من که گفتم به یاد حرفهای آرزو افتادم.

، چه عالی ادامه بده، گوش میدهیم. بهار بود که از خواهرش میخواست دنباله حرفهایش را بگوید.سولماز گفت : بهترین قسمت موضوع هم به همین قبولی او در دانشگاه شمال ربط پیدا می کند که ما باید انجام دهیم، راستش من از آرزو قول گرفتم در مقابل قولی که به او دادم من هم سر قولم ایستادم ، حالا نوبت اوست که به قولش عمل کند. اصل ماجرا به او مربوط می شود به من قول داد حاضر است فردای روز اعلام نتایج اگر او قبول شد با سیاوش ازدواج کند وما دسته جمعی برویم تهران و مراسم عقد او و سیاوش را برگزار کنیم. سپس سولماز روزنامه ایی که صبح از کیوسک روزنامه فروشی خریده بود روی میز گذاشت و گفت : این هم روزنامه اگر دوست دارید نگاه کنید، اسم و مشخصات آرزو را ببینید صدیق خانم از جایش بلند شد وگفت : سولماز جان، دخترم، الهی خیر ببینی، انشالله همیشه خوش خبر باشی و او را در آغوش گرفت و بوسید بعد هم از او تشکر کرد. همه خوشحال بودند. احمد آقا و آقا مهدی به سیاوش بخاطر این اتفاق جالب تبریک گفتند.سیاوش ازشنیدن خبرقبولی آرزو وقولش به خواهرش سولماز

ازخوشحالی داشت پروازمی کرد.نمی دانست از (شرم و حیا) خجالت بکشدیا ازخوشحالی بخندد ولی خیس عرق شده بود، سرش را پائین انداخته بود و نمی دانست چه بگوید تا به حال در زندگی خبر به این خوبی نشنیده بود چقدر آرزو داشت که بتواند با دخترخاله اش ازدواج کند،چقدر انتظار کشیده بود آرزو جواب مثبت بدهد.

اولین بار که مادرش در مورد انتخاب همسر آینده اش از او سوال کرده بود و اینکه آیا کسی را در نظر دارد یا نه ؟ و او نام آرزو را برده بود از شرم صورتش گل انداخته بود. احساس میکرد تمام بدنش داغ شده و نفسش گرفته است، او کل موضوع خواستگاری وازدواج با آرزو و مطرح کردن آن را برای خاله وآرزو را به مادر و خواهرانش واگذار کرده بود و تا کنون منتظر نتیجه این گفتگو بود و امروز ثمره انتظار خود را می دید. با خبر سولماز انگار خونی دوباره در رگهایش به جریان افتاده بود. لبخندی دلنشین بر لبهای سیاوش نقش بسته بود، چه روز باشکوهی برای او بود، برای او که چندسال برای چنین روزی انتظار کشیده بود. شیرینی این اتفاق خوشایند را سولماز پیشاپیش داده بود وسیاوش هم وعده یک سور جانانه را بعد از عقد به همه داد. تصمیم گرفتند که هرچه زودتر بسوی تهران رهسپار شوند قرار بر این شد که اول سولماز تماس بگیرد و خودش موضوع را بگوید که همین کار را هم کرد. با منزل خاله اش تماس گرفت، تلفن چند بوق خورد و صدای افسانه بود که میگفت : بله بفرمائید

سولماز : سلام افسانه جون، خوبی ؟

افسانه : سلام دخترخاله خوبم، شما چطورید ؟ شادی کوچولو خوبه ؟ آقا مهدی چطوره ؟

سولماز در پاسخ همه احوالپرسی های افسانه بطور خلاصه جواب داد : همه خوبن افسانه جون، ببینم آرزو خونه هست یا بیرون رفته؟

افسانه پاسخ داد: نه بیرون نرفته، الان توی اتاق خودشه گوشی را داشته باشید تا صداش بزنم. بعد از کمی سولماز صدای آرزو را از پشت خط شنید : بفرمائید سولماز جون

سولماز: سلام آرزو

آرزو: سلام دخترخاله

سولماز : سلام آرزو جون حالت خوبه ؟ تبریک میگم

آرزو : خیلی ممنون،متشکرم، پس تو هم باخبر شدی ؟

سولماز : مگه میشه من به فکر نتیجه نباشم، صبح امروز اسم تو را در لیست قبول شدگان دیدم خیلی خوشحال شدم، واقعاً گل کاشتی. از صمیم قلب بهت تبریک میگم، چشم هممون رو روشن کردی. باور کن همه خوشحال شدن، راستی انقدر عجله کردم که یادم رفت حال خاله اینها را بپرسم، حالشون خوبه ؟

آرزو: سلام دارن، خوبن، شکر خدا

سولماز : راستش آرزو قرارمون که یادت نرفته ؟

آرزو : نه اتفاقن ازصبح که روزنامه گرفتم و اسم خودمو دیدم یاد قول وقرارام با توافتادم سولمازجون فکرنمی کردم توهم مثل من صبح بری روزنامه بگیری ممنون که بفکرمی.

سولماز : توعزیزمایی، تازه قراره زن داداشم شی مگه میشه به تو فکر نکنم.راستی فردا به امید خدا هممون میایم تهران اونجا هستیم خودت رو آماده کن که اومدیم کارو یکسره کنیم و با خودمون ببریمت،تودیگه مال مایی

آرزو: از خجالت گوشی را به مادرش داد چون نمی دانست چه پاسخی به سولماز بدهد، سولماز وقتی صدای خاله اش را پشت تلفن شنید گفت : سلام، خاله جون، خوبید! سلامتید؟ آقا رحمان و بچه ها خوبن ؟ تبریک میگم، چشم شما روشن.

خاله سمیه : سلام سولماز جان، توچطوری عزیزم ؟خوب هستی، شادی کوچولو چطوره ؟ آقا مهدی خوبه ؟ همه خوبن مامان خوبه؟

سولماز : مرسی خاله جان، همه خوبن، سلام دارن خدمتتون، قبولی آرزو رو تبریک میگم، امیدوارم نه تنها در دانشگاه بلکه در همه مراحل زندگیش موفق باشه، خاله مادر میخواد باهاتون صحبت کنه، گوشی رو میدم به مامان باهاش صحبت کنید، دو خواهر سلام و احوالپرسی گرمی کردند بعدم صدیق خانم قبولی آرزو را تبریک گفت و نیز خبر آمدنشان به تهران را به او داد و سمیه خانم در جواب گفت : قدم شما روی چشم، هر چه زودتر بیایید که ما منتظر شمائیم و صدیق خانم سلام و تبریک بهار و آقا مهدی و احمد آقا و یاسمن را به خواهرزاده اش داد و گفت که همه از این اتفاق یعنی قبولی آرزو در دانشگاه خوشحال هستند و چقدر آرزو آنها را سر بلند کرده است بعد هم از خواهرش خداحافظی

کرد.آرزو از اینکه به آرزویش رسیده بود و می توانست به دانشگاه برود و در ضمن با فرد دلخواهش ازدواج کند خشنود بود، مادرش هم از موفقیت و قبولی آرزو خوشحال بود، دخترش او را پیش فامیل سربلند کرده بود.

سمیه خانم آرزو را صدا کرد و گفت : آرزو جان می خواهم راجع به موضوعی با تو مشورت کنم، اگر وقتش را داری بیا کنارم تا با هم صحبت کنیم،

آرزو پاسخ داد: مادر تا دلتان بخواهد برای شما وقت دارم. چند لحظه صبر کن، الان میام

آرزو سپس صمیمانه پرسید : چیکارم داشتی مامان ؟

سمیه خانم گفت : بشین تا برات بگم، راستش خاله و بچه هایش و دامادهایش قرار است بیایند تهران.

آرزو : خب اینکه بد نیست مامان،خاله دخترخاله را میبینم، اینکه خوشحال کننده است. مادرش گفت : درسته آرزو جان، من هم از دیدن آنها خوشحال میشوم، اما من حدس میزنم که آنها قصد دیگری هم از آمدن به خانه ما دارند چون ایندفعه که به خانه خاله اینها رفته بودیم از من خواسته بود که اگر تو راضی بودی این بار که آنها به خانه ما آمدند مراسم عقد تو و سیاوش برگزار شود، مطمنم که قصدشان از آمدن به تهران فقط در مورد ازدواج تو وسیاوش است البته خاله ات مستقیماً به من نگفت، ولی گفت برای امر خیری خدمت شما و آقا رحمان می آئیم. حالا دخترم بگو نظرت راجع به سیاوش چیست ؟آیا دوست داری او همسر آینده تو بشود و یک عمر با او زندگی کنی و شریک غمها و شادیهایش باشی ؟ خودمونیم ازش خوشت میاد یا نه ؟لپ کلام حاضری باهاش زندگی کنی ؟ کلاً با

زندگی مشترک با سیاوش چطوری ؟ اگه دلت نمی خواد رک بگو، اصلاً هم رو در واسی نکن، قضیه خیلی مهمه، تعارف بر نمیداره ، بقول معروف جنگ اول به از صلح آخر، حالا حرفت بگو ؟

آرزو از شرم سرخ شده بود، مادر ادامه داد : ببین آرزو جون تو حق داری که همسر آینده ات را خودت انتخاب کنی، هر وقت که خودت دوست داشتی یعنی این آمادگی رو در خودت احساس کردی که میتونی بار مسئولیت زندگی مشترک رو به دوش بکشی و با هر کسی که خودت صلاح دونستی و خودت خواستی ازدواج کنی.

آرزو با متانت پاسخ داد: هر چی شما بگی مادر، هر چه خودتان صلاح دانستید انجام دهید. سمیه خانم از لحن گفتار آرزو اینطور برداشت کرد که آرزو حاضر است که این ازدواج سر بگیرد زیرا قبل از این هر وقت موضوع را مطرح میکرد آرزو طفره میرفت و میگفت: حالا زوده، من درس دارم، هنوزم کنکور امتحان نداده ام هر وقت در امتحانات کنکور دانشگاه قبول شدم در این مورد صحبت میکنیم، من الان آمادگیش و ندارم. ولی حرف امروز آرزو با گفته های گذشته اش فرق میکرد او تمام اختیاراتش را به مادر سپرده بود و این یعنی جواب مثبت و اعلام رضایت آرزو در کمال حجب و حیای دخترانه. سمیه خانم دخترش را در آغوش کشید و رویش را بوسید و گفت : الهی خوشبخت بشی دخترم، انشالله تو و سیاوش زندگی خوبی را آغاز کنید و تا پابان عمر در کنار هم با شادی، سعادتمندانه زندگی کنید، سیاوش پسر خوب و باشخصیتیه، او تکیه گاه خوبی برایت میشود او پسر با عرضه و فهمیده ایی هست تورا هم خیلی دوست داره، او لیاقت تو را داره، به امید خدا فردا که قرارها را گذاشتیم و شما دو نفر با هم نامزد

شدید هم خیال خاله و سیاوش راحت میشه و هم خیال من و بابات، دیگر نگران تو نیستیم چون میدانم تو در آنجا آسوده خاطر هستی وآنها هم قدر تو را به خوبی میدانند. آرزو لبخند شیرینی زد که حاکی از شادی و امید او به آینده اش بود و سرش را به زیر انداخت.

از آن سو خاله صدیق و بچه هایش تصمیم گرفتند صبح زود بسوی تهران حرکت کنند تا قبل از ظهر آنجا باشند. پس از قطعی شدن ساعت حرکت و قول و قرارها،دامادها برای رسیدن به کارهای مقدماتی از جمع شان رفتند، صدیق خانم از سیاوش خواست که پول کافی به همراه داشته باشد و همچنین صدیق خانم به دخترها بهار، سولمازگفت: ما هم بهتر است همین حالا به بازار برویم و برای مراسم فردا شب حلقه نامزدی بخریم لااقل دست خالی نرفته باشیم. بهار گفت : ولی چه خوب میشد که آرزو خودش حلقه نامزدیش را انتخاب میکرد.ولی حیف که نیست. اگر خواست بعد تعویض کند. سولماز گفت : راست می گویی مادر بهتر است همین امروز این کار را بکنیم، فردا بعدازظهر دیگر نمی توانیم به بازار برویم، بهار هم در تصدیق حرف خواهرش گفت : به نظر من هم اگر امروز حلقه را تهیه کنیم بهتر است، فردا پنج شنبه است و پس فردا جمعه که ما نمی توانیم در آنجا چیزی بخریم. چند دقیقه طول نکشید که حاضر شدن صدیق خانم و سولماز و بهارآماده رفتن به طلا فروشی بودند.آنها جهت خرید حلقه نامزدی از خانه خارج شدند، سیاوش هم جهت روبراه کردن کارهای مغازه و تهیه سفارشات مادر رفته بود، یاسمن تنها در سالن نشسته بود و خیلی هم خوشحال بود، چند بار از شادی دور سالن چرخید، از شوق ذوق رفتن به تهران دوست داشت به همه کمک کند، از اینکه بزودی افسانه را میدید ذوق زده شده بود، انگار میخواست بال

در بیاورد و هر چه زودتر به تهران برسد و افسانه را ببیند، یاسمن به یاد حرفها و کارهای افسانه افتاد، همان روزهایی که با هم در اتاق او بودند و لحظه هایی که می گفتند ومیخندیدند، یاسمن به ناگاه چیزی بیادش آمد، رفتن به بازار و دیدن آن پسر و آن دو تکه کاغذ پاره شده، کسی در خانه نبود، میتوانست دوباره با آن پسر تماس بگیرد و صدایش را بشنود، یاسمن چند بار این پا و آن پا کرد. به خودش نهیب زد، نه نباید این کار را بکنم، کمی با خودش کلنجار رفت تا بالاخره تسلیم وسوسه درونی اش شد و به کنار میز رفت، اگرچه هنوزم دو دل بود و با خودش در کلنجار که کار بدی است، نباید برایش تلفن کنم، اما کشوی میز را کشیده بود و داشت دنبال دو تکه کاغذ لای کتاب می گشت، چشمش به آن دو تکه کاغذ افتاد آنرا برداشت نمی دانست چگونه، داشت اسم و شماره را میخواند. به خودش گفت : چرا داری اینکار رو میکنی، اما سعی کرد خودش را قانع کند "عیبی نداره، فقط میخوام باهاش یه کمی آشنا بشم بعدش هم برای همیشه تماسمو باهاش قطع میکنم " شماره را خواند و ساعت تماس را هم خواند و زیر آن نام شاهرخ را که برایش همراه با دلهره های خوشایند و ترسهای هیجان انگیز و زیبا بود. بارها در ذهن خود تکرار کرد. به سالن برگشت، کسی در خانه نبود، دوباره وسوسه شد. به نظرش حالا بهترین وقت بود. یاسمن گوشی را برداشت دستش بی اختیار روی شماره گیر تلفن می رفت تلفن زنگ خورد یکی، دو تا،بعد هم صدایی پشت خط شنیده شد، صدا را شناخت، خودش بود دائم تکرار میکرد : بفرمائید، بفرمائید، با کی کار دارید؟ یاسمن دست پاچه گوشی را روی تلفن گذاشت دلهره به او امان نداد، اما کنجکاوی وادارش کرد دوباره تلفن کند، وقتی دوباره صدای شاهرخ را پشت خط شنید چند فوت داخل گوشی کرد انگار صدای

فوتش هم می لرزید. پسرک گفت : به نظر صدای فوت تو آشناست ؟، قبل این هم چند باری شنیده ام. یه چند مدتی قبل برایم تلفن کردی. شاهرخ ادامه داد: و شهامت آن را نداشتی که با من صحبت کنی اما، اگر دلت میخواهد با من دوست شی، من هم مایلم، خواهش میکنم بجای فوت کردن حرف بزن، یه چیزی بگو، میخواهم صدایت را بشنوم. اما یاسمن ساکت و آرام بدون کوچکترین صدایی به گفته های شاهرخ گوش می داد ولی از ترس دستش می لرزید. یاسمن با خودش گفت : پشت تلفن که صدایش مهربان و گیراست، چقدرمودبانه خواهش میکند. ولی یاسمن دوست نداشت.شناخته شود بیشتر از شناسایی شدن خودش از طرف شاهرخ می ترسید. تماس را قطع کرد. یاسمن چند بار به خودش گفت : وای اگر مامان بفهمد. با من چه برخوردی میکند ؟ عجب کار زشتی کردم، دیگر برایش تلفن نمی زنم به قول افسانه پسره پررو، با حرف های فریبنده اش داشت مخ منو کار میگرفت، اما ته دلش احساس دیگری داشت. در ذهنش حرف دیگری زمزمه میشد. بعد از یکی دو ساعت مادر و خواهرانش برگشتند ، صدیق خانم از یاسمن پرسید : چی شده یاسمن جون خیلی گرفته ایی، اتفاقی افتاده ؟ حالت خوش نیست؟ یا سمن که تازه متوجه حضور مادرش شده بود یکه ایی خورد و گفت : هیچی مادرکمی از خوشحالی خسته شده ام. صدیق خانم با تعجب نگاهش کرد و گفت : وا چه حرف هایی میزنی یاسمن، تا به حال نشنیده بودم کسی از شادی و خوشحالی خسته بشه. بهار گفت : مادر، لابد یاسمن بعدازظهر استراحت نکرده و به همین خاطر خسته شده. سولماز با خنده گفت : ولش کنید بابا، این فیلمشه، هر وقت فیلش یاد هندستون میکنه این طوری میشه. بهار گفت : یاسمن از تنهایی که نترسیدی، فکر و خیال که به سرت نزده هان ؟! یاسمن

پاسخ داد : نه بابا، شما هم چه حرفهایی میزنید، فقط یکم خسته ام که اونم چیز مهمی نیست با یه خرده استراحت حل میشه. راستی حلقه ایی که میخواستید، خریدید؟ صدیق خانم گفت : آره دخترم، خوبش هم خریدیم، میتونی نگاه کنی. و بعد کیفش را گشود و یک جعبه زیبا را بیرون آورد و به دست یاسمن داد و یاسمن هم درش را گشود و با اشتیاق تمام گفت : وای چقدر خوشگله مامان، چند خریدین ؟بهار پاسخ داد: قیمتش مهم نیست، فقط خدا کنه آرزو خوشش بیاد، خیلی گشتیم تا این حلقه رو پیدا کردیم هم ساده هست و هم زیبا.ولی سلیقه خودش چیز دیگریست شب از راه رسید، سیاوش هم آمده بود، احمد آقا ماشینش را آورد و تمام امکانات رفتن را مهیا کرده بود، کمی نگذشته بود که آقا مهدی هم از راه رسید پس از کمی صحبت کردن از این در و آن در، شام هم حاضر شد و همه بدور سفره شام نشستند و شام را صرف کردند و خلاصه آن شب با شوخی و خنده و سربه سر گذاشتن سیاوش به پایان رسید و همه برای آماده کردن وسایل سفر برای فردا به خانه هایشان رفتند صبح فردا ساعت ۴/۳۰، صدیق خانم برای بهار و سولماز زنگ زد و آنها را از خواب بیدار نمود و سفارش کرد که سریعاً آماده شوند و اگر خواستند صبحانه مختصری هم بخورند. بهار و سولماز پس از بیدار کردن همسر و بچه هایشان و صرف صبحانه مختصر به سوی خانه مادر به راه افتادند. در خانه، صدیق خانم و سیاوش و یاسمن حاضر و منتظر آنها بودند. بدون معطلی و صرف وقت همه سوار بر ماشین بسوی تهران حرکت کردند. سیاوش با دلی پر امید و افکار گوناگون در رویاهای خویش سیر میکرد. آقا مهدی و سولماز و صدیق خانم مشغول حرف زدن باهم بودند یاسمن هم در خیالات خود غوطه ور بود. در ماشین احمد آقا، بهار و سیاوش هم با هم

صحبت می کردند. پسر احمد آقا، آرش روی پای سیاوش (دایی اش) نشسته بود، هر چند لحظه توجه دایی اش را به محیط اطراف و جذابیتهای بیرون جلب میکرد وقتی دید که دایی اش توجهی به او نمی کند با دلخوری پرسید : دایی، چرا به من نگاه نمیکنی ؟ دیگه منو دوست نداری ؟ سیاوش : نه عزیز دایی اینطور نیست آرش جون، خیلی هم تو را دوست دارم ، فقط یک خورده فکرم مشغوله، بعدش هم صورتش را بوسید.

حرفهای شیرین و بامزه آرش هر از چند گاهی سیاوش را از افکار شیرینش بیرون میاورد، یاسمن هم شادی کوچولو، خواهرزاده اش را بغل کرده بود و با او مشغول بازی بود،کمی از ظهر گذشته بود که به تهران رسیدند بعد از گذشتن از چند میدان و خیابان به درب منزل آقا رحمان رسیدند. خانه آقا رحمان در یک واحد مسکونی در طبقه سوم قرار داشت.یاسمن زودتر از همه خودش را به زنگ در رساند بعد هم دکمه زنگ طبقه سوم را فشار داد، افسانه از پشت آیفون پرسید : بله ؟ کیه ؟ یاسمن جواب داد:سلام افسانه، ما هستیم در را بازکن. افسانه با خوشحالی : بفرمایید، خوش آمدید و در را گشود. احمد آقا وآقا مهدی ماشین هایشان را داخل پارکینگ مجتمع مسکونی پارک کردند همه سوار بر آسانسور به طبقه سوم رسیدند، سمیه خانم و افسانه و آرزو جلوی در ورودی خانه منتظرشان بودند و با دیدنشان به استقبالشان آمدند بعد از سلام و روبوسی و تعارفات گوناگون همگی وارد خانه شدند. سمیه خانم با شربت خنک و گوارایی از مهمانها پذیرایی کرد که نوشیدن آن حال همه را جا آورد و خستگی راه را از تنشان به در برد. سولماز کنار آرزو نشست و در حالیکه به چهره زیبایش نگاه می کرد گفت : آرزو جون خیلی خوشحالم کردی، داشتم از خوشحالی بال در میاوردم

انگار تمام دنیا را به من داده باشند نمی دونی چقدر از دیدن اسمت در بین قبول شدگان کنکور ذوق کردم، از هیجان دلم میخواست وسط خیابون داد بکشم، اصلاً نفهمیدم چطوری به خونه رسیدم، تمام مسیر را تا خونه پیاده و با عجله آمدم اصلاً حواسم نبود که چکار میکنم انقدر عجله داشتم که نمی تونستم به چیزی جز رسیدن به خونه فکر کنم.

آرزو گفت : شرمنده از اینکه انقدر اسباب زحمت شدم و ممنون از اینکه اینهمه به فکرم بودی. سولماز : نه آرزو جان خودم دلم میخواست هر چه زودتر نتیجه را بدونم، از وقتی به من گفتی که در آزمون ورودی دانشگاه شرکت کردی هم نگران بودم و هم منتظر حالا هم که خدا را شکر قبول شدی تا دیروز به کسی نگفته بودم من و تو با هم قول و قرارهایی گذاشتیم ولی بعد از دیدن اسمت توی روزنامه برای همه تلفن کردم و اطلاع دادم که میخواهم خبر خوشی را به همه بدهم دیروز ناهار همه خونه مامان اینها بودیم خلاصه تمام ماجرا را برایشان تعریف کردم، از خوشحالی داشتند بال در می آوردند باورشان نمیشد تو در کنکور دانشگاه شرکت کرده و قبول شده باشی، سیاوش را نگو، هاج و واج دهنش از تعجب باز مانده بود. آخه اون خیلی دوستت داره ، ما همه دوستت داریم.

آرزو گفت : دخترخاله تو خیلی خوبی، با داشتن دوست خوبی مثل تو، اصلاً زندگی کردن در شمال برایم سخت نیست، میدونم که پیش شما به من بد نمیگذره چون خیلی هوامو دارین، مخصوصاً تو سولماز. تو از خواهرم بمن نزدیکتری.

سولماز : آرزو جان تو عزیز همه ما هستی، چقدر مادر وبهار دلشان میخواست این ازدواج سر بگیرد، آنها هم مثل داداش سیاوش منتظر چنین روزی بودند.

مراسم عقد در جوی صمیمی و فامیلی بصورت مختصر برگزار شد،عاقد از یکی ازدفترخانه های رسمی ازدواج برای ثبت عقدوازدواج آمده بود. تنها خانواده عموی آرزو در این مراسم شرکت داشتند.مراسم عقد فوق العاده صمیمی وخانوادگی به خوبی انجام شد. احمدآقا و آقا مهدی به همراه همسر و بچه های خود بعداز ظهر جمعه به مقصد شمال حرکت کردند زیرا می بایست سرکار خود حاضر باشند اما صدیق خانم و یاسمن و سیاوش ماندند تا چند روز بعد برگردند.

برای سیاوش بهترین روزهای زندگی بود سیاوش، صدیق خانم و یاسمن تا یک هفته بعد هم در آنجا ماندند و در این مدت تقریباً تمام خرید عقد البته به سلیقه آرزو انجام گرفت و در بیشتر مواقع هم سیاوش و آرزو دوتایی به خرید می رفتند و سیاوش اجناس مورد پسند آرزو را خریداری کرد. گاهی وقتها هم صدیق خانم و سمیه خانم و یاسمن و افسانه هم آنها را همراهی کردند، سمیه خانم ازخواهرش خواست بیشتر بمانند که صدیق خانم گفت : خواهرجان ما که با هم تعارف نداریم تازه خیلی دلمان میخواست که می توانستیم بیشتر درکنار شما بمانیم ولی خانه و زندگیمان را به امان خدا رها کردیم، باید زودتر برگردیم البته آرزو جان را هم با خودمان می بریم تا هم ثبت نام کند و هم با محیط جدید زندگیش بیشترآشنا بشود.سمیه خانم کلی به آرزو سفارش کرده بود و به خواهرش هم سپرده بود که مواظب او باشند تا او بتواند راحت تر با محیط شمال و زندگی جدیدش عادت کند و با محیط تحصیلش بهترو زودتر آشنا شود و به آن محیط خودش را وفق دهد.

آقا رحمان هم مفصلاً راجع به زندگی، گذشت و عشق و علاقه و نیز پایداری و صمیمیت در جهت ساختن زندگی با دختر و دامادش صحبت کرده بود و از آنها

خواسته بود قدر روزهای خوش پیش روی زندگی مشترکشان را بدانند و بی جهت برای موضوعات کوچک و بی اهمیت اوقات خود را تلخ نکنند و در پایان صحبتهایش به سیاوش گفت : سیاوش جان آرزو نور چشمان من است ، دختر مهربان و قانعی است،جان تو و جان آرزو خیلی خوب از او مراقبت کن، قدرش را بدان امیدوارم همسر خوب و با گذشتی برای هم باشید بعد هم روی هر دوی آنها را بوسید و آنها را تنها گذاشت.

سیاوش صبح زود برای تهیه بلیط به ترمینال رفت و پس از ساعتی برگشت. بلیط ساعت ۱۰/۳۰ صبح به مقصد شمال بود. سمیه خانم : پس من از همین حالا ناهار را برایتان حاضر میکنم که وقتی در میان راه نگه داشتند شما غذا بخورید، بعد رو به آقا رحمان گفت : آقا رحمان شما هم هر چه سریعتر آنها را به ترمینال برسان که دیرشان نشود. خلاصه ساعت ۱۰/۵ صدیق خانم و بچه هایش به همراه آرزو آماده شدند که به سمت شمال حرکت کنند و آرزو با اشک و لبخند از خانواده اش خداحافظی کرد. اتوبوس ۵ساعته مسافت تهران شمال را طی کرد صدیق خانم و سیاوش وآرزو ویاسمن حسابی از نشستن در اتوبوس خسته شده بودند وبعد رسیدن به خانه همگی به استراحت احتیاج داشتن وقبل ازهرکاری بایدخستگی راه ونشستن دراتوبوس را ازتن به درمی کردند به اتاقهایشان رفتند که کمی استراحت کنند.سیاوش وآرزوهم درکنارهم حرفهای زیادی برای گفتن داشتن تابتوانند برای فردا سر حال و قبراق به سراغ کارهایشان بروند. صبح سیاوش و آرزو همراه هم به دنبال برنامه ثبت نام آرزو در دانشگاه رفتند و در این بین شادی عمیقی در چشمان آرزو موج میزد که سیاوش بخوبی این شادی را درک میکرد و از شادی و خوشحالی آرزو بی نهایت خوشحال بود. سیاوش با تمام

وجود،آرزو را دوست داشت. آرزو همه زندگیش بود همه عشقش و همه خواسته اش از زندگی. خیلی آرزو را دوست داشت و چقدر خاطرش برایش عزیز بود باتمام قلبش او را میخواست، خنده اش برایش شیرین بود. سیاوش پسری فهمیده و آرام بود ولی اکنون با آمدن آرزو بسیار شاداب و بانشاط شده بود. دائماً بر روی لبش لبخند بود و خنده از لبش محو نمیشد، حالا دیگر آرزو را در کنار خود داشت، دیگر چیزی کم نداشت.

آن روزها که هنوز با هم نامزده نبودند، هر وقت به آرزو نگاه میکرد، چهره اش در هم فرو می رفت. انگار از چیزی رنج می برد ولی دلیلش را خودش نمی دانست شاید فکر میکرد که ممکن است آرزو نصیب دیگری شود. سیاوش دیگر همه چیز داشت حالا دیگر میتوانست با همه وجودش شاد باشد، دیگر احساس تنهایی و اندوه نمی کرد به آرزویش رسیده بود، چه چیزی بیشتر از این میخواست. با همه توانش سعی میکرد رضایت خاطر آرزو را فراهم کند و همسر مناسب و شایسته ایی برای او باشد.

صدیق خانم هم آرزو عروسش را که خواهرزاده اش نیز بود خیلی دوست داشت آرزو،جانش بود مانند دخترانش با او رفتار میکرد و سعی میکرد کاری کند که تا جای ممکن آرزو احساس تنهایی نکند و حرفی نزند که آرزو فکر کند او تحت عنوان مادرشوهر برایش تعیین تکلیف میکند، به همین دلیل زمانی که آرزو و سیاوش به همراه هم به دنبال کارهای مربوط به دانشگاه ، بیرون رفتند.صدیق خانم یاسمن را کنار خود نشاند وگفت : یاسمن جان، آرزو حالا دیگر زن داداش توست ولی تو همچنان باید به چشم یک دخترخاله به او نگاه کنی و در ضمن خیلی رعایت حال او را بکنی چون او حالا بیشتر از ما توقع دارد، خواهش میکنم

تا زمانیکه آنها در کنار ما زندگی می کنند از خودت مایه بگذار، یه وقت کاری نکنی که دلخور بشه، او عروس ماست و دلش میخواد که ما دوستش داشته باشیم یه وقت رفتاری نکنی که فکر کنه دوسش نداری، همیشه براش احترام قایل باش چون اون از تو بزرگتره و اگر چیزی میگه حتماً خیر و صلاحت را میخواد.

یاسمن : مامان، من دخترخاله آرزو را به اندازه داداشم دوست دارم ، ولی سعی میکنم به اندازه داداش سیاوش سر به سرش نزارم و با لحن طنزی ادامه داد : اصلاً میخوای از این به بعد هر چی اون گفت میگم که چشم قربان و با این حرف دستش را روی شقیقه اش قرار داد و احترام نظامی کرد.

صدیق خانم با این حرکت دخترش یاسمن خنده اش گرفت و گفت : قربون تو دختر خوب و چیز فهم خودم برم، میدونستم که تو خودت اینها را بهتر از من میدونی و آرزو جون رو هم خیلی دوست داری اما خواستم فقط خیالم راحت بشه.

آرزو یک هفته در شمال ماند و کارهای مربوط به دانشگاهش را انجام داد و بعد از یک هفته به همراه سیاوش به تهران برگشت. سیاوش شبی را در تهران ماند و بعد هم به شمال برگشت ولی قبل از برگشتن به آرزو قول داد که قبل از باز شدن دانشگاهها به تهران برگردد و وسایل و کتابهای درسی اش را با هم به شمال بیاورند. یاسمن این روزها وقت بیشتری برای شیطنت پیدا میکرد بعد از نامزدی سیاوش و آرزو ، صدیق خانم کمتر خانه بود و بیشتر اوقات به خانه سولماز و بهار می رفت.یاسمن چند بار در هفته های گذشته شماره آن پسرک را

گرفته بود ولی جز فوت کردن چیز دیگری نگفته بود، دوست داشت فقط صدای آن پسر را بشنود به صدایش عادت کرده بود.

دیگر به باز شدن مدارس چیزی نمانده بود، در همین گیر و دار بود که آرزو تماس گرفت و به سیاوش اطلاع داد که قصدآمدن به شمال را دارد و ازسیاوش خواست به تهران به دنبالش بیاید، البته به سیاوش گفت : اگر درمغازه کار مهمی ندارد. سیاوش هم از خدا یش بود گفت: نه خانمی کاری ندارم من تا بعدظهرحرکت می کنم، تازه آرزو جان، چه کاری مهمتر از دیدن تو ؟ همین حالا برای گرفتن بلیط حرکت میکنم. تا غروب تهران هستم. سیاوش رفت، یاسمن و صدیق خانم هم به بازار رفتند تا کیف و کفش و مانتو یاسمن را خریداری کنند، دوباره به همان پاساژ می رفتند و بعد از دو ماه و نیم یاسمن میتوانست دوباره آن پسرک را ببیند ولی پیش خودش گفت : نباید بگذارم او متوجه شود که من برای دیدنش آمده ام.

داخل پاساژ از یک مغازه که آشنای قدیمیشان بود خرید می کردند که از مغازه آن پسر چند مغازه فاصله داشت موقع گذشتن از روبروی آن یاسمن ناخودآگاه به مادرش گفت : مامان به ویترین این مغازه نگاه کن چقدر روسریهای پشت ویترین خوش طرح هستند. صدیق خانم با تعریف یاسمن توجهش به ویترین مغازه جلب شد و ایستاد بعد هم با یاسمن به کنار ویترین مغازه رفتند، صدیق خانم بی خبر از همه جا داشت به روسری ها نگاه می کرد، یاسمن هم از فرصت استفاده کرد و به داخل مغازه نگاهی انداخت، چند زن ودختر مشغول خرید بودند، پسر فروشنده مشغول صحبت بود اما یاسمن می توانست نیم رخ چهره اش را واضح ببیند، افسانه راست گفته بود، پسرک خیلی خوش تیپ بود، چرا آن روز به

چهره اش توجه نکرده بودم، شایدآن زمان برایش مهم نبودکه به این فروشنده توجه کند.

یاسمن داشت با ولع نگاه میکرد در همین حین صدیق خانم با سوالش رشته افکار یاسمن را پاره کرد : یاسمن به کدام روسری نگاه میکنی، از هرکدام خوشت آمد بگو برایت بخرم. یاسمن دستپاچه شد و پاسخ داد: هیچی مامان، چیزی نیست،روسری نمیخوام.صدیق خانم نگاهی به یاسمن انداخت و با تعجب پرسید : یاسمن جان حالت خوبه دخترم، چی شده ؟ صورتت خیلی سرخ شده، نکنه تب داری ؟حالت خوش نیست ؟یاسمن : نه احساس میکنم فشارم افتاده پایین. صدیق خانم : پس عجله کن هر چه زودتر وسایلت را بخریم و برگردیم. شاهرخ متوجه نگاه یاسمن نشد چون مشغول سر و کله زدن با مشتریهاش بود. صدیق خانم و یاسمن وارد مغازه آشنای خود شدند. بعد از سلام و خوشامدگویی فروشنده به آن دو ، صدیق خانم رو به فروشنده گفت : بی زحمت یک مانتو سایز واندازه دخترم برایش بیاورید که اگر مدلش را پسندید، خریداری کنیم. فروشنده هم چشمی گفت : همین اساعه. از یاسمن خواست که به پشت سرش به آویزهایی که پر بودند از مانتوهای مدرسه در مدلهای متنوع و زیبا نگاهی بیندازد و مدل مورد قبول خود را انتخاب کند.

صدیق خانم کیفهای مدرسه را نگاه میکرد و یاسمن هم کلاسور میخواست و هم کوله که در مغازه انواع شیک و جالب هر دوی آن وجود داشت.بعد از بر انداز کردن همه آنها خلاصه از مدل یکی از مانتوها خوشش آمد و آنرا پسندید فروشنده آنرا از آویز جدا کرد و به یاسمن داد و گفت : دخترم لطف کن و همین جا پروش کنید تا اگر برایت اندازه نیست شماره بزرگترش را بیاورم. یاسمن

چشمی گفت و مانتو را از دست فروشنده گرفت و به اتاق پرو رفت ، صدیق خانم هم به همراه او رفت بعد از پرو کردن صدیق خانم گفت : از این طرح راضی هستی یاسمن جون ؟ یاسمن نگاهی به سراپای خود در آینه انداخت و با لبخند گفت : عالیه مامان، بهتر از این نمیشه. صدیق خانم برای دلخوشی او و برا اینکه اطمینان بیشتری به انتخاب خودش پیدا کند گفت : خیلی هم بهت میاد واقعاً برازنده توئه، هم طرحش جالبه و هم اندازه اش مناسبه، مبارکت باشه دخترم. بعد از انتخاب مانتو نوبت به کیف و کلاسور شد که یاسمن یک کلاسور زیبا و یک کوله خوش طرح را انتخاب کرد و بعد از پرداخت مبلغ آنها توسط صدیق خانم آنها از مغازه بیرون آمدند و یکراست به یک مغازه کفش فروشی که در همان پاساژ بود رفتند تا کفش مورد نظر یاسمن را نیز خریداری کنند و به خانه برگردند.

یاسمن یک کفش اسپرت مدل جدید را خریداری کرد و آنها به همراه خریدهایشان بسوی خانه راه افتادند. هنگام رد شدن از مغازه روسری فروشی یاسمن دوباره به داخل آن نگاهی انداخت، پسر فروشنده رویش به طرف در مغازه بود یاسمن تمام رخش را دید. پسر فروشنده این بار متوجه نگاه یاسمن شد به نظرش آمد که این دختر را جایی دیده است، از مغازه بیرون آمد یاسمن و صدیق خانم چد متری از آنجا دور شده بودند، شاهرخ با خودش فکر کرد : چقدر چهره این دختر برایم آشنا بود، خدایا او را کجا دیده ام ؟ تا انتهای مسیر به یاسمن و مادرش چشم دوخت ولی هرچه فکر کرد یادش نیامد تا اینکه آنها از دیدش محو شدند.

روزها از پی هم گذشتند سال تحصیلی جدید آغاز شده بود یاسمن سال سوم را آغاز کرده بود آرزو هم همراه سیاوش به شمال آمده بود و چند روزی بود که به دانشگاه می رفت، اوضاع کاملاً عادی بود صدیق خانم خیالش از بابت سیاوش راحت شده بود و از سر و سامان گرفتن او بسیار خشنود و راضی بود چون می دید سیاوش روز به روز شاداب تر و بانشاط تر از قبل می شود یاسمن هم که سرش گرم درس خواندن و تحصیل بود، صدیق خانم هم خودش را با گل دوزی و خیاطی سرگرم میکرد. یاسمن برای آنکه از دیگر همکلاسیهایش در درس خواندن عقب نماند به چند کلاس تقویتی هم می رفت هنگام رفت و آمد بین مدرسه و خانه رفتارهای تازه ایی را مشاهده میکرد، چندین بار برایش پیش آمده بود که پسرها به او سلام کرده بودند اما او محلشان نگذاشت بود حتی پسری به او تیکه ایی پرانده بود ولی او سعی میکرد با بی توجهی از مقابلشان بگذرد.یاسمن پیش خودش فکر میکرد چرا پارسال که از همین کوچه و خیابان رد میشدم کسی به من توجه نمیکرد و چیزی نمیگفت ولی حالا همه به من نگاه می کنند و مرا زیر نظر دارند. امتحانات ثلث اول شروع شده بود و یاسمن بیشتر از قبل به درس خواندن روی آورده بود قصد داشت جزء شاگردان ممتاز کلاسشان باشد معمولاً نمراتش بالا بود صدیق خانم از وضعیت درسی یاسمن راضی بود چند باری که به مدرسه رفته بود معلمایش از درس و انضباط او خیلی تعریف می کردند یاسمن دوستان خوبی در مدرسه و کلاس داشت ولی با سحر از همه صمیمی تر بود همیشه سعی میکرد مثل سحر خوش اخلاق و درسخوان باشد، سحر و یاسمن پشت یک میز مینشستند از لحاظ درسی رقیب هم بودند ولی مانند دو دوست صمیمی در درس به یکدیگر کمک می کردند اوقات فراغت و زنگ

تفریح آنها در کنار هم بودند و در مورد همه چیز با هم صحبت میکردند، کم کم بین همکلاسیها صحبت در مورد پسرها داشت گل می اندخت و هر کسی در مورد دوست پسرش و محاسن و امتیازاتش صحبت میکرد و پز می داد. یک روز در جمع همکلاسیها یک نفر از یاسمن پرسید : یاسمن تو تا حالا با پسری دوست شده ایی ؟ یاسمن خیلی سریع جواب داد: نخیر، از این کارها خیلی بدم می آید ، خیلی مسخره است که آدم خودش رو جلوی یک پسر کوچک کند، همان دختر در جواب یاسمن گفت : لابد هنوز موقعیتش برات پیش نیومده ؟خودمونیم حتماً کسی تحویلت نمیگیره. یاسمن با تندی پاسخ داد که هیچم اینطور نیست، اتفاقاً موقعیتش هم پیش اومده اما من خودم خوشم نمیاد. اینکارها مال دخترهای سبک مغز و جلفی مثل توئه. دخترک جواب داد : هه هه اینو باش، گربه دستش به گوشت نمیرسه میگه بو میده. کار داشت بالا میگرفت که سحر پا در میانی کرد و غائله پایان گرفت امتحانات ثلث اول به پایان رسید، یاسمن نمراتش عالی بود او و سحر جزء نفرات اول کلاس بودند، روزها یکی پس از دیگری سپری میشد، یاسمن کمتر به خانه خواهرانش میرفت، دیگر احساس تنهایی نمیکرد، از وقتی آرزو به جمع آنها پیوسته بود خانه حال و هوای تازه ایی پیدا کرده بود.یاسمن از بودن دخترخاله اش آرزو در کنارشان خیلی خوشحال بود آرزو هم برایش یک دوست محسوب میشد و هم یک معلم خصوصی، یاسمن بیشتر تکالیف مدرسه اش را در کنار آرزو انجام میداد، آرزو هم تا جای ممکن به یاسمن کمک میکرد تا اشکالات درسی اش را برطرف کند، از وقتی که آرزو در درس و تکالیف مدرسه یاسمن را همراهی میکرد نمرات یاسمن در دروس ریاضی و زبان انگلیسی و علوم بسیار عالی شده بود، حتی آرزو آنقدر به یاسمن نزدیک شده بود که در

این مدت کوتاه جای یک همراز و سنگ صبور را برای یاسمن پر کرده بود و یاسمن حرفهایی را که به هیچکس نمیگفت و در دلش نگه میداشت با او در میان میگذاشت، آرزو هم مانند یک دوست گوش میکرد و مانند یک خواهر بزرگتر یاسمن را راهنمایی میکرد بین یاسمن و آرزو انس و الفت خاصی شکل گرفته بود، سیاوش هم از این وضعیت خیلی خوشحال بود، بنظرش دیگر یاسمن از تنهایی در آمده بود، آرزو هم خیلی با محیط جدید انس گرفته بود، روزهای شیرین و جالبی برای آنها بوده، امتحانات ثلث دوم هم نزدیک شده بود و همچنین دیگر زمستان داشت جایش را با هوای پاییزی عوض میکرد، باید این ثلث را هم با جدیت درس میخواند ، یاسمن مانند گذشته بیشتر وقت خود را به درس خواندن اختصاص داده بود اگر هم مشکلی در بعضی از دروس داشت از آرزو کمک می گرفت، در مدرسه هم او و سحر همکلاسیش با هم درس میخواندند و اشکالات درسی یکدیگر را برطرف میکردند و ازهم سوال میکردند تا آمادگی بیشتری برای امتحانات پیدا کنند و هم مروری کرده باشند.

امتحانات آغاز شد و یاسمن چندین امتحان را پشت سر گذاشته بود و از نتیجه آن بسیار راضی بود اصلاً دلشوره ایی بابت امتحانات نداشت زیرا بیشتر اشکالاتش را توسط آرزو برطرف کرده بود و از حرفهای دلگرم کننده و امید بخش آرزو نیرو می گرفت آرزو اکثر اوقات قبل از اینکه یاسمن به سر جلسه امتحان برود، چند جمله امیدوار کننده به او می گفت، یاسمن امروز خیلی سرحالی ، مطمنم به کمتر از ۲۰ قانع نمیشی من اگر جای معلمت بودم با دیدن چهره ات، نمره ۲۰ را بهت میدادم.یاسمن از حرفهای شیرین و دلگرم کننده آرزو لبخند می زدو میگفت : دخترخاله مطمئن باش همه سعی و تلاشم را میکنم تا نمره

خوبی بگیرم. آرزو میدانست چقدر برای یک دانش آموز دلگرمی و احساس اطمینان درونی مفید است مخصوصاً قبل از رفتن به سر جلسه امتحان به همین دلیل حرفهای روحیه بخش میگفت تا یاسمن شاد و خندان و امیدوار سر جلسه امتحان بنشیند. بالاخره امتحانات به پایان رسید چند روزی به عید نوروز باقی مانده بود. یاسمن و صدیق خانم به همراه سیاوش و آرزو برای خرید عید نوروز به بازار رفته بودند. یاسمن دوباره به پشت ویترین مغازه روسری فروشی نگاهی انداخت و داخل مغازه را هم زیر نظر گذراند. دلش میخواست دوباره بعد از ماهها شاهرخ را ببیند از مادرش خواست که یکی از روسری های مورد پسندش را از این مغازه خریداری کند صدیق خانم همراه یاسمن و آرزو و سیاوش وارد مغازه شدند و روسری مورد نظر یاسمن را از فروشنده خواستند یاسمن آن را در اتاق پرو سرش کرد و از آن بسیار خوشش آمد، صدیق خانم به یاسمن گفت : دخترم روسری قشنگی است و آرزو در ادامه صحبت خاله گفت : خیلی هم به چهره ات میاد و سیاوش هم برای اینکه حرفی زده باشد گفت : واقعاً سلیقه ات حرف نداره آبجی کوچولو.

یاسمن بعد از ۶ ماه انتظار به آرزوی دلش رسیده بود و می توانست روبروی شاهرخ بایستد و به چهره اش از نزدیک نگاه کند: به نظر پسر خوش تیپ و مودبی می آمد. یاسمن تمام رفتار و حرکات او را زیر نظر گرفت به نظرش خیلی خوش برخورد و با نزاکت میامد. رفتارش هم سرشار از وقار و متانت بود، چند بار به چهره اش نگاه کرد. پسرک فروشنده هم از فرصت ها به نحو احسن استفاده می برد و دائماً با نگاهش یاسمن را ورانداز میکرد و در دلش او را سبک سنگین می نمود. هنگامیکه صدیق خانم رو به یاسمن کرد و اسم او را به زبان آورد ،

پسرک پیش خودش گفت : پس اسم این دختر خوشگل یاسمن است. به نظر او یاسمن دختر زیبا و باکلاسی بود و صدای گیرایی هم داشت. شاهرخ دیگر مطمئن شده بود که یاسمن از او خوشش می آید و در غیر این صورت به مغازه اش نمی آمد.

بهار فرا رسیده بود، سمیه خانم به آرزو دخترش اطلاع داده بود که در تعطیلات نوروزی آنها قصد دارند به شمال بیایند، لذا از آرزو پرسید : که چیزی احتیاج دارد تا آنها هنگام آمدن با خودشان بیاورند و آرزو هم وسایل مورد نیاز خود را گفته بود و سمیه خانم هم قول داد که هنگام آمدن با خودشان بیاورند و در پایان تماس گفت به خاله صدیق سلام مرا برسان همینطور به سیاوش عزیز و یاسمن جون بعدهم خداحافظی کرد.

سومین روز عید، سمیه خانم و آقا رحمان به همراه افسانه و امیر و نازنین به شمال آمدند، روزهای شاد و باصفایی برای خانواده آنها بود، جاهای زیادی با هم رفتند. کنار دریا ، پارک، جنگل حتی سینما که یاسمن و افسانه خیلی دوست داشتند و در این چند روز واقعاً به آن دو خیلی خوش گذشته بود. در خانواده تصمیم گرفتند هنگام تابستان هم به همراه یکدیگر به یکی از شهرهای سیاحتی بروند. سیاوش و آرزو بیشتر از بقیه بر این موضوع اصرار و پافشاری داشتند، آنها دوست داشتند قبل از شروع زندگی مشترکشان یکی دو هفته ایی را به شیراز، بروند. صدیق خانم و سمیه خانم خشنود شدند و با خوشرویی استقبال کردند و قرار شد پس از اتمام امتحانات بچه ها با هم به مسافرت شیراز بروند. تعطیلات به پایان رسید، مهمانها به خانه خودشان برگشتند. مدارس باز شده بود. یاسمن که بعد از تعطیلات نوروزی روحیه شاداب تری پیدا کرده بود سرشار از انرژی تازه و

با امید بیشتر به تکالیف و درس مدرسه اش رسیدگی می کرد و با اشتیاق فراوان به درس خواندن می پرداخت.قصد داشت قبل از انتخاب رشته تحصیلی اش معدلش را بالا ببرد، دلش میخواست در آینده پزشک بشود و به همین دلیل باید معدلش را را به بالاترین حد ممکن افزایش میداد. آرزو هم در این مورد خیلی به او سفارش میکرد.

یاسمن تمام سعی و تلاش خود را بکار می بست، در ثلث دوم معدلش ۱۹/۳۵ شده بود ولی معدل سحر، همکلاسیش ۱۹/۵۰ شده بود یعنی کمی از او بالاتر، او در کلاس رتبه دوم را بدست آورده بود و برای همین کمی دلخور بود ، دلش نمی خواست از سحر عقب بیفتد تمام روز را مشغول مطالعه و رسیدگی به تکالیف درسی اش بود. آرزو هم که می دید یاسمن بیش از حد به خودش فشار می آورد از او می خواست که زیادتر از توانایی خودش از خود انتظار نداشته باشد همین اندازه که او شاگرد دوم کلاس شده است خیلی خوب و قابل تحسین است ولی یاسمن با اصرار میخواست که حتماً شاگرد اول بشود با حسرت و تاثر به آرزو گفت : من باید بیشتر درس میخواندم تا شاگرد ممتاز کلاس می شدم. آرزو گفت : حالا غصه نخور یاسمن جان، تو اگر بخواهی شاگرد اول کلاس هم می توانی بشوی و از سحر جلو بزنی کافیست نقطه ضعفهایت را در دروسی که مشکل داری برطرف کنی من هم قول میدهم به تو کمک کنم.

آرزو نگاهی به ساعتش انداخت (حالا کمی وقت داریم). آرزو پرسید : فکر میکنی درچه درسهایی ضعیف تر هستی ؟ یاسمن پاسخ داد : تاریخ و اجتماعی. آرزو : بنظرت چرا این دروس را کمتر از بقیه نمره گرفته ایی ؟ یاسمن : راستش زیاد به تاریخ علاقه ندارم و به درس اجتماعی اصلاً توجه نمی کنم، یعنی سرکلاس اصلا

نمتوانم حواسم را معطوف به این درس کنم و سر کلاس به این درس گوش کنم.

آرزو گفت اگر دلت میخواهد شاگرد اول شوی باید تمام درسهایت را به یک اندازه دوست داشته باشی، این اولین قدم است.

حالا برایم بگو چرا ذهنت را نمیتوانی معطوف به این دو درس کنی و سر کلاس به این دروس گوش دهی ؟ یاسمن : این دروس اصلاً برایم جالب و جذب کننده نیستند ضمناً از معلمانش هم خوشم نمی آید برای همین همیشه سر کلاس حواسم جای دیگریست.

آرزو گفت : پس باید کمی دقت به خرج دهی، باید بخودت تلقین کنی این دروس را هم دوست داری و تاریخ و اجتماعی درسهایی هستند که به تو کمک می کنند تا در آینده به شغل دلخواهت برسی و اکنون نیز شاگرد اول شوی، فکر کن معلمهای تاریخ و اجتماعی شما مانند معلمهای زبان و ریاضی و سایر دروس، دلسوز دانش آموزان هستند و خواهان پیشرفت یکایک آنان.

یاسمن مشتاقانه نگاهش را به آرزو دوخته بود و منتظر شنیدن ادامه صحبت او بود آرزو ادامه داد : از این به بعد دائماً به خودت تلقین کن که این دروس هم مورد علاقه ات هستند و به این دو درس هم علاقه داری و بنابراین بیش از قبل روی آنها دقت و مطالعه به خرج می دهی.

آرزو پرسید : حالا یاسمن بهم بگو درسهاتو چطور یاد میگیری ؟ یاسمن : معمولاً درسهایم را آهسته و زیر لب مرور میکنم و از نکات مهم آن نت برداری میکنم و آنها را دوباره تکرار میکنم و معمولاً در محیط آرام بهتر میتوانم درس بخوانم.

آرزو گفت : پس یاسمن جان تمام درسها را به شیوه ایی که بهتر یاد میگیری بخوان و تکرار کن، ذهن تو می تواند همه درسها را و علوم مختلف را به یک اندازه یاد بگیرد و در خود جای دهد تنها کافیست همه کتابهای درسی را به یک اندازه دوست داشته باشی. آرزو یک ساعتی با یاسمن شیوه درست آموختن به روش صحیح ذهنی خود یاسمن کار کرد.

آرزو و سیاوش تصمیم گرفته بودند تابستان که از راه رسید جشن عروسیشان را برگزار کنند.آرزو تصمیم خود را با پدرش در میان گذاشت و آنها از آن به بعد سعی میکردند که هر چه سریعتر جهیزیه و وسایل مورد نیاز زندگی آرزو را تهیه کنند.آقا رحمان هم کاملاً دستش باز بود و از لحاظ مالی هیچ مشکلی نداشت، او از قبل فکر این روزها را کرده بود او میتوانست از حسابش که طی سالهای گذشته پس انداز کرده بود برداشت کند و وسایل و جهیزیه دخترش را تهیه نماید.

تابستان فرا رسید و تعطیلات آغاز شده بود، یاسمن بخوبی از پس امتحانات بر آمده و منتظر اعلام نتایج و گرفتن کارنامه اش بود.

خانواده آقا رحمان و بچه هایشان و برادر و برادرزاده ها به شمال به خانه آنها آمده بودند تا چند روز آینده مراسم ازدواج آرزو و سیاوش برگزار شود. در خانه آنها غلغله ایی بر پا بود همه شاد بودند و خندون ودرسالن هلهله و شادی موج میزد.با خوشی و شادی عروسی سیاوش وآرزو برگزارشد وآن دوماه عسل خودرا به شیراز وحافظیه رفتند.تابستان هم تمام شد.

یاسمن در این چند ماه تغییرات فراوانی کرده بود و در عرض این چند ماه به اندازه یک سال بزرگتر شده بود. در سال جدید با نمرات بالایی که او آورده بود

میتوانست برای سال بعد در رشته ریاضی فیزیک تحصیل کند، البته سال اول دبیرستان، یاسمن در دبیرستان نزدیک منزلشان ثبت نام کرد.

یاسمن خیلی عوض شده بود، خوش برخورد و زیباتر از قبل شده بود روحیه اش هم خیلی عوض شده بود از آن دخترک شیطان وبازیگوش به دخترخانمی فهمیده و متین و آرام تبدیل شده بود کم کم داشت برای خودش خانمی می شد.

سال تحصیلی آغاز شده بود و یاسمن هم در مدرسه و کلاس جدید با دوستان جدیدی آشنا شده بود، از این محیط و دوستان جدید خیلی راضی بود. اما همیشه ته دلش از موضوعی رنج می برد تمام همکلاسیهایش پدر داشتند که اکثراً در مورد او صحبت می کردند گاهی اوقات یاسمن، خیلی احساس کمبود می کرد، حس می کرد نیاز شدیدی به یک هم صحبت دارد، نیاز به کسی که او را بفهمد و درک کند و تا بتواند به راحتی با او درد دل کند و اسرار خود را با او در میان بگذارد. چند وقتی بود که فکری در ذهنش ریشه دوانده بود و آن فکر تماس دوباره با شاهرخ بود، اما خیلی می ترسید که به شاهرخ نزدیک شود، در فکر راهی برای دوست شدن با شاهرخ و رسیدن به او بود.

کلاسهایش به دو شیفت تقسیم شده بود و بنابراین یک هفته صبح و یک هفته بعداز ظهر می رفت. روزهایی را که بین هفته بعداز ظهری بود و در خانه شان کسی نبود. آرزو هم سر کلاسهایش می رفت، مادرش هم سری به دخترانش می زد و یاسمن وقت کافی داشت که در این فاصله برای شاهرخ زنگ بزند، از دومین هفته شروع درس و مدرسه یکبار برای شاهرخ تلفن کرده بود و فقط به صدایش گوش داد اما حرفی نزد. یک ماه گذشته بود و او همچنان در فکر تماس با شاهرخ

بود، اکثر شبها بیاد او می افتاد و صدایش را که در گوشش می پیچد در ذهنش تکرار می کرد. در آخرین تماسی که چند وقت پیش ازاین با شاهرخ گرفته بود شاهرخ گفته بود : فکر می کنم تو را بشناسم، تو همان دختری هستی که سال گذشته با یک دختر و پسر جوان و یک خانم مسن به مغازه ام آمدی و یک روسری حریر سرخ وسبز خریدی ؟

یاسمن با شنیدن این صحبتها از دهان شاهرخ گوشی را گذاشت و حرفی نزد، اما خیلی دلش میخواست که خودش را معرفی کند و بگوید : آره، من همون دختر هستم و چون از تو خوشم آمده، به مغازه ات آمدم و از تو خرید کردم ولی خیلی زود جلوی خودش را گرفت و با خود فکر کرد : نباید به این راحتی خودش را لو بدهد، به مرور زمان خودش را معرفی کند بهتر است.پیش خودش گفت : نمیدانم چرا هر چه بیشتر اسم شاهرخ و حرفهایش را در ذهنم مرور می کنم بیشتر اسیرش می شوم و دیگه دارم قاطی می کنم. خدا به دادم برسد، پاک عاشق شدم و بعد به خود نهیب می زد : دختره سر به هوا بچسب به درست، این چه فکرهایی که می کنی، خیال می کنی اون مثل تو خل و دیونه اس که فکر عشق و عاشقی به سرش بزنه و عنان اختیارش رو به دست عشق و احساس بسپرد..یاسمن به مرور زمان کم حوصله و گوشه گیر شده بود. مادرش (صدیق خانم) پیش خوش فکر می کرد که این رفتارها بخاطر بلوغ و رشد فکری یاسمن است و نیز گاهی هم آن را به علت خستگی از دوس و کلاس میدانست، سیاوش هم دیگر زیاد به او توجهی نداشت چون بیشتر وقتش با آرزو پر می شد و او بیشتر لحظاتش را با او سپری می کرد و کل وقت واحساس و عاطفه اش را به او اختصاص داده بود ولی آرزو بیشتر و بهتر از همه احساسات یاسمن را درک می کرد چون یاسمن

هنوز هم کم و بیش با او صحبتهایی می کرد و آرزو هم با گفته های دست وپا شکسته یاسمن دریافته بود که یاسمن به کسی علاقه مند است ونمی تواند کاملا این موضوع را به زبان بیاورد به همین دلیل روز به روز غمگین تر و افسرده تر می شود.

پس ازگذشت یک سال و نیم از آشنا شدن یاسمن با شاهرخ یاسمن به خود جرات داد بالاخره تصمیمش را گرفت :تا با شاهرخ صحبت کند. می خواست برای خودش دوست وهم صحبتی داشته باشد. بهترین زمان روزهای بود که بعدظهر به دبیرستان می رفت.در خانه کسی نبود، بهترین موقعیت برایش پا داده بود و می توانست بدون دلهره برایش تلفن کند، گوشی را برداشت و شماره شاهرخ را گرفت صدای بوق آزاد را شنید دلش به شدت می تپید، تمام بدنش خیس عرق شده بود، وقتی صدایش را شنید چه باید میگفت؟ چگونه سر صحبت را با او باز می کرد ؟ در همین افکار بود که صدای پشت خط رشته افکارش را پاره کرد، بله خودش بود شاهرخ.

این بار یاسمن به خودش جرات داد ؛ آرام گفت :سلام. شاهرخ جوابش را داد : سلام، بفرمائید، شما ؟ یاسمن سکوت کرد، دیگر نتوانست چیزی بگوید، گوشی را گذاشت، رفت جلوی آینه و به خودش نگاه عمیقی انداخت و گفت : چی داری به روز خودت میاری، چت شده ؟ چیکار داری می کنی ؟ داری سقوط می کنی یاسمن مراقب باش. ولی دلش یه چیز دیگه می خواست.دوباره شماره را گرفت، صدایش را شنید، بفرمائید ؟ رساتر و بلندتر از گذشته سلام کرد و شاهرخ گفت :سلام، بفرمائید کاری داشتید ؟ یاسمن گفت : میخواستم با تو دوست بشم. شاهرخ : شما را می شناسم ؟

یاسمن : جوابم را ندادی، دوست داری با من دوست شی یا قطع کنم؟

شاهرخ : خب حالا چرا ناراحت میشی ؟ من هم بدم نمیاد با تو دوست بشم اما باید بدونم اسمت چیه ؟ کجا دیدمت ؟

یاسمن : حالا زود است بعد بهت می گم.

شاهرخ : اصلاً ببینم تو منو میشناسی که میخواهی باهام دوست شی ؟

یاسمن : مگه اسمت شاهرخ نیست ؟

شاهرخ : درسته ، اما نگفتی چطور منو میشناسی ؟

یاسمن : تو به این کارهاش، کاری نداشته باش. یاسمن پیش خودش فکر کرد که طرف زیاد دارد کنجکاوی میکند و ممکن بود یاسمن خودش را لو بدهد. یاسمن پرسید : کاری نداری ؟ شاهرخ : باز برام تلفن میکنی ؟

یاسمن : شاید و تماس قطع شد.

یاسمن روی تختش دراز کشیده بود و به حرفهای رد و بدل شده بین خودش و شاهرخ فکر می کرد. هنوز نیم ساعت از قطع تماس او با شاهرخ نمی گذشت دوست داشت دوباره صدایش را بشنود. باز ندایی درونی به او میگفت : یاسمن داری اشتباه میکنی، راهش این نیست، خودت را ارزان می فروشی، خوب فکر کن.ولی دلش این حرفها سرش نمی شد با هزار مشقت خودش را قانع کرد که دیگر برای امروز تماس نگیرد تا شاهرخ فکر نکند او کمبود دارد و یا دختر پر رویی است. دوباره سر جایش نشست و فقط به حرفهای شاهرخ فکر کرد، صدای زنگ در بلند شد و افکار یاسمن را بهم ریخت گوشی آیفون را برداشت مادرش

بود : یاسمن جان، در و باز کن، از پا افتادم. صدیق خانم وارد خانه شد و از یاسمن پرسید : چه خبر ؟کسی کاری نداشت ؟

یاسمن : نه مامان.بعد هم صدیق خانم به آشپزخانه رفت تا ناهار را برای بچه ها تهیه کند. ظهر شده بود، یاسمن به دبیرستان رفت.

روزها سپری می شدند یاسمن دیگر حسابی با شاهرخ دوست شده بود. رفتارش تغییر کرده بود و موقع رفتن به بیرون از منزل به خودش می رسید، هر چند وقت یکبار مدل لباسهایش را عوض می کرد. دیگر به درسهایش اهمیتی نمیداد. معدل ثلث اولش ۱۷ شده بود ولی اصلاً برایش فرقی نمی کرد، حوصله سر و کله زدن با کسی را نداشت. حتی دیگر حوصله رفتن به خانه خواهرانش را نداشت، مگر اینکه همه افراد خانه دعوت بودند او مجبور می شد به این مهمانی برود. همیشه منتظر صدای زنگ تلفن بود شاهرخ دقیقاً می دانست که چه وقت خانه شان خلوت است، همیشه زمانی تماس می گرفت که کسی در خانه شان نبود، یاسمن هم پاک دلباخته او شده بود.شاهرخ هم کاملاً با روحیات و خصوصیات اخلاقی یاسمن آشنا شده بود و می دانست که یاسمن خیلی به او وابسته شده، بنابراین هر طور که دلش میخواست با او رفتار می کرد. گاهی اوقات چند روز پیاپی با او تماس نمی گرفت و اگر هم یاسمن برایش تلفن میکرد با بی حوصلگی به او می گفت : سرم شلوغ است، امروز نمیتوانم با تو صحبت کنم. اما یاسمن اصلاً به دل نمی گرفت. انگار افسون شده بود، از همه رفتارهای او خوشش می آمد، دلش می خواست که شاهرخ مال او باشد و تمام اوقاتش را به او اختصاص دهد. شاهرخ هم متقابلاً سعی میکرد فرصت بیشتری را به یاسمن بدهد، میدانست که یاسمن کسی را غیر از او دوست ندارد ، ثلث دوم هم فرا رسیده بود، یاسمن دچار افت

شدید تحصیلی شده بود. گاهی وقتها که شاهرخ به او کم محلی می کرد، در کنج اتاقش کز می کرد و اشک می ریخت، دوست داشت با کسی درد دل کند ؛ اما می ترسید، حتی این روزها از دختر خاله اش آرزو گریزان شده بود، چند بار آرزو تلاش کرد به او نزدیک شود و سر صحبت را با او باز کند که یاسمن با گفتن : اصلاً حالم خوب نیست آرزو، تنهام بزار، اگر ناراحت نمی شی میخواهم استراحت کنم. از صحبت کردن با او طفره می رفت گاهی اوقات همینکه آرزو در کنارش می نشست یاسمن به بهانه ایی از جایش بلند می شد، مسیر صحبت را عوض می کرد، چند باری هم آرزو او را هنگام گریه کردن دیده بود و از او پرسیده بود که چرا گریه می کند ؟ و یاسمن این طور جوابش را داده بود : دلم گرفته، به یاد بابام افتادم واسه همین گریه ام گرفت. ولی خودش خوب می دانست که دارد دروغ می گوید. ایام عید فرا رسیده بود یاسمن مشتاقانه منتظر بود که همراه مادر و آرزو به بازار بروند. دلش میخواست هر چه زودتر به مغازه روسری فروشی برود، برای همین هم بین راه به مادرش گفت : من روسری جدیدی دیده ام که خیلی طرح زیبایی دارد و از آن خوشم آمده میخواهم آن را بخرم.

صدیق خانم هم بی خبر از همه جا، گفت : باشه دخترم از هر طرحی خوشت اومده بگو تا برات بخرم. بعد به همراه هم وارد مغازه شاهرخ شدند. سلامی کردند و مشغول تماشای طرحهای مختلف روسری شدند، شاهرخ دیگر همه را می شناخت ولی به روی خودش نمی آورد. شاهرخ با خوشرویی پرسید : چه خدمتی از بنده ساخته است ؟ صدیق خانم پاسخ داد : لطفاً آن طرح روسری را برای دخترم بیاورید و با اشاره روسری مورد نظر یاسمن را نشان داد و فروشنده

هم همان روسری را برایشان از ویترین در آورد، در حالیکه صدیق خانم مشغول در آوردن پول از داخل کیفش بود یاسمن نگاه عمیقی به شاهرخ انداخت و شاهرخ هم یک چشمک حواله او کرد و او هم با لبخند پاسخش را داد، بعد از پرداخت قیمت روسری ، آنها از مغازه خارج شدند و به مغازه های دیگر برای خرید وسایل مورد نیاز شان رفتند و پس از خرید راهی خانه شدند.

سیاوش و آرزو چند روز پس از آغاز سال نو به تهران رفتند تا عید را درکنار خانواده آرزو باشند دلشان برای دیدن آنها تنگ شده بود. پدر و مادر آرزو هم ازدیدن دامادعزیزشان ودخترخوبشان غرق شادی شده بود با بودن سیاوش وآرزو درکنارآنها جمع خانواده آنها گرم وکامل بود.آنها با هم برای دیدوبازدید تمام اقوام به عید دیدنی رفتند.تا به همه سری زده باشند.سال جدید هم شروع شده بود تعطیلات هم گذشت.

ماهها به همین منوال گاهی شیرین و گاهی تلخ برای یاسمن می گذشت. بیشتر ذهن یاسمن را یاد شاهرخ و حرفهایش پر کرده بود، یاسمن در هفته چندین روز را به دیدن شاهرخ می رفت، آنقدر به شاهرخ عادت کرده بود که اگر چند روز او را نمی دید، حسابی کلافه می شد. چنان دلتنگش می شد که در گوشه ایی می نشست و بنای گریه را سر میداد: هر چه از دوستی او و شاهرخ می گذشت ، بیشتر و بیشتر عاشقش می شد. همیشه به شاهرخ می گفت : من با تمام وجود دوستت دارم ولی انگار تو اصلاً هیچ اهمیتی به من نمیدهی و به من توجهی نداری. شاهرخ در پاسخ به او می گفت : تو اشتباه میکنی یاسمن ، من هم دوستت دارم اما گاهی مثل همه آدمها خسته و کلافه میشم.شاهرخ گاهی اوقات حرفهایی می زد که تمام وجود یاسمن را می سوزاند شاهرخ می گفت :یاسمن تو

هم اگر مثل من تو بازار باشی، میبینی که چقدر عشقهای بازاری زیاد شده اند میدانم که تو هم از مغازه ام بیشتر خوشت میاید تا از خودم و اگه روزی کارم را از دست بدهم مرا فراموش می کنی، یاسمن هیچوقت نمی توانست منظور شاهرخ را از این حرفها دریابد ولی در جواب او می گفت : تو خیلی بی انصافی که در مورد من اینطوری فکر میکنی، من تورا بیشتر از خودم دوست دارم دلم میخواد تو مال من باشی اگر تو فکر میکنی من بخاطر مغازه ات تو رو دوست دارم مطمن باش که کاملاً در اشتباهی من اصلن احتیاجی به کار و بارت ندارم. اما شاهرخ دلایل مهمتری برای گفتن این حرفها برای خودش داشت او در بازار دخترهای فراوانی را همانند یاسمن فریب داده بود و خوب می دانست چگونه با آنها رفتار کند که پس از مدتی بتواند از آنها جدا شود، اما یاسمن با بقیه فرق داشت او هم زیبا بود و هم خوش سر و زبان و هم یک سروگردن ازشاهرخ بالاتر. به همین دلیل شاهرخ تاکنون نتوانسته بود مانند باقی دوست دخترهایش او را هم دست به سر کند و بعد از مدتی او را رها نماید. شاهرخ می خواست به هر طریقی شده یاسمن را به چنگ بیاورد،بارها به یاسمن گفته بود ازقرارهای داخل پارک و کناردریا و سینما خسته شده اگه بازم بخواد از این قرارها برایش بزاره اون سرقرارنمیاد. چندین بار از یاسمن خواست تا به خانه شان بیاید و یاسمن به این درخواست او جواب رد داده بود.و زود دلخوری خودش را نشان داده بود. شاهرخ اولش اعتراض می کرد و غر می زد که دیگه حاضر نیست او را در آن مکانهای عمومی ببیند ولی ازترس ازدست دادن یاسمن قبول می کرد. درواقع با حیله گری تمام از دلش در می آورد، دیگر یاسمن را کاملاً می شناخت و می دانست از چه حرف هایی خوشش می آید ،برای همین هر وقت می دید اوضاع

ناجورشده، نقش بازی می کرد. بدین ترتیب از دوستی شاهرخ و یاسمن دو سالی گذشت، اکثر هفته ها آن دو یکدیگر را می دیدند ، شاهرخ به یاسمن گفته بود : من تو را برای ازدواج انتخاب کرده ام و تو یقیناً همسر آینده من خواهی بود، تو عروس رویاهای منی یاسمن، وای که تو در لباس سپید عروس چقدر باشکوه می شوی، همیشه در خیالاتم به دنبال دختری مثل تو بودم و خوشحالم که تو را یافته ام، بزودی من و تو ازدواج خواهیم کرد.ما برای هم هستیم. ما دوتا تا خوشبختی فاصله چندانی نداریم.

شاهرخ با این ترفندها می خواست یاسمن را بفریبد و به خواسته های خودش دست یابد ، یاسمن اما زیرک تر و فهمیده تر از آن بود که شاهرخ بتواند او را فریب دهد. به همین دلیل هیچوقت به سر قرارهای که شاهرخ می گفت نمی رفت و هر چه شاهرخ اصرار می کرد و تلاش می نمود که با یاسمن در خانه یا مکانی خلوت قرار بگذارد تا او را به تنهایی ببیند، یاسمن قبول نمی کرد و اصلاً چنین چیزی را نمی پذیرفت در حالیکه یاسمن صمیمانه به شاهرخ علاقمند بود و شاهرخ تمام ذهن یاسمن را تسخیر کرده بود، حتی خودش هم باورش نمی شد که روزی اینگونه عاشقش بشود، شب و روز در فکر شاهرخ بود، در کلاس دوستانش چندین بار به او تذکر داده بودند که شاهرخ را با دخترهای دیگری دیده اند ولی یاسمن اصلاً باور نمی کرد و حتی بخاطر شاهرخ با دوستانش در می افتاد و این حرفهایشان را به حساب حسادتشان می گذاشت. یاسمن دیگر از این وضعیت تلخ و رنج آور خسته شده بود ، دلش می خواست که شاهرخ به خواستگاریش بیاید، اما شاهرخ هر روز جواب بی سر و تهی به او می داد و از این کار طفره می رفت. یاسمن دیگر نسبت به درس و کلاس بی تفاوت شده بود و

اصلاً اهمیتی به نمراتش نمی داد، به همین دلیل دچار افت شدیدی در تحصیلش شده بود سال دوم دبیرستان با معدل ۱۴ قبول شده بود، آن هم با کمک های بی شائبه آرزو که همیشه سعی می کرد به یاسمن در درسهایش کمک کند. در سال سوم وضعیت درسی یاسمن هنوز بدتر از قبل شده بود، دیگر مرتب سر کلاسهایش حاضر نمی شد. اکثراً بین هفته یک یا دو روز کسالت داشت و همیشه مادرش به دبیرستان زنگ می زد و علت غیبت او را اطلاع می داد، چندین بار صدیق خانم یاسمن را به مطب دکتر برده بود، اما یاسمن وضعیت روحی مشخصی نداشت چندین روز شاد و سرحال بود یک دفعه ایی حالش بد می شد و اصلاً حوصله هیچ چیز و هیچ کس را نداشت و از اتاقش هم بیرون نمی آمد. صدیق خانم چندین بار تصمیم گرفت علت رفتار عجیب و غریب یاسمن را جویا شود و با اودر این مورد صحبت کند اما یاسمن فعلی با یاسمن گذشته فرق می کرد اگر حوصله کسی را نداشت، عصبانی می شد و داد و قال راه می انداخت. صدیق خانم، اصلاً از رفتارهای او سر در نمی آورد، وقتی حالش خوب بود از مادرش عذر خواهی می کرد ولی اگر دوباره بحثی بین او و شاهرخ سر می گرفت دوباره عصبی میشد و به همه میپیچید صدیق خانم اصلاً خبر نداشت که یاسمن شخصی را تا مرز جنون دوست دارد و این رفتارها ناشی از برخورد او با همان شخص است.

تا بحال سابقه نداشت که او اینگونه رفتارها و عکس العمل های عجیب و غیر منتظره را از یاسمن مشاهده کند، دختری که آن همه مهربان بود، ناگهان پرخاشگر میشد در این بین آرزو تنها کسی بود که می دانست یاسمن عاشق و دلباخته شخصی بنام شاهرخ است و او را دیوانه وار دوست می دارد، زیرا سال

گذشته آرزو یاسمن را در حین صحبت کردن با شاهرخ غافلگیر کرده بود ولی اصلاً به رویش نیاورد. تنها سوالی که از او پرسید این بود : آیا فکر میکنی پسر خوبی است ؟ یاسمن هم از او خواست که این موضوع بین خودشان بماند و کسی از این ماجرا بوئی نبرد. آرزو پاسخ داد : به شرط این که چیزی را از من مخفی نکنی و یاسمن هم قبول کرده بود از آن به بعد با کمک های فکری آرزو ،یاسمن از گرداب آن دوستی بازاری درامان بود. آرزو به او چیزهای آموخته بود و از سرنوشت اشتباه دخترانی که درگرداب هوا و هوس عشقهای دروغین افتادن آشنا کرد بود.یاسمن چگونگی آشنایی با شاهرخ را برای آرزو تعریف کرد و در آخر اضافه کرد آرزو، من فقط عاشقش هستم،وتاکنون عمل اشتباهی ازمن سرنزده ونخواهدزد.آرزو جون شاهرخ به من قول داد بعد از یکی دو سال دوستی و ارتباط دوستانه، با من ازدواج می کند. ولی حالا حرفهای دیگری می زند، حتی مرا تهدید میکند اگر به دوستی با او ادامه ندهم ؛ عکسها و نامه هایم را به خانواده ام می دهد. من ازاین تهدید اومی ترسم من اونو دوست دارم با اون صحبت می کنم و اصلا حاضر نبودم این دوستی به لجن کشیده بشه. آرزو با تاسف به حرفهای یاسمن گوش می داد. یاسمن در بین تعریف کردن این ماجرا گاهی صدایش با گریه در هم می آمیخت. او واقعاً و از صمیم قلب شاهرخ را دوست داشت، با تمام رفتارهای ناخوشایندی که از شاهرخ می دید دلش نمی خواست از او دور شود و طاقت دوری اش را نداشت، اشک پهنه صورتش را پر کرده بود،آرزو داشت بخاطر این علاقه و عشقی که یاسمن به خاطرش تمام دردها و رنج ها را به جان خریده بود و می سوخت با خود فکر چاره ای میکرد: ای کاش همان روزهای اول که به ماجرا پی برده بودم کاری می کردم، ولی هنوزم هم دیر

نیست.آرزو رو به یاسمن گفت : یاسمن جون دیگه غصه نخور، من باهاتم، فقط یه قولی بهم بده.اگر سر قولت وایستادی من هم سر قولم هستم.یاسمن گفت :باشه آرزو قول میدم. آرزو گفت : از امروز به بعد دیگر برای این پسره چلمن تلفن نمی کنی از تهدیدش هم نترس اون مغازه داره برای حفظ ظاهر هم شده از ابروی خودشم می ترسه بعد هم گول حرفهای شیرینش را نمی خوری، اگر واقعاً دوستت داشته باشد، به خواستگاریت میاد.اگر دروغ گفته باشد که خودت میدونی چه عکس العملی نشون میده، بعد خودت میفهمی.باشه یاسمن ؟ یاسمن : باشه آرزو، مطمن باش این کار را انجام می دهم.آرزو پس از شنیدن کل ماجرا و پی بردن به تمام اسرار بین یاسمن و شاهرخ با خود گفت : خداروشکر با تمام علاقه و عشقی که به شاهرخ دارد دست به کار ابلهانه ایی نزد و با نا پختگی اش، خودش را به شاهرخ نفروخته بود.

از آن روز به بعد، آرزو تمام تلاش خودش را می کرد تا یاسمن بتواند راحت تر با مشکلش برخود کند با کسی هم موضوع را در میان نگذاشت که خدای نا کرده موجب لجبازی یاسمن و وخیم تر شدن اوضاع روحی او بشود. آرزو تصمیم گرفت،خودش کارهای مربوط به مدرسه و درس یاسمن را سروسامان بدهد و اوضاع او را زیر نظر داشته باشد. حتی به دوستان یاسمن سفارش کرده بود که بیشتر هوای یاسمن را داشته باشند و نگذارند در حیاط مدرسه، به تنهایی در گوشه ایی بنشیند، سحر هم تا حد امکان حرفها و سفارشات آرزو را عملی می کرد.زنگ تفریح و یا ساعات بیکاری، تمام وقت در کنار یاسمن بود و با او حرف می زد و شوخی می کرد، می دانست که یاسمن چقدر به حرفهای با مزه و شوخی های جالب او علاقه دارد. روحیه یاسمن کم کم داشت بهتر می شد، آرزو

در خانه با او کار میکرد حتی برایش از جانش مایه می گذاشت. چند ماه بود که یاسمن دیگر سراغ شاهرخ را نمی گرفت ولی شاهرخ را هنوز دوست داشت، آرزو هم این موضوع را می دانست. آرزو تصمیم گرفت،تا کاری برای یاسمن انجام دهد تا او بهتر قانع شود که در مورد این گونه افراد اشتباه می کند. یاسمن را کنار خود نشاند و به او گفت : یاسمن جون، شماره شاهرخ را بگیر و بعد گوشی را بمن بده وخودت گوش کن، میخواهم متوجه بشی که او با دختری غیر از تو صحبت می کند یا نه ؟آرزو می دانست که این گونه افراد به یک طعمه قناعت نمی کنند، اما چون یاسمن حرفهای دوستانش را در مورد شاهرخ که می گفتند او را با دخترهای زیادی دیده اند باور نمی کرد، می خواست به این طریق او را کاملاً متقاعد کند.یاسمن شماره شاهرخ را گرفت، چند بوق و بفرمائید، یاسمن گوشی را به آرزو داد و با اشاره به او فهماند که خودش است. آرزو صدایش را تغییر داد و گفت : سلام. شاهرخ به گرمی پاسخ سلامش را داد و این در حالی بود که یاسمن صدای او را می شنید آرزو پرسید : می تونم باهاتون دوست شم ؟ شاهرخ : البته اگه خودتومعرفی کنی حتماً. من هم خیلی دلم میخواد که در خدمتتون باشم.اسمتون چیه ؟ آرزو : مریم. شاهرخ : چه اسم قشنگی، حتماً صاحبش هم خیلی خوشگله.آرزو :هه هه هه شما لطف دارید.آرزو : شما تا بحال با دختری دوست شده اید: شاهرخ : برای شما مهم است ؟ آرزو : خیلی. شاهرخ : چرا ؟ آرزو : برای اینکه دوست دارم با کسی دوست بشم که با هیچ دختری دوست نباشه و عاشق هیچ کسی هم نباشه اگر شما عاشق یا دوست دختری دارید، من مزاحم شما نمی شم. شاهرخ : نه، اصلاً شما چرا فکر می کنید من با کسی دوست هستم ؟ آرزو : همینطوری، آخه اکثر پسرهای این دوره زمونه اینطورین مخصوصاً اونایی

که پیشنهاد دوستی یک دختر را می پذیرند. شاهرخ : فکرمی کنم شما هم زیادتجربه دارید که ازاخلاق پسرها اطلاع داریدمریم خانم. آرزو :نه من راجب این موضوع ازدوستام زیادشنیدم اگه شما با کسی دوست هستید نمی خوام به اون آدم خیانت کرده باشم.شاهرخ : نه خانم من باکسی دوست نیستم.ولی مایلم با شما دوست بشم اگه بخوای یه قرارآشنایی باهم بزاریم مریم خانم.آرزو : حالا ببینم چی پیش میاد تا بعد.آرزو تماس رو قطع کرد یاسمن تمام حرفهای شاهرخ را به گوشش شنید برایش باورکردنی نبود که شاهرخ این قدر بی حیا وبی شرم باشد و منکر عشق و علاقه او و دوستی چندساله او باشد و به یک دختر غریبه که حتی نمی شناسد به این راحتی ابراز علاقه ودوستی کند. آرزوحرف خاصی به یاسمن نگفت از اوضاع و احوال فکری یاسمن معلوم بود که از رفتار زننده شاهرخ عصبانی وآشفته است.آرزوتنها گفت :یاسمن جان این آدم فریبکار ارزش این مقدار محبت و دل خوشی را ندارد.بیشتربرای خودت ارزش قائل شو. سال سوم تحصیلی با مشکلات وافت شدید درسی برای یاسمن پیش می رفت.بعد گفتگو مفصل آرزو با یاسمن و آن ماجرای عبرت آموز برای یاسمن تا حدودی فشار روحی یاسمن کمترشده بود.همکلاسیش سحر بیشتر با یاسمن وقت می گذراند.با هم بیرون می رفتند.به نمایشگاه یا کتاب خانه حتی گاهی به استخر می رفتند آنها دوستان خوبی برای هم بودند.با کمک آرزو در خانه و سحر دوست مهربونش در دبیرستان یاسمن داشت دوباره روحیه گذشته اش را باز می یافت.گاه گداری به شاهرخ فکرمی کرد ولی طی چندماه گذشته اصلا سعی نکرد او را ببیند حتی به تماس اوپاسخ دهد.اما شاهرخ هم بیکار ننشست.اوایل سعی کرد با چرب زبانی و وعده دروغ یاسمن را راضی کند.گاهی هم با تابلو بازی و حرکات زننده سعی می کرد

جلو دوستان یاسمن طوری وانمود کند که یاسمن و او دوستان خیلی صمیمی هستند. گاهی هم به مقابل دبیرستان می آمد و هنگام بیرون آمدن یاسمن به همراه دوستانش او را به اسم صدا می زد شاهرخ تمام سعی خودش را می کرد تا یا سمن را وادار کند که رابطه دوستیش را با او ادامه دهد. خلاصه شاهرخ همجا بود.گاهی هم سعی می کرد که از طریق دوستان و هم کلاسیهای یاسمن پیغامشو به یاسمن برساند. وگاهی هم دراین کار از تهدید او از طریق دوستانش استفاده می کرد.یاسمن تنها یک جواب به تمام رفتارهای اوداشت تو لیاقت دوستی منو نداری اگه منو دوست داری با خانواده ات بیا با هم صحبت کنیم.من با تو به هیچ کجایی نمی آیم. شاهرخ : به درک نیومدی برای من دوست کم نیست بهت نشون می دم..پشیمون میشی یاسمن.

امتحانات کم کم شروع شده بود با تلاش آرزو درخانه وکمک فکری ودرسی سحردردبیرستان یاسمن توانست نمرات خوبی بهترازثلث قبل بیا ورد.

چندروزی بود که شاهرخ با دوست جدیدش در رفت آمد بود واذیت و حال گیری از یاسمن را شروع کرده بود.چند باری سحر رفت و آمد آنها را دیده بود ولی نمی خواست با گفتن موضوع یاسمن را ناراحت و حساس کنه.

مدتی بود که شاهرخ با دختری بنام مرجان دوست شده بود واورا گاهی تا نزدیک دبیرستان با موتورش می رساند.این موضوع را اکثر دوستان و همکلاسی های یاسمن از نزدیک دیده بودن از مدتها پیش به یاسمن هم گفته بودن که شاهرخ با یکی از دخترهای مدرسه از کلاس دیگر دوست است و او تنها دوست دختر شاهرخ نیست و شاهرخ داره از سادگی تو سواستفاده می کنه.

بین دوزنگ کلاس سحر از یاسمن خواست کمی زودتر خودش را به کوچه کناری دبیرستان برساند تا او بتواند چیزی را از نزدیک به اونشان بدهد و یادش نرود که او آنجا منتظر آمدنش هست.

همین که زنگ پایان کلاس به صدا در آمد یاسمن با عجله خود را به کوچه کنار دبیرستان رساند،هم زمان با یاسمن سحر هم آمد آن دو با هم در کنار فرو رفتگی دیوار، در یک خانه پنهان شدند. چند دقیقه طول نکشید که موتور سوار وارد کوچه شد، خودش بود شاهرخ بود.شاهرخ چند لحظه بیشتر منتظر نشد که مرجان یکی از دخترهای دبیرستان به شاهرخ نزدیک شد و با او سلام و احوالپرسی کرد، یاسمن از دیدن این صحنه داشت از خشم دیوانه می شد، خواست به سمت آنها برود و مچ شاهرخ را هنگام خیانت به خودش را رو کند ولی سحر مانع او شد از او خواست خودش را کنترل کند و از واکنش احمقانه خودداری کند.شاهرخ و مرجان چند لحظه در کنار هم ایستاده مشغول صحبت بودند و شاهرخ بسته ایی را به دست مرجان داد و سوار موتورش شد راهش را گرفت و به سرعت از دیدشان محو شد، مرجان هم از کوچه بیرون رفت و به راه افتاد. یاسمن و سحر بعد از رفتن آن دو از جای مخفی خود بیرون آمدند و آنها با هم به سمت خانه به راه افتادند. آنچه برای سحر مهم بود این که یاسمن با چشمهان خودش واقعیت پنهان شاهرخ را ببیند و بتواند راحت تر از این به بعد تصمیم درستی برای آینده اش بگیرد.

یاسمن با بغض و ناراحتی سوار تاکسی شد و بسوی خانه به راه افتاد و در بین راه خودش را به خاطر نادانی و علاقه بی اندازه اش به شاهرخ لعنت می کرد ؛از اینکه بخاطر شاهرخ بارها دوستان و هم کلاسیهایش را آزرده بود و آنها را حسود و دروغگو خطاب کرده بود شرمنده بود.

از آنچه دیده بود بی اندازه ناراحت و اعصبانی بود، همین دو روز قبل بود که شاهرخ را در کوچه خودشان رو در رو دیده بود. شاهرخ آمده بود و داخل کوچه راهش را سد کرده بود و از او خواهش کرده بود که به حرفهایش گوش دهد و یک فرصت به او بدهد. او می خواهد به خواستگاریش بیاید، دارد با پدر و مادرش صحبت میکند شاهرخ از یاسمن خواسته بود اگر یک بار بتواند تا خانه یکی از خواهرانش بیاید تا او بتواند او را با خواهرش آشنا کند مقدمات خواستگاری را سریعاً فراهم می کند یاسمن به حرفهای شاهرخ گوش داده بود ولی گفته بود راجب این مورد فکر می کند و به او خبر می دهد. و حال با دیدن شاهرخ و مرجان دیگر برایش ثابت شده بود که باز شاهرخ قصد فریب او را داشت.

یاسمن نفهمید کی به دم در خانه رسیده بود هنوز کلید را در جاکلیدی نداخته بود که صدای موتوری را که در کنارش ایستاد توجه اش را جلب کرد، شاهرخ بود که با پر رویی تمام به او سلام کرد و گفت : یاسمن فکرهایت را کردی ؟ میتوانی بیایی تا خواهرم تو را ببیند ؟

یاسمن هم با زیرکی و شجاعت پرسید :خواهرت چه وقتی در خانه تنهاست تا من او را ببینم ؟

شاهرخ که انگار به هدفش رسیده بود گفت :معمولاً خواهرم ۸ صبح تا ۱۱ صبح تنها خانه هست و شوهرش می رود سرکار فرقی ندارد می توانیم فردا بین این ساعات برویم خانه آنها.

یاسمن : خوبه پس خبرت می کنم،تا بعد.

یاسمن کاملاً مطمئن شد که شاهرخ قصد آزار و صدمه زدن به او را دارد و باید فکر چاره ایی برای خلاص شدنش از شر شاهرخ پیدا کند.

وقتی وارد خانه شد موضوع را با زن داداشش آرزو در میان گذاشت و دیدن شاهرخ را دم در و در خواست او را با آرزو در میان گذاشت آرزو هم بعد شنیدن حرفهای یاسمن و درخواست موذیانه شاهرخ یقین پیدا کرد که شاهرخ با این ترفند موذیانه می خواهد از احساس پاک و علاقه یاسمن نسبت به خود سؤ استفاده کند و او را با این ترفند که خواهرش می خواهد او را ببیند به جای خلوت بکشاند و نقشه کثیف و بی شرمانه خود را اجراء کند.

آرزو از یاسمن خواست فعلاً حرفی به شاهرخ نزند و او را تا یک مدت دست به سرکند تا برای این نقشه او چاره ایی بیندیشند، یاسمن هم قبول کرد حالا بعد از چند روز به اتفاق سحر می دید که شاهرخ با دختر دیگری هم قرار می گذارد، یاسمن می خواست بداند که چند مدت است که شاهرخ با مرجان دوست است و دوستیشان تا چه حد و اندازه ایی است ؟

یاسمن باید تا فردا و مدرسه صبر می کرد، ولی قبل آن با خانه دوستش سحر تماس گرفت. بعد از چند بوق ؛ بفرمائید؟صدای یک مرد بود که از پشت تلفن به گوش می رسید، یاسمن اول فکر کرد اشتباه گرفت ولی جرات کرد و سلام کرد و گفت : ببخشید منزل آقای جهانی؟

بفرمائید ؟

یاسمن :سحر خانم هستند ؟

بله. شما ؟

یاسمن : لطف کنید بگوئید همکلاسیت یاسمن تماس گرفته اگه میتونه گوشی و برداره.

حتماً چند لحظه گوشی خدمت شما باشه من سحر را صدا کنم.

سهند گوشی را به سحر داد و گفت دوستت یاسمن خانمه.

سحر : سلام یاسمن جون چطوری چه عجب یادی از من کردی ؟ چه خبر خوبی ؟

یاسمن : سلام سحر جون خوبی ببخشید این وقت شب زنگ زدم فکرم از غروب که با هم بودیم مشغوله دیگه نتونستم طاقت بیارم راستش فکر کردم فردا من و تو با هم بریم از مرجان کمی پرس و جو کنیم. ببینیم چقدر این پسره شاهرخ و میشناسه. آخه غروب که رسیدم دم در این پسره عوضی اومده بود دنبالم میخواست ببینه که من حاضرم باهاش رابطه دوستیمو داشته باشم.منم چیزی نگفتم، فعلاً گفتم تا بعد. گفتم اگر تو کمکم کنی بتونم دستش و رو کنم و از شرش خودمو خلاص کنم.

سحر : باشه یاسمن جون راجع به این موضوع تو دبیرستان بیشتر باهم صحبت میکنیم.

یاسمن : باشه سحر جون ممنون، اگه کاری نداری فعلاً خدانگهدار سلام برسون

سحر : خداحافظ یاسمن جون ، ممنون سلامت باشی، شب بخیر.

بعد از خداحافظی یاسمن سحر داشت به اتاق خودش بر می گشت که مادرش گفت :کی بود دخترم ؟

سحر : هم کلاسیم یاسمن بود راجع بهش که قبلاً براتون گفته بودم مامان.

باشه گلم، شام داره حاضر میشه، نخوابی صدات می کنم.

سحر : باشه مامان بیدارم دارم به درسام می رسم.

بعد از قطع تماس یاسمن رفت روی مبل روبروی تلویزیون دراز کشید، به نوعی می خواست از دست فکر کردن به شاهرخ و حرفهایی که در سرش داشت غوغا می کردند و جوابهایی که برای سوالهایش نداشت فرار می کرد. آرزو هم مشغول درس خواندن بود امتحانات میان ترمش شروع شده بودند و کمتر وقت می کرد کنار یاسمن باشد و یا در آشپزخانه درکنار خاله اش بنشیند، ولی آرزو برای جمع آنها مثل یک نور امید و روحیه بود کنار هر کسی که می نشست حرفی برای صحبت کردن و دل گرمی و شادی بخشیدن داشت، صدیق خانم از وقتی که آرزو به جمع آنها آمده بود کمتر به خانه دخترانش می رفت، یا اگر هم می خواست برود سعی میکرد تا آرزو هم بتواند با او بیاید، بودن آرزو در کنارشان باعث شده بود کمتر از تنهایی و خستگی زندگی گله داشته باشندآرزو مثل دخترانش بهار و سولماز هوای او را داشت و او را دوست می داشت، صدیق خانم هم از هیچ چیزی برای راحتی آرزو کوتاهی نمی کرد.

یاسمن می خواست به اتاق آرزو برود ولی می دانست آرزو این روزها شدیداً مشغول امتحانات است و نباید با گفتن موضوعات جانبی خودش ذهنش را از درس و امتحانات منحرف کند و او را در گیر مشکلات شخصی خودش کند. یاسمن روی مبل لم داده بود و فکر می کرد که چشمش از خستگی روی هم رفت. نفهمید که کی سیاوش به خانه آمد. سیاوش مثل گذشته ها دلش نیامد

خواهر کوچولوشو اذیت کنه می خواست با پر جارو صورت یاسمن را قلقلک بدهد ولی دلش نیامد، سیاوش هم می دانست که این روزها یاسمن هم درس دارد و هم خیلی حوصله سرو کله زدن را ندارد، شاید از شوخی او اعصبانی شود بی خیال شد و یک راست به اتاقش رفت. آرزو با لبخند و سلامی گرم از او استقبال کرد ، بعد هم برای سیاوش چای آورد تا او هم بتواند با فراق پای تلویزیون بنشیند و چای بخورد و خستگی از تن در کند تا شام حاضر شود.

صبح طبق معمول سیاوش نون تازه و گرم خریده بود و قبل از بیدار شدن آرزو و یاسمن به مغازه رفته بود. یاسمن کمی دیر بیدار شد تا نیمه های شب نتوانسته بود بخوابد فکر شاهرخ و تهدیدهای او و دردسرهایی که ناخواسته دچارش شده بود داشت کلافه اش می کرد با چشمانی پف کرده از جایش برخاست.صدیق خانم گفت : سلام دخترم چی شده باز هم که نخوابیدی ؟ خسته بنظر می رسی ؟ این روزها زیاد به خودت فشار نیار که حتماً نمراتت بالا باشند، اشکالی نداره هر نمره ایی که بیاری سلامتیت برایمان از نمره گرفتن مهم تره عزیزم.یه موقع مریض می شی از همه چیز می افتی.

یاسمن :باشه مامان، دیشب کمی بی خوابی زده بود به سرم. خستگیم برای کم خوابیه دیشبه، حالم خوبه درسامم انجام دادم مشکلی فعلا ندارم تازه آرزو جون هم کمکم می کنه سحرم تو دبیرستان با من کار میکنه دارم به درسای عقب افتادم می رسم.ساعت دوازده و ربع بود که یاسمن به سمت دبیرستان به راه افتاد.هنوز از کوچه بیرون نرفته بود که سرو کله شاهرخ پیدا شد با موتورش کنار یاسمن آهسته حرکت می کرد و از یاسمن خواست سوار شود تا او را برساند.

یاسمن نگاهی به او انداخت و گفت لطفاً تو کوچه دنبالم راه نیفت، کسی از آشنایانم مرا ببیند برایم بد می شود شما هم بروید دوستان خودتونو برسونید.

شاهرخ : برایم مهم نیست کسی مرا ببیند، چکار می توانند بکنند ؟

یاسمن گامهایش را سریعتر کرد تا هر چه زودتر از شر شاهرخ خلاص شود برای اولین تاکسی دست بلند کرد و سوار شد. قبل از اینکه دوباره شاهرخ جلویش سبز شود با عجله وارد دبیرستان شد. سحر قبل از او آمده بود، با دیدن یاسمن به سمتش آمد و سلام کرد. یاسمن هم جواب سلام سحر را داد.

سحر پرسید : چی شده یاسمن، انگار دنبالت کردن ؟

یاسمن : هیچی سحر جون بازم این پسره شاهرخ سر راهم سبز شد نمی دونم چرا الان اونو می بینم از خودم بدم میاد، نمی دونم چطور از شرش خلاص شم.

یاسمن و سحر کلی راجب درس و موضوع مرجان صحبت کردن و قرار گذاشتن در زنگ تفریح به همراه هم مرجان را ببینند و دوستانه راجع به موضوع شاهرخ و او و یاسمن صحبت کنند.

زنگ به صدا در آمده بود که یاسمن رو به سحر اشاره کرد که وقت دیدن مرجان است و بهتر است هر چه زودتر او را ببینند.

سحر :سلام مرجان، من سحر هستم با دوستم یاسمن.

یاسمن : سلام تنهایی آفتاب میگیری گرم شی ؟

مرجان : نه زیاد حال و حوصله بچه های همکلاسی را نداشتم گفتم این گوشه هم آفتاب هست، گرما ی بیشتری داره تو زمستون ایستادن تو آفتاب بهم حال میده، راستی سحر از سال اول دبیرستان تا به حال ندیدم که سراغ منو بگیری ؟

سحر : آره مرجان یادش بخیر من و تو تنها یک سال با هم تو یک کلاس نشستیم.

مرجان : یاسمن هم یادم میاد خیلی ساکت و کم حرف بود ولی درسش خیلی عالی بود هنوز هم همون طوری هستی یاسمن ؟ فقط درس می خونی ؟

یاسمن : نه زیاد مرجان منم دچار اشتباه شدم، اما هر کسی تو زندگی اشتباه میکنه.

مرجان : حالا چی شده یادی از من کردید ؟ شما کجا، من کجا ؟ آخه خیلی وقته آدمهای درس خون و خوشگل سراغ منو نمیگیرند.

سحر : چطور تو هم درسخونی و هم خوشگل و خوش تیپ، راستش می خواستیم ازت یه سوال بپرسیم که اگه میتونی حقیقت و بهمون بگو.

مرجان : باشه کشتید منو، بگین چی هست حالا ؟

سحر : راستش تو با این پسره شاهرخ که دیروز تو کوچه کنار دبیرستان قرار داشتی خیلی وقته دوست هستی ؟

مرجان کمی دست پاچه گفت : چیزی شده ؟ کسی به شما چیزی گفته ؟ تو روخدا مسئله ایی را شنیدید ؟

یاسمن : نه فقط من می خواستم بدونم تو چه مدت هست که با شاهرخ دوست هستی و چقدر بهم علاقه دارید ؟

مرجان : کدوم پسر ؟ اون که کنار دبیرستان اون غروبی دیدمش، اون عوضی اسمش اولاً کامبیزه، دوماً من با اون کثافت بی همه چیز تمام کردم، اون روزم که مجبور شدم نقش بازی کنم که هنوز باهاش دوست هستم تا عکسامو ازش پس بگیرم.

سحر : آها چند وقت بود که با شاهرخ یا همون کامبیز خودت دوست بودی ؟

مرجان : راستش دوستیم از تابستون پارسال شروع شده بود تو یک مهمونی عروسی دوستای دورمون با اون آشنا شدم، اولش خیلی منو می خواست، خیلی دنبالم می اومد، تامن راضی شدم با اون دوست شدم. می گفت با کسی نیست منو واسه زندگی و آینده اش می خواد ولی بعد اتفاقهای دیگه افتاد که جای گفتنش نیست. همش دروغ بود. عوضی، نامرد کثیف ازش متنفرم حالم از اسمش بهم می خوره چه برسه بخوام راجع بهش صحبت کنم.

صدای زنگ دبیرستان به صدا در آمد

سحر: بچه ها بریم سرکلاس.

مرجان : یه لحظه سحر جون ، حالا چی شده یاسمن تو می خوای راجب کامبیز بدونی ؟

یاسمن : منم چند سالی هست که با این پسره که اسم واقعیش شاهرخ هست دوستم، تو پاساژ مغازه داره.

مرجان : راستی بهم نگفته بود می گفت با پدرش کار می کنه منم برام این مورد مهم نبود خب.

یاسمن : من راستش از اخرین تابستون سال سوم راهنمایی با شاهرخ آشنا شدم ولی دوستی منو و اون از وسط های اول دبیرستان شروع شد بیشتر اون زمانها با هم می رفتیم پارک، کنار دریا، سینما، گاهی هم گردش تو پاساژها. خلاصه اوایل خیلی با هم خوب بودیم.

سحر : بچه ها بهتره حرفهاتون بزارین یه وقت دیگه، خیلی وقته زنگ خورده بهتره بریم سر کلاس، باشه دیگه خیلی گذشته یاسمن.

یاسمن : مرجان میشه بازم همو ببینیم راجب این موضوع سه تایی حرف بزنیم ؟

مرجان : باشه فعلاً تا زنگ بعدی.

سر کلاس یاسمن چیزی ازدرس و کلاس و صحبتهای معلمشان نفهمید تنها داشت روی دفترش خط می کشید و به حرفهای مرجان فکر می کرد یعنی غریب به دو سال بود که شاهرخ با مرجانم دوست بود و دم از عشق و علاقه و زندگی و آینده با او می زد، برای یاسمن دیگر داشت مسجل می شد که شاهرخ می خواهد بلایی سرش بیاورد که مثل مرجان نه راه پیش داشته باشد نه راه پس، باید چاره ایی می کرد که درس عبرتی بشود برای شاهرخ تا دیگر جرات نکند در حق دختر دیگری نامردی و خیانت بکند.

زنگ آخر کلاس سحر و یاسمن طبق قرار با هم مرجان را دیدند و راجب شاهرخ هر انچه به فکرشان رسید پرسیدن و از عمق خیانت و نامردی شاهرخ نسبت به مرجان سر در آوردن، آنها به مرجان قول دادن که شاهرخ را بخاطر خیانت و

نامردیش تنبیه خواهند کرد و آن روز هم او خواهد دید. قرار به این گذاشتن که روز جمعه مرجان به اتفاق سحر به خانه یاسمن بیایند تا راجب کارهایی که با هم می توانند انجام دهند گفتگو کنند.

چند روز مانده بود تا جمعه ولی یاسمن از آنچه که از مرجان شنیده بود و افتادن در دام شاهرخ برایش وحشتناک و درد آور بود می خواست هر چه زودتر خودش را شر شاهرخ خلاص کند ولی او هم کلی عکس و نامه در دست شاهرخ داشت که شاهرخ می توانست بر علیه او به خانواده اش بدهد و آبرو حیثیتش را لکه دار کند.

یاسمن از وحشت چنین تصوری درد آوری عرق سردی بر بدنش نشست، انگار تب کرده بود رنگ و رخسارش مثل گچ سفید شده بود.

سحر از او پرسید : چی شده یاسمن ؟ حالت خوب نیست چرا مثل گچ سفید شدی ؟

یاسمن : چیز خاصی نیست، کمی حالم بد شده ولی برسم خونه خوب می شم.

سحر از یاسمن خواست اگه حالش خوب نیست با هم بروند، یاسمن هم از اینکه تنها نباشد بدش نمی آمد و گفت : سحر جون زحمتت زیاد میشه شاید جایی کاری داشته باشی.

سحر : نه یاسمن جون من همراهت تا سر کوچه شما می آم بعدش میرم همون نزدیکی ها فروشگاه داداشم با هم می ریم خونه یاسمن.

یاسمن :باشه سحر جون لطف می کنی همراهم میایی، از تنهایی و دلهره در میام. این روزها خیلی از خودم و کارهای شاهرخ می ترسم.

سحر: نگران نباش میخوای من با برادرم صحبت کنم اون بره پیش شاهرخ عکساتو بگیره ؟

یاسمن : نه تو رو خدا آبروم میره پیش داداشت، فکر می کنه من دختر بدی هستم اونوقت خانوادت نمی زارن با من دوست باشی.

سحر : نه یاسمن جون این چه حرفیه من از سالها قبل تو رو می شناسم خودم که واقعیت تورو می دونم ، نگران نباش.

یاسمن : نه فعلاً کاری نکن به برادرت نگو تا ببینم چه خاکی می تونم سرم کنم بعد نتونستم از تو میخوام به برادرت بگی.

یاسمن سر کوچه از تاکسی پیاده شد به سحر گفت : من خوبم، خودم می روم تا اینجا که همراهم بودی ممنونم. سحر : اگه بخای تا دم در با تو بیام.

یاسمن : نه سحر جون خودم سریعتر می روم نگران نباش.

یاسمن با سحر خداحافظی کرد و به سمت خانه راه افتاد، کوچه از چند طرف به خیابان اصلی راه داشت برای همین یاسمن از نزدیکترین مسیر که تا خانه آنها پنجاه شصت متر فاصله بیشتر نداشت رفت و آمد می کرد. معمولاً دم غروب این مسیر آدمهای بیشتری در رفت و آمد بودند و او احساس آرامش بیشتری داشت.

داخل کوچه یک مادر و بچه در حال رفتن بودن، یاسمن قدمهایش را کمی تند کرد و خودش را نزدیک آنها رساند وقتی ده قدمیشان رسید با آنها هماهنگ قدم

برداشت از پیچ کوچه سر و کله شاهرخ با موتورش پیدا شد ولی وقتی یاسمن را همراه دو نفر دیگر دید راهش را کشید رفت، شاهرخ بیشتر از یاسمن ترسید که شاید همراه خواهر و خواهرزاده اش باشد و او را آنجا بشناسن، برای همین هم وقتی از دور آن دو را همراه یاسمن دید کمی به سرعتش افزود تا آنها او را نشناسند.یاسمن نفس راحتی کشید ، به دم در خانه رسید کلید را به در انداخت و وارد حیاط شد وقتی در را پشت سرش بست انگار از دست یک گله گرگ فرار کرده بود و به جای امن رسیده بود. برعکس همیشه با صدای بلند سلام کرد، من اومدم سلام.

صدیق خانم از آشپزخونه جواب سلام او را داد و گفت : چه عجب یک بار هم شد بعد ماه ها صدای سلام بلند دخترم را شنیدم ایشالله که همیشه سرحال و خندون باشی، چی شد سرحالی یاسمن ؟

یاسمن : هیچی مامانی، آخه اومدم خونه خیالم راحت شد.

آرزو هم با شنیدن صدای یاسمن به سالن آمد و یاسمن با او هم سلام و احوالپرسی کرد. آرزو پرسید : یاسمن جون چه خبر میبینم روز خوبی داشتی، سرحالی.

یاسمن : راستش آرزو جون امروز تصمیم های بهتری برای آینده ام گرفتم متوجه شدم که تا حالا مسیر اشتباه می رفتم می خواهم از امروز به بعد تنها به فکر هدفم و رسیدن به آنچه دوست دارم باشم و تمرکز کنم.

امروز با یکی از دخترهای دبیرستانمون که چند ساله اسیر دست این پسره شاهرخ بود آشنا شدم و فهمیدم این آدم ارزش فکر کردن هم نداره، ارزش دوستی و

عشق که هیچ. امروز از آنچه مرجان برام گفت : خدا رو شکر کردم که من تو اون مخمصه و گرفتاری نیفتادم و فریب شاهرخ رو نخوردم.

آرزو : مرجان رو چطوری گیر آوردی ؟ از کجا فهمیدی با شاهرخ دوست هست.

یاسمن : راستش آرزو جون همکلاسیام از پارسال بهم میگفتند، ولی من باور نداشتم، تازه سحر که راجب من و شاهرخ همه چی رو می دونه و با هم چندین بار از جلو مغازه شاهرخ رد شده بودیم وقتی بازار می رفتیم گردش اونم بمن گفته بود که شاهرخ رو چندین باره که دیده که با یه دختر دیگه رفت و آمد داره ولی من قبول نداشتم تا این که سه چهار روز قبل از من خواست تا با چشمهای خودم واقعیت را ببینم، بعد هم که دیدم واقعیت شاهرخ چیه من و سحر باهم رفتیم پیش مرجان و با اونم صحبت کردیم خلاصه سرت رو درد نیارم آرزو جون از اونچه شاهرخ به سر مرجان آورده وحشت کردم ولی خدارو شکر من نزاشتم به هدفش برسه. من از مرجان و سحر دعوت کردم جمعه بیان خونه ما تا با هم بیشتر حرف بزنیم و راجب شاهرخ و گرفتاری های من و چطوری خودمو از شرش خلاص کنم یه تصمیم درست بگیرم، آخه مرجان گفته بود که شاهرخ از طریق عکسها و نامه هایی که از او داشت اون رو مجبور کرده که به خواسته اش تن بده و هر چه میگه قبول کنه.

آرزو : کار خوبی کردی راجب این موضوع با دوستانت مشورت کردی،دوست خوب برای آدم یه نعمت الهیه که می تونه در بدترین شرایط آدمو از گرفتاری و دردسر نجات بده و سنگ صبور غصه های آدم باشه. راستی یاسمن جون، تو که عکسهای ناجور دست این پسره نداری؟داری ؟ یاسمن : نه آرزو جون من تنها چند

تا عکس همون سال اول آشناییمون بهش دادم و چند تا نامه براش نوشتم که از وقتی احساس کردم قصد داره منو گولم بزنه نظرم و نسبت بهش تغییر دادم و با احتیاط بیشتری باهاش رفتار می کردم.

آرزو : آفرین خوبه که لاعقل احتیاط رو از دست ندادی.

یاسمن : آخه زن داداش خوبی مثل تو دارم. آرزو جون اگه راهنمایی و کمک تو نبود معلوم نبود من الان همین احساسی که دارم و داشته بودم، می دونی آرزو جون من از این که تو کنار مایی خیلی خوشحالم این مدت که تو داری کمکم میکنی و هوامو داری من تونستم به زندگیم سرو سامون بدم وگرنه من همون موقع گول حرفهای شیرین و فریبنده شاهرخ رو خورده بودم و خودمو تسلیمش کرده بودم، یادمه اولین بار که تونستم راجب عشق و علاقم به یه پسر با کسی صحبت کنم و اونم با تمام جون و دل گوش کرد و منو بخاطر این علاقه سرزنش و محکوم نکرد تو بودی، تو نه تنها چیزی نگفتی، حتی راهنماییم کردی، من از اون به بعد سعی کردم چیزی رو از تو مخفی نکنم با اینکه کوچیک بودم وزیاد حالیم نبود ولی تو آرزو جون خیلی خیلی کمکم کردی بهم گفتی هیچ وقت جایی تنهایی با شاهرخ قرار نزارم، اونو امتحان کنم، تا بفهمم اونم واقعاً منو دوست داره و مثل من عاشقم هست، من به همه حرفهای خوب و دوستانه ات گوش دادم. اگه میبینی شاهرخ نتوانست به نیت کثیفش نسبت به من برسه بخاطر کمکها و راهنماییهای خوب تو بود آرزو جون، من خیلی تو رو دوست دارم زن داداش گلم، تو خیلی خوبی.

آرزو : تو هم خیلی خوبی یاسمن جون، منم تو رو مثل افسانه خواهر خودم می دونم و دوستت دارم و داشتم هر چی باشه، دخترخاله دخترخاله هستیم تازه تو خواهر عشق و زندگی من هستی، داداشت تمام زندگی و آینده منه، من چطوری ببینم خواهر کوچولوی زندگیم دچار مشکل و ناراحتی باشه، من کمکش نکنم.یاسمن جون تو همیشه میتونی رو کمک و همفکری و علاقه ام به خودت حساب کنی من همیشه مثل یه خواهر و یه دوست در کنارتم.

یاسمن با تمام وجود آرزو را به آغوش کشید و بوسید، وبا بغض و اشک و صدایی که از ته دلش بود بریده بریده و آکنده از عشق گفت : آرزو جون من خیلی از بودنت خوشحالم من تور رو مثل داداش سیاوشم دوست دارم، تو بهترین زن داداش دنیایی برای من. بعدهم آرزو را محکم در آغوشش فشرد. آرزو : یاسمن جون آرومتر تو داری بچمومیکشی، باشه باشه میدونم فدای تو بشم.

یاسمن برای یک لحظه مثل این که برق گرفتتش گفت : تو چی گفتی ؟ آرزو جون یعنی تو، من دارم عمه می شم. وای راستی چه قدر عالی آرزو جون تبریک میگم باید به همه خبر بدم. بعد هم کلی دوباره آرزو را بوسید و گفت چرا زودتر بهم نگفتی که بیشتر خوشحال بشم.

آرزو : آخه تا بحال کسی نخواسته بود مثل تو محکم فشارم بده ؛ گفتم تا تو بچمو له نکردی به تو اطلاع بدم که من دارم مامان می شم. بدونی اینی که داری محکم تو بغلت میچلونی دیگه آرزوی تنهای نیست.

بعد هم دو تایی زدن زیر خنده و آرزو هم دستی به صورت قشنگ یاسمن کشید و بوسه ایی به گونه اش انداخت و گفت : ولی فعلاً به کسی نگو تا داداش

سیاوشت خودش بخواد راجع به این موضوع تو جمع خانواده حرف بزنه، باشه عزیزم.

یاسمن : چشم آرزو جون، من خیلی برات خوشحالم. به تو داداش سیاوشم پیشاپیش تبریک می گم. باشه پس بگو چرا من امروز احساس می کنم روز خیلی خوبی داشتم.

آرزو : آره منم همینطور، از حس قشنگت فهمیدم تو روز خوبی داشتی و روزهای بهتری هم خواهی داشت. یاسمن جون تو تصمیم بزرگی برای زندگیت گرفتی، آدمهای خوب تو زندگی خیلی زیادن. تو مسیر آینده ات مرد خوب هم پیدا می شود همه که مثل شاهرخ نامرد و خائن نیستند و قصد فریب و نامردی ندارند، بهتره خودتو هر چه زودتر از شر این پسر خلاص کنی.

یاسمن : باشه آرزو جون من در فکر چاره هستم و به امید خدا و کمک تو و دوستام راه خلاصی از شرش رو پیدا می کنم و می چسبم به درسم و خودمو مثل تو می رسونم به دانشگاه و مدرکمو می گیرم.

سیاوش تازه رسید وارد پذیرایی شد با دیدن آن دو در کنار هم لبخندی زد و سلامی به هر دو آنها گفت : چه عجب می بینم که شما یه روز دست از درس و کتاب کشیدید کنار هم نشستید چه عجب که خلاصه تونستید از کتاباتون کمی فاصله بگیرین و هم دیگه رو ببینید.

آرزو: سلام سیاوش جان خسته نباشی، اتفاقاً من و یاسمن جون بیشتر وقت ها که بیکاریم کنار هم هستیم، در ضمن باید یه طوری درس بخونیم که زحمات تو را جبران کنیم.

یاسمن : سلام داداش خسته نباشی، چکار کنیم درس نخونیم. منو و آرزو جون همیشه فرصت پیدا کنیم کنار هم هستیم ولی چه خوب بود هر چند وقت در میون یکی فرصت پیدا می کرد ما رو می برد یه دوری تو بازار بزنیم و با هم یه تفریح و گردش می کردیم.

سیاوش : امون از دست تو یاسمن من که بیشتر جمعه ها دارم این کارو میکنم، تازه بین هفته اگه مغازه تنها نبودم فدای شماها هم می شدم گردش که خوبه می بردمتون مسافرت ولی فعلاً شرمنده همون جمعه و پارک و جنگل و کنار دریا بیشتر نمی تونم قول بدم.

آرزو : می دونم سیاوش جان بیا بشین برات چایی بیارم.

سیاوش : باشه خانمی برم یه دوش بگیرم. تو زحمت نکش من خودم چایی می ریزم.

یاسمن لبخندی زد و گفت : نه مثل اینکه خبرهایی هست که من در جریان نیستم میخوای من برم تو اتاق بعد صحبت خصوصیتون بیام.

آرزو لبخندی زد و گفت : یاسمن جون داداش سیاوشتو اذیت نکن، بزار بره دوش بگیره.

سیاوش : آره والله من برم تا این دختر حرف تو دهن ما ننداخت و از زبون ما نکشید بیرون، بعد هم آرزو به آشپزخانه کنار صدیق خانم رفت.

صدیق خانم هم با دیدن آرزو لبخندی نثار خواهراده دوست داشتنیش کرد و سرش را بوسید.

صدیق خانم فهمیده بود که مدتیه آرزو باردار شده و نسبت به بعضی از غذاها و بوها حساسیت نشان می دهد ولی سعی می کرد مراقب حساسیت هایش باشد تا که خودش از او بخواهد ولی دور را دور با خواهرش سمیه راجع به وضعیت و بارداری آرزو صحبت کرده بود، آرزو کم و بیش تازه اوایل بارداریش بود هنوز جرات و جسارت گفتن را پیدا نکرده بود تا برای مادرش و صدیق خانم شرح دهد ولی دیگر تصمیم گرفته بود راجع به بارداریش با مادرش و خاله صدیقش حرف بزند.

آرزو : خاله جون کاری هست من انجام بدهم ؟

صدیق خانم : نه آرزو جان تو بهتره به اتاقت برگردی فکر کنم خبرائیه آخه از اوضاعت معلومه داری نسبت به بعضی چیزها حساس میشی،از دیروز که سیاوش می گفت حالت تهوع داشتی و از بوی عطر و بعضی چیزها داره بدت میاد فهمیدم عروس گلم باردار شده ولی انگار خودت خوب نمیدونی یا که نخواستی بمن بگی ؟

آرزو : نه خاله روم نشد بهت بگم. راستش منو سیاوش یه ماه قبل تصمیم گرفتیم بعد سه سال زندگی صاحب بچه بشیم. منم تا یکی دو ماه دیگه دانشگاهم تموم میشه مدرک خودمو میگیرم الان دیگه فرصت داشتن یه بچه و بزرگ کردنشو دارم برای همین هم باردار شدم.

صدیق خانم : کار خوبی کردید که می خواهید صاحب بچه بشید من که بخاطر این بچه خیلی خوشحالم، بهت تبریک می گم، بیا جلو تا عروس خوبمو بغل کنم و ببوسم.

آرزو از روی صندلی بلند شد و خاله اش را بغل کرد، صدیق خانم هم حسابی آرزو را بوسید و لوسش کرد و از بابت این تصمیم بهشون تبریک و شادباش گفت.

آرزو به صدیق خانم گفت : خاله به نظرت الان خبر را به مامان بدم یا صبر کنم که مطمئن شدم و رفتم دکتر و برگشتم.

صدیق خانم : دخترم من که مطمئن هستم تو بارداری ولی چیزی رو از مادرت پنهان نکن هر چی زودتر به مامان بگی بهتره تازه اونم خوشحال میشه آخه تو دختر بزرگشی خیلی براش مهمی.

آرزو : باشه خاله جون میرم تا به مامانم خبر بدم، بعد هم با سیاوش صحبت کنم که قبل از اینکه بقیه از دستم ناراحت بشن که ازشون مخفی کردیم خودش برای یک شب همه را برای شام دعوت کنه و این موضوع بگه تا در شادی ما شریک باشن.

صدیق خانم : اره عزیزم خوبه من هم کمکت می کنم.

آرزو گوشی تلفن را برداشت به مادرش تلفن کرد چند بوق خورد که افسانه گوشی را برداشت گفت : بفرمائید ؟ آرزو : سلام افسانه جون.

افسانه : سلام خواهر جون خوبی ؟ پسر خاله سیاوش خوبند؟ یاسمن و خاله چطورند همه خوبند ؟

آرزو : آره افسانه جون همه خوبند سلام دارند. تو بابا و مامان خوبید، چقدر دلم برای دیدنتون تنگ شده.

افسانه : ما خوبیم، ماهم دلمون براتون تنگ شده چه خبر نیمه شب زنگ زدی ؟

آرزو : کی خونه هست، مهمون درید ؟

افسانه : نه داداش امیر اینا بودن رفتند، اتفاقاً زن داداش و داداش سراغ شما را گرفتند و احوال شما را پرسیدند. به مامان گفتند آرزو جون این روزها سرش حسابی گرم امتحانات پایان ترمشه که وقت نمیکنه یه تلفن بما بزنه. مامانم گفته بود آره آخه داری برای گرفتن مدرکت سخت درس میخونی تا بتونی با موفقیت دانشگاهتو تموم کنی.

آرزو : افسانه جون مامان و می تونی صدا کنی گوشیو برداره با مامانم صحبت کنم.

افسانه :چشم خواهر جون یه لحظه گوشی رو دشته باش بعد هم با صدای بلند گفت : مامان، مامان بیا گوشی رو بردار آرزو جون پشت خطه.

سمیه خانم که مشغول جمع و جور کردن آشپزخونه بود با صدای افسانه دست از کار کشید و سریع خودش را پای تلفن رساند، گفت: جانم دخترم.

آرزو : سلام مامانی، خوبی انشالله، بابایی خوبه خسته نباشی، مزاحم وقت و کارت شدم ببخشید مامان.

سمیه خانم : نه دختر عزیزم، این چه حرفیه خوشحالم کردی چه خبر سیاوش جان خوبه، خاله صدیق و یاسمن جون چطورند همه خوبند ؟

آرزو : آره مامان خاله و سیاوش سلام رسوندن یاسمن هم خوبه

سمیه خانم : خدارو شکر دخترم. خودت چطوری

آرزو : منم خوبم راستش خواستم چیزی راجع به خودم و بهت اطلاع بدم و ازتون راهنمایی بگیرم.

سمیه خانم : بگو دخترم خوش خبر باشی ایشالله ، مدرکت رو گرفتی و درست تمام شد ؟

آرزو : اون که یه چند ماهی مونده ولی می گیرم از اون برام خیلی مهمتره.

سمیه خانم :بگو دخترم گوش می دم،

آرزو: راستش مامان، منو سیاوش تصمیم گرفتیم صاحب بچه بشیم، حالا هم من فکر می کنم بار دارم.

سمیه خانم : جدی می گی آرزو جون، الهی شکر، الهی شکر چه قدر عالی خیلی خوشحالم،خوش خبر باشی دختر گلم، بهت تبریک می گم، دخترم وای چه کار خوبی کردی، راستی راستی دخترم داری مامان میشی، الان حالت چطوره ؟ ناراحتی نداری ؟ خداروشکر دختر گلم چقدر منتظر شنیدن این خبر و بودم، آقا رحمان، آقا رحمان بیا ببین دخترگلم داره مامان میشه.

صدای آقا رحمان بود، الو دخترم راسته مامانت چی میگه، واقعاً آرزو ؟!!!

آرزو : سلام بابایی خوبی ؟

آقا رحمان : آرزو جون مامانت راست میگه ؟ داری مامان میشی،آره ؟

آرزو : آره بابایی ببخشید که بیدارت کردم.

آقارحمان : تبریک می گم دخترم الهی خوش خبر باشی، بازم بهت تبریک می گم، کاری داری بیام اونجا برات انجام بدم، اگر وقتشو دارین تو و آقا سیاوش

بیاین اینجا کنار ما، تا مامان هم بتونه هوای تو را داشته باشد و هم من بتونم بیشتر نزدیک شما باشم تا کارهایی که داشتی جایی خاستی بری ببرمت.

آرزو : نه قربون تو بابایی خوبم بشم،نه باباجون سیاوش که نمیتونه مغازشو ببنده تازه من تا یکی دو ماه دیگه سخت امتحان دارم، بعدش خاله و یاسمن و سیاوش همه هوای منو دارند شما نگران من نباشین، اگر چیزی لازم بود میگم باباجون. آقا رحمان گوشی را به سمیه خانم داد.

آرزو : مامان اگه با من کاری نداری من برم،

سمیه خانم : نه دختر گلم مواظب خودت باش. خاله صدیق خودش میدونه چی برات خوبه چی بده منم بهش سفارش می کنم. فقط زیاد اذیتش نکنی، دخترم موظب بچه ات باش، کارهای سخت و سنگین انجام نده، برو خدا نگهدارت سلام منو به سیاوش جان برسون و از طرف ما بهش تبریک بگو.

آرزو : چشم مامانی خداحافظ.

سمیه خانم : به سلامت دخترم. بعد از قطع تماس آرزو و مادرش.برای چند لحظه آرزو کنار تلفن روی مبل نشست و افکارش از شادی در اوج رویاهای شیرین به پرواز در آمده بود. یاسمن چند بار صدایش کرد ولی آرزو انگار آنجا نبود اصلاً صدای یاسمن را نشنید ، یاسمن نزدیک تر شد و دستی به شانه های آرزو زد و گفت : آرزو جون، حالت خوبه اتفاقی افتاده چی شده ؟ اصلاً حواست اینجا نیست.

آرزو : یاسمن جون شرمنده، از خوشحالیم حواسم رفته بود پی فکرهای قشنگ،

یاسمن : خوب خدارو شکر یه لحظه نگران شدم گفتم مسئله ایی برات پیش اومده، حال تو کوچولوت که خوبه همه چیزها روبراهه کمکی لازم نداری چیزی میخوای برات بیارم ؟

آرزو : نه یاسمن جون تازه با مامان و افسانه صحبت کردم کمی هیجان زده شدم و خوشحالم داشتم به حرفهای مامانم و آینده و بچه فکر می کردم حواسم نبود.

یاسمن : من مطمئن هستم بچه تو و داداش سیاوش خوشگل و مامانی میشه.

آرزو جون : ممنون یاسمن جون.

آرزو : راستی یاسمن جون کارم داشتی، صدام کردی ؟

یاسمن :آره آرزو جون به نظرت از مرجان بخوام که غروب بیاد باهم بریم دم مغازه این پسره شاهرخ تا به اون جلو مرجان بگم عکسها و نامه هامو پس بده ؟

آرزو : فکر خوبیه ولی فعلاً صبر کن اول بزار من مرجان رو ببینم بعد هم یه چند بار با اون رفت و آمد داشته باش ببین چطور دختری هست ؟ آیا مورد اعتماد هست ؟ یا ببین حرفها و عملش یکی هست، میتونی همراهش بری بدون دردسر ؟ شاید هنوز اون طرف شاهرخ باشه و داره نقش بازی میکنه ؟

یاسمن : فکر نکنم اون دل خوشی از شاهرخ داشته باشه، با اون حرفها و بلاهایی که می گفت شاهرخ سرش آورده محاله اون طرف شاهرخ را بگیره، ولی باشه چشم صبر می کنم، یه چند بار هم امتحانش می کنم تا از صداقتش مطمن بشم.

آرزو : آفرین یاسمن جون منم کمکت میکنم.

آرزو : من فعلاً برم کمی دراز بکشم تا سیاوش بیاد.

یاسمن : باشه آرزو جون تو برو استراحت کن.

آخر شب هم آرزو راجع به اتفاقات بعداز ظهر و غروب ومطلع شدن اتفاقی یاسمن و گفتن موضوع به خاله صدیق و تلفن کردن به مادرش و خوشحالی همه از شنیدن خبر بارداری او و بچه دارشدنشان با سیاوش صحبت کرد و از او خواست اگر قبول کند قبل از اینکه بقیه هم بی هوا بفهمند و ناراحت شوند از سولماز و بهار به اتفاق خانواده برای شام دعوت کنیم و در جمع موضوع را به اطلاع آنها برسانیم.

سیاوش هم با گفتن : آره عزیزدلم، باشه هر چه زودتر هم به همه بگیم بهتره تا اینکه خودشون با شک و تردید بفهمن و فکر کنن چیزی به این مهمی زندگیمون رو بخواهیم مخفی کنیم من راجع به این موضوع با نظر تو موافقم هر چی لازم داری بگو تا آماده کنم.

آرزو : باشه سیاوش جان بزار با خاله صدیق هماهنگ کنم ببینم چیزی کم و کسر هست فردا بهت خبر می دهم.

یاسمن صبح کمی بیشتر خوابید، آرزو صبح زودتر برخواست بعد از رفتن سیاوش به آشپزخانه رفت و به صدیق خانم بعد از سلام و صبح خیر گفت: خاله جون سیاوش راجع به مهمونی با شما صحبت کرده و که تصمیم داریم از سولماز جون و بهار جون بخواهیم که شب پنج شنبه برای شام به اتفاق خانواده بیان اینجا تا دور هم باشیم و ما هم بتونم راجع به بارداریم به آنها اطلاع بدهیم تا در خوشحالی ما شریک باشند.

صدیق خانم : آره خاله جون منم موافقم خودم به سولماز و بهار خبر میدهم برای شام بیان، تو نگران نباش، چقدر تو زود بلند شدی کمی بیشتر استراحت می کردی من به کارها می رسم.

آرزو : نه خاله جون خوابم نمیومد گفتم بلند بشم خودمو مشغول کاری کنم بعد اگر چیزی لازم بود به سیاوش اطلاع بدهم تا برای مهمونی تهیه کند.

صدیق خانم : آرزو جون چیز زیادی لازم نداریم تنها کمی میوه و شیرینی لازم هست که فردا میشه گرفت.

آرزو : باشه خاله جون من به سیاوش اطلاع میدهم.

یاسمن تا ساعت ده خوابیده بود، انگار هنوز از خواب سیر نشده بود با تنبلی پتو رادور خودش پیچیده بود دلش نمی آمد از جای گرمش بیرون بیاید ولی احساس گرسنگی و بوی خوش غذا مشامشو نوازش میداد تا از جایش بلند شود. یاسمن دست و صورتش را شست و به آشپزخانه رفت و به مادرش سلام کرد

صدیق خانم: سلام دختر گلم صبح بخیر خوب خوابیدی بشین تا صبحانتو آماده کنم.

صدیق خانم برایش چایی گرم و عسل و خامه و نون تافتون روی میز گذاشت یاسمن با اشتها تمام مشغول خوردن صبحانه اش شد تا ظهر وقت داشت که به درسهایش برسد و کارهایش را آماده کند. قبل از بازگشت به اتاقش سری به آرزو زد و سلامی به آرزو کرد و بعد هم به اتاقش بازگشت تا درس و تکالیف درسیش را حاضر کند یاسمن کمی زودتر از روز قبل روانه دبیرستان شد تا در مسیر رفتن

به شاهرخ بر نخورد و هم اول و آغاز درس دچار استرس و دل مشغولی و فکرهای بیخودی نشود.

یاسمن قبل از سحر به دبیرستان رسیده بود کمی دور و بر حیاط و سالن اصلی راه رفت تا این که چشمش به سحر خورد بعد هم به سمت سحر رفت و با سحر دست داد وسلام احوالپرسی کرد و آن دو از دیدن هم خوشحال بودند روز زیبایی بنظر می آمد با هم وارد کلاس شدند.

یاسمن سر کلاس از درس و معلم بیشتر از روزهای قبل می فهمید از زمانی که تصمیم گرفت شاهرخ را از فکرش بیرون کند جاهای خالی زیادی برای فهمیدن و درک کردن درس و آدمها و دوستانش در ذهنش باز شده بود. باور نمی کرد دوستان و همکلاسی های خوبی داشته باشد که تنها دوست داشته باشن به او کمک کنند و شادی و لبخندهایشان را با او شریک شوند یاسمن تازه متوجه شده بود که همکلاسیهایش حسودی نمی کردند، بلکه آنها دوست بودن و شادبودن در کنار هم را هر روز تکرار و تجربه میکنند و از هم یاد می گیرند باید دوستان خود را بی دلیل دوست داشت و گفته های دوستانه آنها را دل بر حسادت و کینه ندانست.

یاسمن و به همراه سحر زنگ دوم کلاس کمی وقت خود را با مرجان سپری کردند، یاسمن تازه داشت از بعضی از خصوصیات اخلاقی مرجان هم خوشش می آمد، ولی هنوز بودن در کنار سحر و قدم زدن با او را به بقیه دوستانش ترجیح می داد.

یاسمن آدرس دقیق خانه شان را برای مرجان توضیح داد و از او دعوت کرد به خانه شان بیاید و تلفن تماسش را نیز داد که اگر لازم شد او با مادرش تماس بگیرد و اجازه مرجان را برای ماندن تا غروب را بگیرد مرجان هم خیلی خوشحال بود که یاسمن او را به خانه شان دعوت کرده و قول داد سر وقت بیاید. یاسمن قبل از آنکه زنگ به صدا در بیاید به مرجان و سحر گفت : بچه ها بنظرتون امروز غروب به مغازه شاهرخ برویم تا از او بخواهم عکسها و نامه هایم را پس بدهد. سحر و مرجان هم قبول کردند که همراه او باشند و مرجان قبول کرد که همین امروز برویم چون دلم می خواهد هر چه زودتر عکس العمل او را ببینم.

یاسمن از دل گرمی و پشتیبانی آنها تشکر کرد و قرار بر این گذاشتن بعد پایان کلاس کنار درب حیاط دبیرستان منتظر هم باشند و به اتفاق به سمت پاساژ و مغازه شاهرخ بروند.

طبق قرار سحر و یاسمن کنار در دبیرستان منتظر آمدن مرجان ایستاده بودند، مرجان بعد از چند دقیقه از راه رسید و سه تایی به سمت ایستگاه تاکسی به راه افتادند. سوار اولین تاکسی خالی که جلویشان ایستاد شدند یاسمن از مدتی قبل در ذهنش مشغول مرور حرفهایی بود که می خواست به شاهرخ بزند و حواسش چندان جمع حرفها و گفتگوهای مرجان و سحر نبود که می گفتند : یاسمن جون از او بی همه چیز نترس باجدیت حرفت را بزن تاکید کن که همین حالا عکسها و نامه هایت را می خواهی، یاسمن جست و گریخته چیزهایی را می شنید و تنها لبخند می زد سحر هم حرفهای مرجان را تائید کرد و گفت : آره یاسمن

جون اگر سختته من میگم با این حرفش یاسمن جواب داد : من خودم می خواهم حرفهایم را به او بزنم و عکسها و نامه هایم را از او بگیرم.

روبروی پاساژ از تاکسی پیاده شدند یاسمن قبل از آنکه دوستانش بخواهند کرایه تاکسی را حساب کنند زودتر کرایه را به راننده تاکسی داد.

یاسمن به اتفاق سحر و مرجان به سمت مغازه شاهرخ به راه افتادند بعد از گذشتن از چند مغازه و فروشگاه روبروی مغازه شاهرخ ایستادند برای آنکه یاسمن قوت قلب و اطمینان بیشتری از خود داشته باشد سه تایی وارد مغازه شاهرخ شدند.

شاهرخ برای لحظه ایی مثل میخ خشکش زد و گفت : سه سه سلام خانمها نگاهی به یاسمن، نگاهی به مرجان، نگاهی به سحر انداخت بعد هم خودش را جمع و جور کرد و گفت : یاسمن به خدا من اتفاقی با مرجان آشنا شدم هیچی بینمون نیست.

یاسمن سری تکان داد و گفت : من هر چه بین شما گذشته را می دانم، می دانم چه خیانتهایی در حق من و چه نامردهایی در حق مرجان کردی، حالا هم برایم فرقی ندارد تو چه جور آدمی هستی، من فقط اومدم بهت بگم دیگه خوشم نمی آید با تو در ارتباط باشم بهتر است وسایلم را پس بدهی.

شاهرخ :یاسمن نه بخدا من تو را از همه بیشتر دوست دارم من فقط تو را دوست داشتم این حرفها چیه که می زنی این دختر عوضی هر چی گفته دروغه.

مرجان : حرف دهنتو بفهم مردتیکه عوضی آشغال، حالا من عوضی شدم.این تو بودی که منو تهدید کردی،این تو بودی که شب و روز تو گوشم وز وز می کردی

که عاشق منی، منو برای آینده‌ت می خوای. قراره بیای خواستگارم چی شد یادت رفت ؟ منو دعوت کردی خونه خواهرت قرار بود با خانوادت آشنام کنی، یادت رفت چه بلایی به سرم آوردی ؟ کثافت. بازم بگم چه حرفها و خیانتهایی در حقم کردی، حیف که احمق بودم گول حرفهای تو رو خوردم. تو یه آدم آشغال و کثیفی. فکر نکن با حرفهایت میتونی یکی مثل یاسمن و گول بزنی. بدون که من نمی زارم. اون وقتها من تنها بودم، خام بودم ولی حالا دیگه برام مهم نیست. از سیاهی بالاتر رنگی نیست ، حواست جمع باشه منم هنوز خیلی ازتو آتو دارم که رو نکردم می خواهی آبروتو جلو همسایه هات ببرم، حالا که دیگه می دونم جات کجاست.

یاسمن : مرجان جان خواهشن آروم باش بزار ببینم حرف حساب این آشغال چیه. بگو ببینم شاهرخ عکسها و نامه های منو الان بهم می دی یا نه، طوری دیگه بخواهیم ازت بگیریم.

شاهرخ : هه هه فکر کردی با دو تا غر غر یه آشغال من ترسیدم. تو یاسمن فکر کردی من بیخیال تو می شم تو نمی تونی منو ول کنی من این اجازه رو بهت نمی دم با عکسات هم کار دارم حالا فکرشو بکن خوبه یه آدم همراهت هست که می دونه من چه سگی هستم، آره من اون کارها رو کردم، بازم بخوام می کنم. مرجان حقت این بود چون زیاد مغرور و پر رو شده بودی، باید سرت رو پائین می آوردم.

مرجان : کثافت عوضی من می دونم پدرتو چطوری در بیارم حالا بهت نشون می دم، تو هم فکر نکن خیلی زرنگی و قصر در رفتی به موقعش.

یاسمن : شاهرخ من نخواستم اون گذشته و علاقه احمقانه ام به تو و از بین ببرم و یه خاطره بد برام تموم شه می بینم تو لیاقت مهربونی رو نداری، ما فردا میایم اگر عکسهامو دادی که بهتر، ندادی من با برادرم میایم اون وقت باید کار و کاسبی تو تخته کنی من آدم بی کس و کاری نیستم، آره احمق و بچه بودم گول ظاهرتو خوردم،فکر نمی کردم پشت اون چهره به ظاهر مهربون و زبون چرب و حرفهای قشنگت یه حیوون مخفی کرده باشی. باشه بازم یه لطفی در حقت می کنم تا فردا وقت داری با زبون خوش وسایل و پس بدی یا با زبون خودت با تو رفتار میکنم. بچه ها بیاین بریم معلوم میشه ، من می تونم وسایلم رو پس بگیرم یا این مرد تیکه به حرفش عمل می کنه، نشونت می دم.

مرجان : بریم یاسمن جون من باتوام ، حساب این عوضی رو کف دستش می زاریم، بد بختش می کنیم.

سحر: باز خوبه مرجان همراهمون بود یاسمن، این پسره به این راحتیا از رو نمیره

مرجان : فکرشم نکن من نمی زارم بخواد اذیتت کنه، سحر هم کار خوبی کردی که تو حرفی نزدی.

سحر : اخه من نه این عوضی رو میشناسم نه لازم دیدم جایی که تو و یاسمن هستید دخالت کنم.

بعد از بیرون آمدن از پاساژ یاسمن از سحر و مرجان جدا شد و به سمت خونه راه افتاد ولی مرجان و سحر تا یه جاهایی که نزدیک کوچه سحر بود مسیرشون یکی بود باهم پیاده رفتن، سحر از مرجان بخاطر همراهیش تشکر کرد و از هم جد شدند، مرجانم هم به سالن آرایشگاه مادرش رفت.

یاسمن کم و بیش خیالش آسوده شده بود که تونسته بود حرفش را به شاهرخ بزند و آنچه در ذهنش می گذشت را به او بفهماند و به شاهرخ بفهماند که می داند چطور آدمی هست و چه هدفی دارد و داشت.

شاهرخ داخل مغازه کلافه و با مشت گره کرده به یاسمن و مرجان بد و بیراه نثار می کرد، خودش را بخاطر حماقتش که نتوانسته بود کار یاسمن را هم یکسره کند لعنت می کرد، چقدر احمق بودم همون اول باید روی این یکی رو هم کم می کردم دختر لوس فکر کرده چون دوسش داشتم یه خورده خوشگل و باکلاس بود پیشش کم آوردم، خاک تو اون سر من کن که پیش این دختر احساس ضعف و حقارت داشتم ، باید مثل دیگران با اونم رفتار می کردم، آخر نمی خواستم اونو از دست بدم حالا دیگه باید چاره ایی پیدا کنم تا این دختره راحت از دستم نره.

یکی از همکاران شاهرخ بعد رفتن دخترها به مغازه شاهرخ آمد و از شاهرخ پرسید : داداش کی بودند ؟ مشترین ؟ آخه از بیرون متوجه شدم سر و صدا تو مغازه ات هست نگاه انداختم دیدم داری با چند تا دختر خانم بحث و مجادله می کنی ؟ حواست نبودصدات کمی بلند شده بود.

شاهرخ : چیز مهمی نبود داداش مشتری بودن بعد چند هفته جنس بردن کار زدن حالا پس آوردن می خوان پس بگیرم حالا هم طلب کارند.

آها پس چیز مهمی نبود،

شاهرخ : آره حل میشه قراره جنسو پس بیارن فروختم پولشو نو پس بدم.

شاهرخ خواست تا اگر دوباره یاسمن و مرجان و دوستشون به مغازه اش آمدند و سر و صدا کردند همسایه های اطرافش زیاد کنجکاوی نکنن، شاهرخ بعد رفتن

همسایه ها با خودش گفت : چه گرفتاری شدم مردم می خوان تو همه چیز آدم سرک بکشن،آخه به تو چه ربطی داره کی بودن من یبار فضولی و سرک تو کار و بار مغازه ات کشیدم که تو می خوای از کارام سر در بیاری ،زیر لبم چند تا غر نثار همسایه کرد و بعد هم با بی حوصلی در مغازه را بست و به سمت خانه راه افتاد، حوصله بودن تو مغازه را نداشت شاهرخ آنچنان از دیدن یاسمن و مرجان کنار هم شوکه و عصبانی بود که نزدیک بود بین راه با موتورش تصادف کند با اعصبانیت و ناراحتی به دم خانه رسید موتورش را کناری پارک کرد و یک راست به اتاقش رفت، غرق در افکار مبهوت دراز کشیده بود باورش نمیشد که یاسمن همچین حرکتی بزند و بخواهد مچش را بگیرد و سنگ روی یخش کند.

یاسمن، وقتی به خانه رسید به سراغ آرزو رفت و بعد از احوالپرسی با آرزو جریان رفتن شان را به مغازه شاهرخ قبل از موعد برای آرزو تعریف کرد و گفت : من جریان عکسهای خودم را برای مرجان و سحر توضیح دادم که باید برای پس گرفتن عکسها و نامه هایم به مغازه شاهرخ بروم و از آنها خواهش کردم در این کار هم مرا همراهی و کمک کنند، مرجان در جوابم گفت : اگر سحر و من آمادگی داشته باشیم همین امروز غروب برویم چون خودش هم دوست داشت جایگاه شاهرخ را بفهمد و هم برای من هم خوب است تا به شاهرخ بگویم که عکسها و نامه هایم را پس بدهد و هم قبل از اینکه بدانیم او چگونه با این درخواست برخورد خواهد کرد نمی توانیم تصمیم درست بگیریم برای همین هم ما سه تایی تصمیم گرفتیم و همین غروب رفتیم مغازه شاهرخ و من با جدیت حرفم را زدم تا او بداند که دیگر دستش برایم رو شده و هیچ ارزشی برایم ندارد؛

آرزو : اشکالی ندارد یاسمن جون، شما سه تایی در مدرسه تصمیم گرفتید و انجام دادید ،کار خوبی کردی که حرفهایت را زدی و در خواستت را گفتی به قول دوستت مرجان حالا بهتر حال و روز و عکس العمل این پسره دست شما آمده می تونید تصمیم بهتری بگیرید

یاسمن : شرمنده آرزو جون که نتونستم دوستام را متقاعد کنم که چند روزی صبر کنند که تا ما به اتفاق تو تصمیم بهتری بگیریم.

آرزو : اشکالی نداره یاسمن جون شما کار خوبی کردید همین که سه تایی به یک نتیجه مشترک رسیدید و انجام دادید کار خوب و ارزنده ایی انجام دادید که نشان دهنده جدیت و شجاعت شما در مقابل زیاده خواهی و پرو گری شاهرخ را می رساند. من مطمن هستم در این لحظه شاهرخ هم ترسیده و هم از دست شما عصبانی خمشگین است و ممکن است بخواهد کار نامعقولی انجام دهد بهتر است آمادگی برخوردهای زننده و زشت را از شاهرخ داشته باشی و بدانی این پسر به همین راحتی از تو دست نمی کشد.

یاسمن : من هم متوجه شدم که نمی تونم به آسانی به خواسته ام برسم ولی بازهم احتیاط می کنم، فردا منو دوستانم راجع به اینکه چه کارهایی می توانیم در مقابل شاهرخ انجام دهیم تصمیم بهتری می گیریم.

یاسمن : آرزو جون گرسنه ات نیست ؟ می آیی چیزی با هم درست کنیم عصرونه بخوریم ؟ من که تحمل گرسنگی رو ندارم تا شام دو سه ساعت مونده، اگر دوست داری ؟

آرزو : نه یاسمن جون من اشتهاء ندارم بعد هم نمیدونم الان دلم چه غذایی می خواد

یاسمن :باشه آرزو جون پس من رفتم آشپزخونه ببینم چی می تونم الان بخورم

آرزو : باشه یاسمن جون تو برو ممنون که بهم سر زدی و ماجرا را اطلاع دادی من مطمئن هستم تو موفق می شی.

صدیق خانم با دیدن یاسمن پرسید : چیه دختر گلم این وقت غروب به آشپزخونه اومدی کاری نیست که بخوای انجام بدی

یاسمن : نه مامان گرسنمه اومدم یه چیزی بخورم مردم از گشنگی، تو دبیرستان حوصله غذا خوردن نداشتم برا همین هم امروز خیلی گرسنم شده.

صدیق خانم : پس بگو، دخترگلم چی می خوری بیارم کیک و چایی یا پلو خورش ناهار که هست گرم کنم بیارم برات یا نون پنیر گردو.

یاسمن : زحمتت زیاد میشه مامان جون من دلم می خواد هم نون پنیر گردو بخورم هم چایی و کیک. مامانی تو به کار خودت برس من خودم هر چی می خوام بر می دارم

صدیق خانم : باشه دخترم. بعد هم مشغول گرفتن آب نارنج هایی که سیاوش طی چند روز قبل از درختهای نارنج کنده بود شد.

یاسمن مثل گذشته دیگه آن استرس و نگرانی و انتظار بیهوده را نداشت از وقتی که واقعیت های شاهرخ برایش روشن شده بود او تصمیم خودش را گرفت که دیگر برای داشتن شاهرخ   تلاش بیهوده نکنه و خودش را برای بدست آوردن

کسی که هیچ ارزش و احترامی به قول و قرارهایش ندارد کوچک نکند یاسمن از وقتی فهمید که شاهرخ تنها برای پز دادن و تفریح با او دوست هست با جدیت و با تمام وجود شاهرخ را از ذهن و زندگیش کنار گذاشت و تنها معطل آن بود که چگونه اشتباهات گذشته اش را که در دست شاهرخ بود پس بگیرد.

پنجشنبه هم یاسمن بین زنگها مرجان و سحر را دید و دقیقه هایش را با گپ و گفتگو با آنها سپری کرد و از آنها قول گرفت که برای جمعه دور هم باشند.

بعداز ظهر پنج شنبه طبق قول و قرار صدیق خانم با آرزو برای دعوت شام خانوادگی سولماز و دخترش شادی قبل از بهار به خانه مادرش آمدن، آرزو با دیدن سولماز بسیار خوشحال شد و شادی کوچولو را به بغل گرفت کلی نازش داد و بوسید.

نیم ساعتی از آمدن سولماز نگذشته بود که بهار با بچه هایش آرین و آرمین از راه رسید. با آمدن بهار و بچه هایش سر و صدا و شور و حال زندگی در همه به جریان افتاده بود یاسمن بعد از حوالپرسی و روبوسی با خوهرش بهار با بچه هایش مشغول شوخی و بازی شد. آرزو هم بین بهار و سولماز گرم صحبت بود و از کارها و درس و گرفتن مدرکش در رشته حساب داری و آینده نزدیک هم چیزهایی گفت ولی نخواست قضیه بارداریش را برای بهار و سولماز پیش از آمدن سیاوش باز گو کند. کمی از شب گذشته بود که آقا مهدی و احمد آقا به اتفاق هم آمدند آن دو هر دو دبیر بودند و در آموزش و پرورش کار می کردند و بعد از پایان کلاس هایشان کمی در مدرسه والیبال بازی می کردند تا به اتفاق معلمین دیگر ورزشی کرده باشند و روحیه شاد و ورزشکاری خود را داشته باشند

سیاوش طبق معمول کمی دیرتر از همه آمد و شیرینی و میوه ایی که گرفته بود را به آشپزخانه برد و روی میز گذاشت بعد هم به جمع دامادها و خانواده پیوست آرزو که با دیدن سیاوش بلند شده بود به آشپزخونه رفت و با سینی چایی برای همه به پذیرایی برگشت و صدیق خانم با دیس شیرینی و پیش دستی به دست بعد او وارد سالن شد یاسمن از جایش بلند شد و مقابل دامادها و خواهرانش و آرش و آرمین پیش دستی گذاشت و شیرینی تعارف کرد و هر کسی برای خودش برداشت و جمع صمیمانه ایی بین شان بود و هر کسی حرفی از کار و وضعیت بازار و درس و دانشگاه می گفت بهار بود که گفت : خوب همه چیزها درست حال این شیرینی خامه ایی که امشب دادید به چه مناسبتی بود.

صدیق خانم: گفتیم اول کام شما شیرین باشه دخترم بعد هم حرفهای شیرین بشنوید.

بهار : آها ایشاله، حالا این حرفهای خوب و خوش و از کی باید بشنویم، نکنه برای یاسمن خواستگاری آمده ما خبر نداریم ؟

یاسمن : ای بابا خواهر جون من که هنوز دهنم بوی شیر میده کو تا درسم تموم بشه، دانشگاه بروم بعد دانشگاه و تموم کنم بعد حرف این چیزها رو بیار وسط.

سولماز : آره بهار جون هنوز کو تا نوبت یاسمن بشه.

سیاوش : خوب خوب شلوغ نکنید خبر خوش را من می خواستم بدم، چقدر شما عجله دارید تا زود از دست خواهر کوچولوی من خلاص بشید، صبر داشته باشید دکتر بشه بعد.راستش من و آرزو جون بعد هم نگاهی به آرزو کرد و با لبخند گفت : ما داریم بچه دار می شیم.

احمد آقا قبل از همه برخواست به طرف سیاوش رفت گفت : سیاوش جان تبریک و با سیاوش روبوسی کرد و بعد هم آقا مهدی به او تبریک گفت. سولماز و بهار هم به آرزو و سیاوش تبریک گفتند وآنها را به آغوش کشیدند و تبریک گفتند شادباش و سلامتی بود که به خاطر بچه دار شدنشان از خانواده می شنیدند .

سولماز : آرزو جون پس بگو چرا دو هفته هست که به ما سر نمی زدی و سراغ مارا نمی گیری نگو که باردار شدی

آرزو: شرمنده سولماز جون دوست داشتم هر روز به تو ودخترخاله بهار سر میزدم ولی می ترسیدم حالم را خوب نمی فهمیدم، نمی دونستم چرا هر چند ساعت روحیه و احوالم تغییر می کند، استرس داشتم دیگه شما به بزرگی و خوبیتون ببخشید که نمی تونم زیاد پیشتون بیام

بهار : چه خبر خوبی دادید خلاصه ماهم داریم عمه میشیم ، واقعا شاد و سرافرازمون کردید با این خبر خوبتون همینکه تو و بچه سلامت باشید برای ما کافیه آرزو جون ناراحت هیچی نباش ما از این به بعد بهت تند تند سر می زنیم جویای احوالت میشیم.

آرزو : شما لطف دارید، دخترخاله راضی به زحمت شما نیستیم.

سولماز : آرزو جون من که از خوشحالی دارم بال در می آرم خیلی برای تو و داداش سیاوش خوشحالم،

آرزو :ممنون سولماز جون نظر لطف و محبتت رو می رسونه شماها خیلی خوبید.

بعد هم صدیق خانم بود که همه را برای صرف شام صدا کرد. بعد صرف شام موضوع‌های مختلف بحث راجع به بچه و دردسرهای بزرگ کردن بچه و شیطنت و بازیگوشی بچه ها بود که آقا مهدی و احمد آقا راجبش برای سیاوش حرف می زدند و چیزها گفتند سیاوش تنها گوش می داد و لبخند می زد.

سولماز و بهار هم کلی از داشتن بچه و دلخوشی زندگیشان گفتند و از بانمکی بچه ها و شیرینیشان برای آرزو حرف زدند و کلی هم آرزو را امید وار کردن و به او روحیه دادند.

آخر شب هم هر کس به طرف خانه خود راهی شد و شب خوب و خوش را در کنار خانواده گذراندن برای آرزو و سیاوش شب خاطر انگیز و قشنگی بود انگار کوله باری از مسئولیت از دوششان برداشته شده بود.

صبح زود سیاوش برای خرید نان بیرون رفت صدیق خانم طبق عادت همیشگی بر خواست و به آشپزخانه رفت و سماور را روشن کرد قبل از آنکه سیاوش از نانوایی برگردد صدیق خانم برای پسرش که با تمام وجود دوستش داشت و او را ستون خانواده خود می پنداشت صبحانه آماده کرد.

وقتی سیاوش از راه رسید با سلامی گرم از پسرش استقبال کرد و چای برای او ریخت

سیاوش : مادر چرا همیشه تو زحمت می افتی من خودم صبح چیزی می خورم میرم مغازه.

صدیق خانم : نه پسرم من از قدیم‌ها دوست داشتم صبح زود بلند شوم اون وقت‌ها بابات که صبح زود می رفت نون می گرفت من هم صبحانه براش آماده می کردم

حالا تو هم داری زحمتش را می کشی من که کار مهمی نمی کنم ایشالله بچه ات که به دنیا اومد مثل تو و آرزو جون با محبت و مهربون میشه و مثل شما قدر بزرگتراشو می دونه، سیاوش جان نمی دونی چقدر برای تو و آرزو خوشحالم آرزو به دل بودم که سر و سامان گرفتن و بچه هاتونو ببینم، خداروشکر نمی دونی چقدر خوشحالم

سیاوش : فدای تو مامان خوبم بشم توهم خیلی هوای ما رو داری مامان دستت درد نکنه.

صدیق خانم : راستی پسرم اگه تونستی قبل ظهر میای مرغ کبابی و ذغال و نوشابه بیار خواهرت مهمون داره ، دوستاش دو سه ساعت دیگه میان تا بعداز ظهر هستن میوه تازه هم بخر پسرم

سیاوش : چشم مامان من زودتر وسیله ها رو می خرم میارم ظهرم ناهار نمیام مغازه می مونم همونجا چیزی می خورم.

صدیق خانم : باشه پسرم اگرم خواستی بیا ناهارتو بخور یا همراهت ببر مغازه بخور.

سیاوش : نه زحمت نکشین من مغازه چیزی می خورم نگران من نباشین به آرزو هم بگین که ناهار نمیام منتظر نمونه

صدیق خانم : باشه پسرم هر طور راحتی

یاسمن قبل از آمدن دوستانش بلند شد و رفت دوش گرفت بعد هم به مادرش در آشپزخانه سری زد سلامی کرد و صبح بخیر گفت

صدیق خانم : به گرمی جواب دخترش را داد و با گفتن صبح قشنگ تو هم بخیر دختر گلم، زود بلند شدی جمعه یه خورده بیشتر استراحت می کردی تا آمدن دوستات یکی دو ساعت دیگه وقت داشتی

یاسمن : نه مامان خواستم حموم کرده باشم که قبراق و سر حال باشم و خواب از سرم بپره هم اتاق و اطرافمو جمع و جور کنم تا اومدن دوستام آماده باشم

صدیق خانم : پس کار خوبی کردی بشین صبحونتو بخور بعد برو به کارات برس.

یاسمن : باشه مامان جون دستت درد نکنه.

یاسمن با اشتها صبحانه اش را خورد و بعد هم برای مرتب کردن اتاقش و آماده شدن برای پذیرایی از دوستانش به اتاقش برگشت.

اول تخت خوابش رامرتب کرد و بعد هم کمد لباسش را ردیف کرد و شلوار و مانتو و لباسهایی که از شب قبل روی زمین ریخته بودند را مرتب به چوب لباسی زد و آویزان کرد و بعد هم میز آریش و وسایل آرایش خود را ردیف کرد و نوبت جارو برقی کشیدن شد که یاسمن برای اینکه با صدای جارو برقی آرزو را بیدار نکند در اتاقش را بست مشغول جارو کشیدن شد، یاسمن تا تمام کارهای اتاقش را برسد و جمع و جور کند یک ساعتی طول کشید بعدهم خودش را برای پذیرایی و دیدن دوستانش آماده کرد زمانی که مشغول کشیدن جارو برقی بود سیاوش سفارشات مادرش را آورده بود و رفت، یاسمن بعد از حاضر شدن اندکی کنار تختش نشست ، منتظر آمدن دوستانش بود که صدای آیفون به صدا در آمد یاسمن سریع از جایش بر خواست و به سمت آیفون دوید : بله بفرمائید :

سحر : سلام یاسمن جون سحرم.

یاسمن : بفرمائید سحر جون منتظر آمدنت بودم.

یاسمن : مامانی دوستام اومدن فعلن سحر اومده

صدیق خانم : باشه دخترم خوش اومدن تا تو بری دوستت و بیاری داخل من هم اومدم پیشتون.

یاسمن : باشه مامان من رفتم دم در دنبال سحر تا با هم بیایم تو اتاقم

یاسمن سریع از سالن بیرون رفت و بعد پائین رفتن از پله به سمت در حیاط کمی دوید، حیاط خانه بزرگ و وسیع بود و از دور بسختی صدای سحر را شنید یاسمن از همان دور لبخند گرمش را نثار سحر کرده بود : وای سحر جون سلام چقدر منو خوشحال کردی که اومدی بعد هم یاسمن و سحر بهم دست دادند و روی هم را بوسیدند سحر از این که یاسمن با این صمیمیت و گرمی از او استقبال کرد کلی سر ذوق اومد ه بود.

سحر : یاسمن جون چه باغ قشنگی دارید چقدر حیاط خانه شما وسیع و بزرگه چقدر درخت و گل و گیاه ؛ باورم نمیشه تو همچین جایی زندگی می کنید

یاسمن : نظر لطفته چشمات قشنگ میبینه این حیاط و خونه داستان طولانی داره این باغ و خونه را بابام خیلی سال قبل خرید وبا دست وزحمت خودش درست کرد حالا هم که چند ساله خودش فوت شده هنوز قشنگی و خرمی و درختاشو داره

سحر : خدا بیامرزه باباتو

یاسمن : ممنون بیا تو اتاق بعد این که مرجان هم اومد سه تایی میایم تو باغ مون گردش می کنیم،سحر باشه یاسمن جون بریم یاسمن به اتفاق سحر وارد پذیرایی شدند.

یاسمن از سحر پرسید: سحر جون کمی اینجا تو پذیرایی می شینیم تا مرجان بیاد با هم بریم تو اتاق من یا نه همین الان می خواهی بریم

سحر : یاسمن جون هر طور تو راحتی برام مهم نیست همینکه کنارتم خوبه راحتم.

یاسمن : پس باشه همین جا بشینیم، تا مرجان هم بیاد، سحر و یاسمن چند دقیقه ای بود که نشسته بودند صدای زنگ آیفون به صدا در آمد،

یاسمن گوشی آیفون را برداشت : بله.

مرجان :سلام یاسمن جون منم مرجان

یاسمن : بفرمایید مرجان جون

یاسمن در حیاط را برای مرجان باز کرد به سحر گفت : مرجانم اومده من برم بیارمش داخل تو چند لحظه بشین ما اومدیم.

بعد هم یاسمن تند به طرف حیاط رفت و کمی گامهایش را سریع کرد چون می دانست که مرجانم وقتی داخل حیاط و باغ خانه شان شود او هم متعجب می شود و فکرش را نخواهد کرد که فاصله در حیاط تا خانه اینقدر زیاد باشد یاسمن از دور برای مرجان دستی تکان داد و بلند گفت : مرجان سلام بیا. یاسمن کمی از راه را تا کنار مرجان دوید به مرجان رسید.

یاسمن : سلام مرجان جون و به مرجان دست داد و مرجان و یاسمن روی هم را بوسیدن.

یاسمن : مرجان جون خیلی خوش اومدی ، خیلی خوشحالم کردی

مرجان : باعث افتخار منه که تو دعوتم کردی یاسمن جون خیلی خوشحالم، وای چه باغ بزرگ و قشنگی دارید، فکرشو نمی کردم حیاط خانه شما اینقدر باغش بزرگ باشه

یاسمن : اره اتفاقاً سحر هم قبل از تو اومد همین نظر را داشت گفتم وقتی مرجان اومد سه تایی میایم تو باغمون می گردیم و تفریح می کنیم

مرجان : آره واقعاً دلم می خواد باغ قشنگتون رو ببینم چه گلهایی، چه درختهای بزرگ و زیبایی

یاسمن : مرجان جون خودت خوبی

مرجان : اره یاسمن جون: منم خوبم، ممنونم، تو سرحالی از دیروز که زیاد حالت گرفته نشد

یاسمن : نه خوبم مهم نیست دیگه به شاهرخ و حرفهاش اصلاً فکر نمیکنم، امروز من و تو و سحر سه تایی یه فکری به حال اون می کنیم بیا بریم تو خونه سحر منتظر نشسته حوصلش سر میره

مرجان : باشه یاسمن جون بریم.

سحر با دیدن مرجان از جایش برخواست سلام کرد

مرجان :سلام سحر جون خوبی خوشحالم میبینمت

سحر دستش را به برای دست دادن به طرف مرجان دراز کرد : سحر: مرجان جون منم از دیدنت خوشحالم، بموقع اومدی منم خیلی وقت نیست رسیدم چطوری خوبی

مرجان : مرسی سحر جون قبل از اومدن رفتم یه سر به آرایشگاه مامانم تا کمی خودمو ردیف کنم تاپیش شما خوشگلا کم نیارم

سه تایی زدن زیر خنده

یاسمن : مرجان جون تو بدون آرایش هم خوشگلی

سحر : راست میگه ولی این طوری به خودت می رسی خوشگلیت چند برابر میشه حالا ما داریم پیشت کم میاریم مرجان جون خیلی ناز شدی

مرجان : ممنون از تعریف شما، تازه شدم مثل شما ها

یاسمن : شکسته نفسی میکنی مرجان جون راستی راحت خونه ما را پیدا کردی

مرجان : اره گفته بودی نبش کوچه منم هیچ خونه ایی و باغی جز این باغ بزرگ اینطرفها ندیدم جز این باغ بزرگ شمارو

یاسمن : آره راست می گی مرجان جون

با صحبت وخنده و حرفهای دخترها صدیق خانم هم به پذیریی به جمع آنها آمد سحر و مرجان با دیدن مادر یاسمن برخواستن

صدیق خانم : خیلی خوش آمدید دخترای من، با سحر سلام و احوالپرسی کرد و رویش را بوسید و حال مادر و خانواده اش را جویا شد

سحر هم با لبخند تشکر کرد و سلام رساند ند، از صدیق خانم تشکر کرد

مرجانم جواب سلام و احترام صدیق خانم را به گرمی داد و تشکر کرد و صدیق خانم مرجان را به آغوش کشید و رویش را بوسید صدیق خانم با گفتن بچه ها من مزاحم شما نمیشم شما راحت باشید و از کنارشان رفت تا یاسمن بتواند با دوستانش راحت و تنها باشد

یاسمن با شربت و شیرینی از دوستانش پذیرایی کرد تا آنها احساس راحتی بیشتری داشته باشند

در این بین که یاسمن و مرجان و سحر مشغول گپ و گفتگو بودند آرزو به جمع آنها آمد و یاسمن با گفتن آرزو جون بفرما کنارما مشغول معرفی دوستانش به آرزو شد این دوستم سحر و آرزو جون زن داداشم بعد هم این دوستم مرجان

آرزو با سحر و مرجان به گرمی سلام واحوالپرسی کرد آرزو : خیلی خوشحالم دوستای خوب یاسمن جون را از نزدیک می بینم راستش یاسمن جون خیلی از اخلاق و مهربونی شما برام گفته بود خیلی مشتاق دیدنتون بودم

سحر : یاسمن جون لطف داره خودش مهربون و صمیمی هست مارو هم ینطور میبینه

مرجان : راستش یاسمن جون به من که خیلی لطف دارند با این که ما خیلی وقت نیست که دوست هستیم ولی همین قدر که یاسمن جون منو قابل دونستن و با من دوست شدن خیلی خوشحالم منو یاسمن جون دردسرهای مشترک و زخمهای یجوری داریم که بیشتر ما رو بهم نزدیک کرده

یاسمن : شما لطف دارید سحر جون مرجان جون من به داشتن دوستای مثل شما افتخار می کنم در هر صورت اگر شما هوای منو نداشتین من از غصه و ناراحتی دق می کردم.

آرزو بچه ها درساتون در چه حاله درس و امتحان خوب پیش میره ؟

مرجان : آره من که تصمیم دارم پرستاری بخونم و نرس بشم از سال دیگه هم طرح کادر میرم بیمارستان فعال می شم

آرزو : آفرین مرجان خانم انشاء الله موفق میشی خوبه که یه هدف برای خودت انتخاب کردی و دنبالش هستی مرجان ممنون آرزو خانم

سحر : راستش من تصمیم دارم پزشکی بخونم اگه خدا بخواد با تلاشی که دارم دوست دارم پزشک اطفال بشم

یاسمن : وای نگفته بودی پزشک اطفال همیشه می گفتی پزشکی سحر جون

سحر: خوب کسی کاملاً نپرسیده بود ولی من عاشق بچه هام برای همین هم پزشکی اطفال رو دوست دارم مامانم اینا هم موافق انتخابم هستند.

آرزو : آفرین به شما سحر خانم ایشاله به خواستهات می رسی

سحر : ممنون آرزو خانم

سحر : راستی یاسمن جون تو چه رشته ای را قبول داری میخوای چه شغلی را بری آینده ات داشته باشی؟

یاسمن : راستش من هم دوست دارم جراح قلب بشم از وقتی بابام از این ناراحتی از بینمون رفت همیشه دوست داشتم راجع به قلب بیشتر بدونم و یه روزی

بتونم جراح بشم جون آدمها را نجات بدم اگر دچار این عشق کذایی نمیشدم و خودمو از درس و مدرسه عقب نمینداختم، ولی افسوس که الان زیاد وقت ندارم عقب افتادگی درسیمو جبران کنم من معدل کلم به این رشته های مرتبط با پزشکی نمی رسه من دو سال آخر را با معدل پائین قبول شدم فکر کنم برم تو رشته مخابرات و تکنولوژی از این رشته هم خوشم میاد

مرجان : آدم همیشه جای جبران داره یاسمن جون

سحر : آره تو هنوز وقت زیاد داری یک ثلث دیگه هنوز باقی مونده تازه تو پیش دانشگاهی میتونی جبران کنی

یاسمن : در هر صورت من تلاشمو می کنم هر کدوم که بشه برم فرقی نداره

آرزو : درسته یاسمن جون ولی تو که بخوای می تونی تا حدودی به هدف اصلیت برسی ولی هر دو گزینه ات خوبن من کمکت میکنم، روی کمک منم حساب کن

سحر و مرجانم : ما هم که هستیم هوای درستو داریم دیگه هم نمیزاریم کسی حواستو از درس و مدرسه پرت کنه، اگه هم شده شنبه یا یکشنبه سه تایی میریم مغازه این پسره سنگامونو با اون وا میکنیم هر چه بادا باد بعد میچسبیم برای درس و دانشگاه

آرزو : آره یاسمن جون حالا که دوستای خوبی داری که حاضراً هوای کار تو را داشته باشن موفق میشی، شما اول باید به آرامی وقاطعیت پیش برید طوری که این پسر احساس نکنه میتونه عکسهاتو نده ، بهتره رفتین مغازه اش پا تو یک کفش کنین تا عکسها رو نداده از مغازه بیرون نمیرید ، من مطمئن هستم اون

برای حفظ آبرو و شغلش مجبور میشه قبول کنه برای بیرون رفتن شما عکسهای یاسمن رو پس بده شما هم تا عکسهارو پس نگرفتین از مغازه بیرون نیایید تو مغازه بمونید خود بخود مجبور میشه برای اجتناب از بی آبرویی و دردسر مشکلات کوتاه بیاد.

مرجان : آره من هم با حرفهای آرزو جون موافقم

سحر : به نظر من هم همین کار خیلی خوبه.

ساعت یازده شده بود که صدیق خانم یاسمن را صدا کرد تا کباب پز را آمده کنند که برای ناهار جوجه کباب برایشان آماده کند یاسمن برای انجام دادن گفته مادرش از بین دوستانش برخواست و از اتاق بیرون رفت ، کباب پز گوشه ساختمان قرار داشت که یاسمن با ریختن ذغال و آتش زدن آن ذغال کباب را برای تهیه کباب روشن کرد تا مادرش بتوند برای نهار کباب را آماده کند

یاسمن به آشپزخانه برگشت به مادرش گفت : مامان من ذغالها را روشن کردم آتشزنه هم حسابی به همه جای ذغالها زدم تا خوب روشن و سرخ شوند

صدیق خانم : دستت درد نکنه دخترم گلم، بقیه کاره را خودم انجام می دم تو برو پیش دوستات

یاسمن : باشه مامان اگه بازم کاری داری بگو انجام بدم

صدیق خانم : نه دخترم کاری داشتم صدات می کنم

یاسمن : پس من می رم پیش دوستام

آرزو با گفتن بچه ها من فعلاً شما رو تنها می زارم بازم میام پیشتون ناهار و با همیم از پیش سحر و مر جان برخواست. یاسمن از سحر و مرجان خواست تا قبل ناهار به اتاقش بروند و کمی راحت تر با هم گپ و گفتگو کنند. اتاق یاسمن، از قبل برای دخترها بود قبل او بهار و سولماز این اتاق را در اختیار داشتند و بعد از رفتن آنها اتاق به یاسمن رسید، اتاق نسبتاً بزرگی بود که یک تخت بزرگ، یک میز آرایش ، و یک میز مطالعه و کمد دیواری در آن قرار داشت،در یک قسمت دیوار هم تابلو خطاطی که بهار آنها را نصب کرده بود قرار داشت و قسمتی هم تابلوهای نقاشی سولماز که علاقه شدیدی به نقاشی داشت نصب بود، یاسمن هم چند قفسه کوچک به گوشه ها نصب کرده بود که روی آنها را نقاشی روی سفالینه را قرار داده بود و دور اطراف تختش هم پر بود از عروسکهای دوران کودکیش که با هر کدامشان خاطرات کودکیش گره خوده بود، سحر و مرجان کمی به تابلوها و نقاشی ها و سفالینه ها نگاه کردند بعد هم هر کدام روی گوشه ای از تخت نشستن،

یاسمن : به اتاقم خیلی خوش آمدید بچه ها

سحر : ممنون اتاقت، کمی شلوغ هست ولی قشنگ و با سلیقه کار شده

یاسمن : ممنون از نظرت

مرجان : به نظر من این اتاق خیلی خاطر انگیز و زیباست ،

یاسمن :آره این اتاق از خواهرام بهار و سولماز به من رسیده و ازاونها هم خاطره برام گذاشته.

یاسمن از کشوی میزش دفتر خاطراتش و یک آلبوم عکس درآورد و روی تخت کنار سحر و مرجان گذاشت و گفت : من تمام خاطرات خودم را از اول راهنمایی تا یک هفته قبل را هر هفته یکی دو صفحه ایی می نوشتم و تمام لحظات تلخ و شیرینم را ثبت کردم تازه خیلی هم به این کار علاقه دارم که فکر میکنم برای آینده خوندنش جالب باشه، اینم آلبوم عکسامه بچه ها بنظر شما اول عکسها رو ببینیم بعد هم به خاطرات نگاهی بیندازیم و کمی وقت بگذرانیم

مرجان : خیلی عالیه من که دیدن عکسها رو دوست دارم

سحر : چرا که نه منم دوست دارم عکسها رو اول ببینیم

آلبوم عکسهای یاسمن از دوران کودکیش شروع شده بود که با مادر و پدرش گرفته بود، با جمع خانواده، عکسهای تکی، و عکسهایی که در جمع خواهرانش و مسافرت گرفته بودند بعضی عکسها یی که در کودکیش با افسانه گرفته بود هم به نظر سحر و مرجان زیبا بودند، یاسمن هر کجا که سحر و مرجان مکث می کردند شرح آن عکس را برایشان توضیح می داد.

لابه لای عکسهای آلبوم چند عکس هم بود که یاسمن از شاهرخ گرفته بود یاسمن با افسوس آنها را بیرون کشید خواست پاره اش کند

مرجان : چکارش کنی یاسمن، پاره کنی ؟ ممکن است این پسره از تو عکسها و نامه هایش را بخواهد، اگر لج کند چاره ایی نداری تازه اینها برای خودت هم مدرک هستند بهتر هست تمام عکسها و نامه هایی که از این پسر داری را همراه داشته باشی و همان روزی که برای گرفتن عکسها و نامه ها یت می رویم پسش بدهی و خودت را خلاص کنی.

یاسمن برای لحظه ایی از جایش برخواست و کشوی کتابهایش را گشود و از لابه لای کتابها و دفترهایش چند برگ کاغذ بیرون کشید و به سحر و مرجان گفت : چقدر من این نامه ها را خواندم و عاشقانه دوستش داشتم، فکر می کردم تمام آنچه در این کاغذها نوشته شده حقیقت محض و عشق خالص است،ولی افسوس دروغ و حیله و نامردی بود

مرجان نامه های شاهرخ را از دست یاسمن گرفت یکی را از بین چندتایش انتخاب کرد و سحر هم مشغول خواندن یکی دیگر شد آنها کنجکاو بودند ببینند که بین یاسمن و شاهرخ چه احساساتی رد و بدل شده بود مرجان شروع کرده بود به خواندن، بعضی از نامه ها که با ابراز عشق شروع می شد و با کملات شور انگیز از احساسات پاک یک مرد نسبت به عشق یکی یک دانه اش ادامه پیدا می کرد، شاهرخ بارها در بین سطرهای نامه یاسمن را عشق ابدی، تنها زن زندگی خطاب کرده بود بارها گفته بود، اگر تو نباشی من یک روز هم نمی توانم زندگی کنم، از وقتی که یاسمن قدم به زندگیم گذاشتی، من تازه احساس می کنم متولد شدم و غیر تو هیچ زنی برایم مهم نیست و دیگر چیزهای باور نکردنی که برای بدست آورن دل یاسمن شاهرخ برایش نوشته بود. مرجان گاهی می خندید یاسمن با کنجکاوی می پرسید : چیز خنده داری توش خوندی؟

مرجان: نه یاسمن جون این مردتیکه عوضی چقدر نامه هایش و کلامش مشابه نامه هایی است که به من داده، آخه وقتی می خونم خنده ام می گیره تنها جای اسمها را تغییر داده آخه تو نامه هاش به من هم همین حرفها رو زده.

سحر : خوب آدم با خوندن این نامه ها احساس می کنه واقعاً این حرفها واقعی هستند، چقدر بلد بود تو نوشتن نامه از چه کلماتی استفاده کنه، من که واقعاً تحت تاثیر کلماتش قرار گرفتم. یاسمن جون بنظر من این پسره خیلی زرنگ و ناقلاست فکر کنم ادبیات خونده که این همه لغات و واژه های قشنگ فارسی را به دقت برای فریب تو استفاده کرد وگرنه عقل جن هم نمی رسد که میشه با نوشتن چنین نامه هایی سراسر عشق و دلبری مخ یه دختری را چنان زد که چند سال بدون شناخت و درک صحیح از طرف تنها او را بخاطر خواندن نوشته های احساسیش دوست داشته باشد

یاسمن : راست می گی سحر جون من همون اوایل آشنایی این نامه ها را ازش گرفتم و خوندم ،بعد ها هم هر شب این نامه ها رو میخوندم فکر می کردم هر چه برام نوشته عین حقیقته و شاهرخ تنها مرا می خواهد و من هم حاضر نبودم به حرفهای کسی گوش بدم و شاهرخ را تنها با نوشته هایش می شناختم و قضاوت می کردم، فکر می کردم امکان ندارد کسی که من این تصور فوق العاده را از او دارم در حال خیانت به من باشد و این کار همیشگی او باشد و او برای کسانی غیر از من هم این نامه ها را نوشته باشد و تنها این شگرد بدست آوردن و فریب دادن دخترهای ساده ایی مثل من بود که شاهرخ از این ترفند استفاده کرده بود می دانست چون من هنوز بچه و کودن هستم و او اولین تجربه عشقی من است پس بهتر است چنان مرا با نوشتن این نامه ها تسخیر کند که دیگر غیر از او به کسی گوش نکنم من واقعاً سالها فکر می کردم کسی مثل شاهرخ در زندگیم وجود نخواهد داشت و نبود و نیست، من حتی گاهی آن اوایل فکر می کردم او از

خانواده و برادرم برایم بیشتر ارزش و احترام قائل می شود اگر کمک دخترخاله ام نبود منم تا بحال سقوط اخلاقی کرده بودم

مرجان نگاه معنی داری به یاسمن کرد و گفت : دست شما درد نکنه منظورت من هستم

یاسمن : نه مرجان جون قصدم اهانت به تو نبود من منظورم حد نامردی و عوضی بودن شاهرخ بود که با چه نیت پلیدی در ذهنم رسوخ کرده بود

مرجان : می دونم من هم از دست خودم ناراحتم که چرا اجازه دادم که کارم به چنین ماجرای رنج آوری بکشد و بار روحی زیادی برایم داشته باشد

یاسمن : می دونم شاهرخ چطوری آدم رو گول میزنه به من هم یه ماه قبل تو همین کوچه خودمون گفته بود که خانواده ام میخوان تو رو ببینن، راستش اول باورم شده بود، بهم گفت یه روز با هم بریم خونه خواهرم تا اون با تو آشنا بشه، اگر آرزو و سحر جون کمک و راهنمایی نمی کردند من حرفهای اون عوضی را باور کرده بودم، فکر کرده بودم واقعاً قصد داره بامن ازدواج کنه و منو به خانواده اش معرفی کنه، که سحر جون چند روز قبل تو را با شاهرخ دیده بود و فهمیده بود که تو داشتی بلند داد می زدی که فردا غروب کوچه بغل مدرسه بیار من اونجام. برای همین هم سحر از من خواست تا غروب باهم بیایم.منم نمی دونستم قراره چیو ببینم و چه اتفاقی میخواد بیفته تا اینکه منو سحر رفتیم انتهای کوچه سر پیچ پشت یه تیر برق و فرورفتگی درب حیاط یه خونه ایستادیم اونوقت دیدیم که شاهرخ با موتورش اومد و چند لحظه بعد هم تو اومدی اولش من خیلی

عصبی و ناراحت شدم خواستم بیام جلوی تو با شاهرخ دعوا کنم ولی سحر گفت تحمل کنم تا ماجرا را از طریق تو بفهمیم.

مرجان : پس بگو شما اون روز اونجا بودید، منم که گفته بودم روز قبلش به اون عوضی گفته بودم که فردا عکسها و نامه هارو بیاره در غیر اینصورت میرم ازش بخاطر مزاحمت و کارهای دیگش شکایت می کنم

یاسمن : می فهمم مرجان جون اون کثافت چه نامرد و عوضی است

مرجان : راستش قبلن که اون اتفاق برام افتاده بود دلم می خواست می مردم و زنده نبودم خیلی از دست خودم ناراحت بودم که گول یه آدم بی شرف و آشغال رو خوردم و این بلا سرم اومده ولی دیدن تو و سحر و شنیدن سرگذشت عشقی تو هم باعث شد بفهمم مثل ما آدمهای ساده و بی ریا تو دنیا خیلی زیاده، مثل من هم دخترهایی هستند که گول حرفهای قشنگ بعضی از پسرهای عوضی رو می خورند و راه اشتباه را میرن ولی باید از این به بعد مواظب خودم باشم دنبال آرزوها و هدف اصلی زندگیم باشم تا دچار خواسته های زودگذر زندگی نشم

سحر : آره مرجان جون تو هنوز می تونی گذشته رو درست کنی سعی کن این فکرهای بد و وحشتناک را از ذهنت بیرون کنی.ارزش آینده بیشتر از خاطرات تلخ یه انسان نامرده

یاسمن : آره مرجان جون از اینکه کمکم می کنی که من دچار مشکل نشم ازت ممنونم به لطف خدا و کمک هم حساب این پسره عوضیه نامرد رو می رسونیم. خدا جای حق نشسته حتماً به سزای کارهاش می رسه یه روز میفهمی که خدا حق تو رو ازش پس می گیره ،

مرجان : امیدوارم من که تا با چشمام نبینم باور نمی کنم.

در این هنگام آرزو با چند ضربه به در، وارد اتاق شد : بچه ها ببخشید مزاحم صحبتهای شما شدم ولی دیگه وقت ناهاره اگه آماده اید بیایید ناهار بخوریم.

یاسمن : دستت درد نکنه آرزو جون چشم ما الان میاییم

آرزو به پذیرایی برگشت، صدیق خانم به اتفاق آرزو برای یاسمن و دوستانش ناهار مفصل و کباب جوجه خوشمزه ای تدارک دیده بود همه چیز حاضر و آماده روی میز ناهار خوری قرار داشت تا مرجان و سحر مهمونای عزیز یاسمن بیایند بچه ها قبل آنکه سر میز غذا بیایند برای شستن دست و صورت رفته بودند. یاسمن هم به اتفاق دوستانش سر میز نشست قبل از آنکه صدیق خانم بخواهد غذا را بکشد سحر از زحمات او تشکر کرد و از اینکه باعث زحمتش شده اند عذر خواهی کرد

صدیق خانم : چه زحمتی دخترم، باعث خوشحالی ما شدید. امروز شما به ما افتخار دادید،شما هم مثل یاسمن جون برام عزیزید.

مرجانم از صدیق خانم و آرزو تشکر کرد و آنها با هم مشغول خوردن ناهار شدند.

سر میز ناهار صدیق خانم کمی از احوالات خانواده سحر و مرجان پرسید و آنها جست و گریخته شرح حالی را گفتند، بعد از صرف ناهار آنها از صدیق خانم و آرزو بخاطر غذای خوش مزه و پذیراییشان تشکر کردند. یاسمن به اتفاق سحر و مرجان برای استراحت کوتاه به اتاق برگشتند. سحر و مرجان از بابت ناهار خوش مزه و دست پخت صدیق خانم و زحمات آرزو از یاسمن تشکر کردند.

نیمه های بعداز ظهر بود که یاسمن به اتفاق سحر و مرجان برای گردش در باغ از اتاق بیرون آمدند و شروع به گشتن در باغ کردند، در باغ تک درخت های بزرگ و خاصی وجود داشت که از قدیم بود مثل فندق که یاسمن از کودکی آن را دوست داشت،خرمالوی بزرگ که در چند قسمت باغ دیده می شد مرکبات مختلف، درختهای گلابی،گیلاس،زردآلو، آلوچه و گردو که تاب بلندی روی یکی از شاخه هایش بسته بودند، یاسمن به سحر و مرجان پیشنهاد داد اگر جرات دارند روی این تاب بلند سوار شوند چون این تاب حس پرواز و دلهره را می دهد.مرجان قبل از سحر سوار تاب شد، با اولین حرکت تاب توسط یاسمن، مرجان از هیجان و شادی جیغ زد صدای بلند خنده های مرجان حد هیجان و استرس از افتادن او را نشان می داد یاسمن هم بعد از چند تاب دادن مرجان او را پیاده کرد.

مرجان : وای وای چقدر هیجان داره من تا بحال تاب به این بلندی سوار نشده بودم

سحر : تو خیلی ترسویی چرا جیغ می زدی مگه چیه ؟

مرجان : خوب حالا تو سوار شو یاسمن جون تابت بده بهت می گم کی ترسیده.

یاسمن هم حرفهای مرجان را تائید کرد و گفت : سحر جون محکم طناب تاب را بگیر تا نیوفتی،ترسیدی طناب را ول نکنی

سحر: چی، من بترسم، باشه شروع کن من آماده ام.

یاسمن یکی از اون تابهای محکم خودش را که با افسانه انجام می دادن داد، زیر تاب را تا بالای سرش به عقب کشید بعد هم دوباره سریع به طرف جلو خیز

برداشت و به طرف جلو سریع رها کرد. با اولین حرکت تاب و گرفتن ارتفاعی بلند صدای جیغ و فریاد سحر بلند شد : وای من می افتم من می ترسم ، تو رو خدا یاسمن منو پیاده کن ، این خیلی بلنده وای افتادم

یاسمن بلند بلند می گفت : نه محکم خودتو داشته باش نفس عمیق بکش بجای جیغ و فریاد، چیه تو که نمی ترسیدی. سحر هم چند باری بالا و پایین رفت و یاسمن برای لذت بردن از تاب دوباره آنها را سوار کرد و بعد هم خودش برای لذت بردن از تاب سوار شد و با مرجان و سحر از تاب بازی لذت بردند، بعد هم با هم زیر درخت آلوچه که خیلی با افسانه آنجا خاطره داشت روی کنده هایی که به عنوان صندلی و میز چوبی که از تنه بریده درخت ساخته شده بود نشستند مرجان : یاسمن جون چه حالی داد تاب خوردن من که خیلی برام جالب و هیجان انگیز بود خیلی تابش بلنده

یاسمن : آره مرجان جون آخه نگاه کن بین دو تا درخت بزرگ گردو اون بالا طنابش رو بستیم این طناب فکر میکنم بیست و پنج متری بلندی داره نگاه کردی وقتی می ری بالا کل حیاط و باغ دیده می شه حتی کوچه گاهی از دور دیده میشه

سحر : آره والله خیلی جالب و هیجان نگیزه من اگر این تاب و سوار نمیشدم اصلا باورم نمیشد این قدر هیجان انگیز و ترسناک باشه

مرجان : سحر جون تو که بمن گفتی چرا می ترسی جیغ می زنی، خودت که داشتی از ترس و داد و فریاد اون بالا دیوانه میشدی خیلی ترسیده بودی

سحر : آره مرجان جون شرمنده تا اون بالا نرفته بودم فکرشم نمی کردم

بعد کمی استراحت یاسمن از آنها خواست تا به زیر درخت فندوق بروند و باهم چند تایی فندق بچینن سحر و مرجان با خوشحالی قبول کردند سه تائی برای چیدن فندق به سمت انتهای باغ راه افتادن لابلای درختان میوه و درختان بلند توت و انجیر و پرتقال زیادی کاشته بودند بعد از گذشتن از بین درختان به درخت فندق رسیدن.

سحر:وای نگاه کن کلی فندق داره.

یاسمن : آره اتفاقاً الان دیگه فصل چیدن میوه فندوق هم است،

مرجان : من برم برای خودم بکنم چقدر هم پرشاخه و برگه یاسمن جون

یاسمن : آره خیلی درخت بزرگ و قدیمیه این از اون درختاییه که پدرم از همان پنجاه سال پیش کاشته حالا هم خیلی بزرگ و پر شاخ و برگه و پر بار، مرجان جون هر چی دلت میخواد بکن.

سحر :من که رفتم لابلای شاخه ها بکنم.

یاسمن هم چند تایی که دم دستش بود کند و منتظر شد تا سحر و مرجان هم دستاشون پر شه و بیان

یاسمن : هنوز درخت خرمالوی وحشی ما رو ندیدید خیلی میوه ش شیرین و بامزست تازه باید بریم بالای درختش حالا کو تا اونجا برسیم خودتون میبینید.صدای آرزو از دور که یاسمن را صدا می زد شنیده می شد. یاسمن جواب آرزو را با صدا کردنش داد : ما اینجا هستیم زیر درخت فندق بعد از چند دقیقه

آرزو از بین درختان نمایان شد : وا ی بچه ها اینجا هستید خسته شدم گشتم تا شما را پیدا کنم

یاسمن : چرا زودتر صدام نکردی من جوابتو می دادم تا راحت تر پیدامون کنی

سحر : به جمع ما خوش اومدی آرزو جون چه باغ بزرگ و قشنگی دارید خیلی باصفا و دیدنیه ! ما تا تونستیم به اکثر درختهای این باغ سر زدیم و لذت بردیم جات خالی

آرزو : خوشبحالتون من که هر وقت تو باغ گردش میکنم لذت می برم تاب هم خوردید :

مرجان: آره آرزو جون واقعاً باحال بود خیلی هم ترسیدیم ولی هیجانش به همه چیزاش می ارزید

آرزو : واقعاً من که هر وقت سوارش می شم فوق العاده لذت میبرم

سحر : واقعاً من اولین بارم بود که همچین هیجان و ترسی را تجربه کردم.

آرزو : یاسمن جون منم فندق می خوام شما صبر کنید تامنم چند تا برای خودم بکنم و باهم باغ و ببینیم

یاسمن: باشه آرزو جون، اصلاً خودم برات می کنم تو همینجا صبر کن کنار بچه ها من الان اومدم. یاسمن سریع رفت از چند تا شاخه مشتی پر از فندق برای آرزو کند آرزو هم خودش چند تایی که دم دستش بود کند، چهارتایی برای چیدن و خوردن خرمالوی وحشی به سمت درخت بلند و پر شاخ و برگ خرمالو رفتن.

بین راه هم سحر کنجکاوی های خودش را از آرزو می پرسید و آرزو با لبخند

جوبش را میداد، وقتی به زیر درخت خرمالوی وحشی رسیدند سحر و مرجان باورشون نمی شد این درخت خرمالو وحشی باشه آخه نزدیک یک متر پهنای درخت بود بلندیش سی چهل متر به چشم می آمد، آنها درخت خرمالو دیده بودند.اکثراً درخت خرمالویی هایی که دیده بودن درختهای سه چهار متری و با خرمالوی بزرگ و پخته ولی تابحال درختی به این بزرگی و بلندی ندیده بودن

مرجان : یاسمن جون چطوری میتونیم خرمالو بچینیم

یاسمن : این درخت میوه هاشو وقتی پختن میندازه زمین روی برگهایی که ازش ریختن می تونید میوه هاشو پیدا کنید ولی اگر بیشتر می خواهید باید برید بالا همین کاری که الان من میکنم.

سحر: یاسمن جون شوخی میکنی یعنی تو می خوای بری بالای درخت به این بلندی، نمیترسی ؟

یاسمن : نه سحر جون، من از بچگیم رفتم بالای درخت خرمالو برام عادیه نمی ترسم شما پایین باشید من براتون میچینم، جمع کنید و بخورید. یاسمن خیلی راحت شروع کرد از تنه درخت بالا رفتن، ده دوازده متری بالا رفت و از یه شاخه پهن درخت جابجا شد و شاخه پر میوه درخت را تکان داد مثل باران میوه پخته خرمالو روی سر سحر و مرجان و آرزو می بارید

آرزو : وای یاسمن جون دیگه بسه خیلی میوه رسیده ریخته وقت نمیکنیم جمع کنیم خراب میشن.

یاسمن چند تکانی دیگر داد و گفت : باشه گفتم سحر و مرجان کمی برای خانه شان ببرند

آرزو : آره ولی فکر نکنم وقت کنند این همه را جمع کنن.

یاسمن به آرمی و احتیاط از درخت پائین آمد.

سحر : وای چقدر زیاد

یاسمن: این تازه یه شاخه بود کلی از شاخه ها هنوز پر از میوه هستند. من برم چند تا کیسه پلاستیکی برای شما بیارم تا بتونید برای خودتون جمع کنید.

مرجان : آره یاسمن جون زحمت میکشی واقعاً خیلی زیادن، چقدر هم میوه اش شیرینه.

یاسمن : آره مرجان جون میوه اش خیلی شیرین و بامزه اس نسبت به اندازه اش، هر چی می تونی جمع کن تا غروب نشده.

سحر و مرجان به کمک یاسمن و آرزو خرمالوهای پخته و شیرین را جمع کردند بعد هم به اتاق یاسمن برگشتند.

صدیق خانم برای رفع خستگی و عصرانه دخترها کیک خوشمزه ایی درست کرد و به همراه چایی برای آنها آورد.

سحر از پذیرایی و زحمتی که به صدیق خانم دادن عذر خواهی کرد، مرجانم از صدیق خانم به خاطر زحماتش تشکر کرد و بابت همه چیزهایی قشنگ و جالب که یاسمن برایش انجام داد از یاسمن هم تشکر کرد. غروب سحر و مرجان از یاسمن و آرزو و صدیق خانم خداحافظی کردند و به خانه شان برگشتند. به نظر آرزو هر دوی دوستان یاسمن دخترهای خون گرم و مهربان و صمیمی بودند برخلاف آنچه از قبل فکر میکرد،که ممکن است مرجان هنوز با یاسمن صمیمی

نباشد با دیدن مرجان مطمئن شد که واقعا دوستی با یاسمن را خیلی باور دارد و او هم انسان درد کشیده و دوست داشتنی هست.

یاسمن تا پاسی از شب مشغول آماده کردن درسش و خواندن جزوه ها برای امتحان بود. یاسمن خسته و امیدوار به تختش رفت و آرام بخواب رفت. روز شنبه هوا بسیار عالی و صاف بود، ماه بهمن هم شروع شده بود ولی هنوز باران و برف آنچنانی نباریده بود. یاسمن خواب آلود ساعت ۷ صبح برای رفتن به دبیرستان آماده شده بود هنوز دلش می خواست بخوابد ولی چاره ایی نداشت قبل از دیر شدن باید راه می افتاد سرپایی چایی و لقمه ایی نان پنیر گرفت و خورد و بعد هم به مادرش گفت : مامان تو مدرسه یه چیزی می خورم دیشب زیاد بیدار موندم صبح خوابم برده نمی تونم بیشتر معطل شم تا صبحانه را کامل بخورم قول می دهم فردا صبح زود بلند شم تا صبحانه ام را کامل بخورم.

صدیق خانم : من برای خودت می گم دخترم با شکم گرسنه که آدم درس یادش نمی مونه   چیزیم یاد نمی گیره باشه دخترم تو مدرسه حتماً چیزی بخور گرسنت نشه

یاسمن : چشم مامان جون بعد هم موقع خداحافظی صورت مادرش را بوسید و با عجله به سمت دبیرستان راه افتاد، طبق معمول باز شاهرخ با موتور سر کوچه منتظر دیدن یاسمن ایستاده بود یاسمن تا از دور موتور شاهرخ را دید از مسیر دیگر کمی راهش را طولانی تر کرد تا با شاهرخ روبرو نشود. یاسمن تصمیم داشت هر طوری که شده شر شاهرخ را از سرش کوتاه کند ولی شاهرخ پرو تر از این حرفها بود.

شاهرخ صبح زود سر کوچه ایستاده بود که یاسمن او را ببیند و اگر هم توانست مثل گذشته لبخندش را نثار یاسمن کند و به نوع گذشته با این کار ابراز علاقه و عشق خودش را نشان یاسمن دهد، که شاید هنوز یاسمن از آن عشق کهنه و فراموش شده یاد و خاطره ای در ذهنش داشته باشد، نیم ساعتی سر کوچه ایستاد ولی یاسمن را ندید پیش خود گفت :یعنی چه مگر امروز کلاس ندارد که مدرسه نرفته، شاهرخ پس از مایوس شدن از دیدن یاسمن موتورش را روشن کرد و به سمت مغازه اش راه افتاد.

یاسمن وقتی به دم در دبیرستان رسید از این که اول صبح با شاهرخ رو در رو نشد نفس آسوده ایی کشید. داخل حیاط دبیرستان سحر را دید بعد از سلام و صبح بخیر و احوالپرسی باهم مشغول گپ و گفتگو شدند، مرجانم از راه رسید و با مرجانم سلام و احوالپرسی کردند و منتظر به صدا در آمدن زنگ شدند زیاد طول نکشید زنگ آغاز کلاس به صدا در آمد سحر و یاسمن از مرجان جدا شدند و به سمت کلاس به راه افتادند

اولین ساعت امتحان ریاضی داشتند و یاسمن چند شب را برای مطالعه ریاضی وقت صرف کرده بود و تا حدودی جواب سوالات را بلد بود بعد از پایان امتحان و دادن ورقه امتحانی زیاد طول نکشید تا زنگ تفریح به صدا در آمد و یاسمن و سحر با هم برای خوردن غذایی مختصر راهی بوفه شدند کمی هم دم سالن ورودی ایستادند تا مرجانم با آنها بیاید. یاسمن و سحر به اتفاق مرجان برای خوردن ساندویچ به راه افتادند. بین خوردن آنها از چگونگی مواجه شدن با شاهرخ گفتگو می کردند و نیز یاسمن موضوع آمدن شاهرخ به سر کوچه را تعریف کرد یاسمن برای سحر و مرجان تعریف کرد که اول صبح مثل اجل معلق سر کوچه

ما سبز شد ه بود تا دیدمش سریع راهم را کج کردم و از کوچه کناری خودم را به ایستگاه تاکسی رساندم تا این مرد تیکه عوضی نخواد با خوضعبلات خودش مخم را دوباره شستشو بده بعد هم اون لبخند کریح و دروغینشو نثارم کنه، من ساده هم گول حرفهای قشنگ و فریبنده اش را بخورم. هر چند اون دوره را آب برد به خیالش هنوز میتونه رو من تاثیر بزاره الان هم مطمئن هستم اومده بود منت کشی و می خواست با قسم و دروغ منو قانع کنه ولی کور خونده من تصمیم گرفتم اونو از ذهنم و از زندگیم بیرون کنم.

سحر : خداکنه بشه از شرشم در امان باشی

مرجان : یاسمن جون من خودم شرشو از سرت کم میکنم

یاسمن : ممنون بچه ها اگه شما را نداشتم چی کار می کردم.

دو زنگ کلاس یاسمن و سحر امتحان نداشتن و بعد از پایان کلاس آخر و به صدا در آمدن زنگ، سحر و یاسمن طبق قرار منتظر مرجان ایستادند وقتی مرجان به جمع آنها پیوست، از یاسمن پرسید : تو آماده ایی، زودتر برویم تا این پسره برای ناهار در مغازشو نبست.

یاسمن : آره مرجان جون راه بیفتیم.

بعد هم سه تایی به سمت پاساژ سوار تاکسی شدند، بازار در حال خلوت شدن بود کم و بیش مغازه دارها رفته بودند ناهار، کمی که پیش رفتن از شانس بچه ها هنوز چراغ مغازه شاهرخ روشن بود، شاهرخ هنوز مغازه را نبسته بود انگار مشتری داشت دو سه نفر مرد و زن مشغول خرید بودند، یاسمن و سحر و مرجان روبروی ویترین مغازه ایستادند، تا شاهرخ کارش با مشتریش تمام شود.

مرجان : شیطونه میگه همین حالا برم کار و کاسبیشو بهم بزنم.

یاسمن : نه مرجان جون بزار از راه درستش وارد شیم، اگه نشد یه فکری به حال اون می کنیم. شش هفت دقیقه ایی معطل شدند تا مشتری ها از مغازه شاهرخ بیرون اومدند، بعد هم یاسمن و مرجان و سحر سه تایی وارد مغازه شدند.شاهرخ : به به یاسمن خانم، میبینم بازم با شر خرات اومدی ؟

یاسمن : تو این طور فکر کن حالا عکسها و نامه هامو بده ما بریم

شاهرخ : کدوم عکسها ؟ من که چیزی ازت ندارم

مرجان با کف دست محکم کوبید به شیشه میز : ببین شاهرخ، عکسهای این دختره رو بهش بده داری رو مخم میری، کاری نکن که کنترل خودمو از دست بدم

شاهرخ :مثلاً از دست بدی چه غلطی می کنی

یاسمن قبل از اینکه مرجان بخواد حرفی بزنه کمی صدایش را بلند تر و رساتر کرد و گفت : ببین شاهرخ تو داری بیشتر از حدت پرو میشی، با زبون خوش دارم می گم وسایلمو پس بده. می خوای همین جا داد و بیداد بشه من که مشکل ندارم تازه می خوای مامور هم خبر بدیم،برای من مهم نیست،تویی که دچار درد سر و گرفتاری میشی.

شاهرخ : من بچه نیستم از مامو ر منو نترسون، شما مزاحم کار و کاسبی من هستید.

یاسمن : خوب در هر صورت تا وسایل منو پس ندی ما همینجا مهمون تو هستیم.

مرجان : بچه پر رو تو بد بخت تر از اونی که بخوای غد بازی برای ما در بیاری، فعلا تو وسایل و عکسهای یه دخترو گرفتی. تازه ما سه نفریم، شاهدیم که تو کیف این دختره رو که اینجا جا گذاشته برداشتی بهش پس نمی دی و داری ازش به خاطر عکسها و نامه هاش باج خواهی می کنی.

جر و بحث بلند یاسمن و سحر و مرجان با شاهرخ باعث شد چند تا از همسایه های اطراف بیان جلو مغازه شاهرخ جمع شن.

خوشبختانه وقتی مرجان داشت بلند بلند می گفت : تو کیف این دختره را که اینجا جا مونده برداشتی و حالا هم ازش می خواهی خودشو در اختیارت قرار بده تا عکسها و وسایلش را پس بدی یکی از همسایه های شاهرخ شنید و بعد هم داشت برای دیگر همسایه های شاهرخ تعریف می کرد خیلی طول نکشید که چند تا از همسایه ها با گفتن ببخشید ببخشید وارد مغازه شاهرخ شدن همون دم در به شاهرخ گفتن : شاهرخ خان ما حرفها و داد و بیداد شما را شنیدیم ، پسر با آبروی دختر مردم بازی نکن.

شاهرخ دست پاچه با لکنت جواب داد: چیزی نیست ، نه نه چیزی نشده سوء تفاهم پیش اومده، چشم من دارم مشکل اینها را حل می کنم.

در هر صورت وجه خوبی برای یک کاسب کار نیست،

شاهرخ: رو به دخترها داخل مغازه کرد و گفت : اینها بی ربط حرف می زنند

یاسمن سریع جوابش را داد و گفت : هیچم اینطور نیست یا وسایلم را پس می دی یا آبروتو پیش در و همسایت میبرم. شاهرخ که دید اوضاع ناجور شده است و با سر و صدای یاسمن همسایه های بیشتری کنجکاو می شن گفت : باشه، بیا بعد هم خم شد و گاو صندوقش را باز کرد و یک کیسه نایلونی را بیرون آورد و به دست یاسمن داد

مرجان سریعتر از یاسمن گفت : یاسمن جون خوب نگاه کن ببین همه عکسها و نامه ها هستند تا نرفتیم معلوم شه بعد هم یاسمن نگاهی به تمام محتویات داخل کیسه پلاستیکی انداخت و مطمن شد همه عکسها و نامه ها را یک جا پس داده بسته ایی را مقابل شاهرخ گرفت و گفت : بیا اینم وسایل تو. شاهرخ بسته را برداشت برای لحظه ایی تمام خاطرات و گذشته به سرعت جلویش نمایان شده بود با حسرت نگاهی به نامه ها و محتویات بسته انداخت و با خشم گفت :اشتباه کردم لعنت به من لعنت به تو یاسمن فکر کردی به همین راحتی از شرم خلاص شدی نشونت می دم.

یاسمن رو به شاهرخ با اعصبانیت گفت :دیگه هم دور و بر من پیدات نشه سر کوچه ببینمت به داداشم میگم ازت شکایت کنه.شاهرخ از خشم و عصابیت خون می خورد جلوی همسایه ها بی آبرو و شرمنده شده بود انتظار همچین برخورد و اتفاقی را نمی کشید

یاسمن : فهمیدی چی گفتم ببینمت جلو کوچه مون آفتابی شدی برات گرون تموم میشه.حالا که تمام در و همسایت می دونن تو مزاحمت ایجاد کردی و وسایلم را داشتی بهتره بیشتر با شخصیت و آبروی خودت بازی نکنی.

یاسمن به اتفاق مرجان و سحر از مغازه بیرون آمدند ده دوازده تا از همسایه های شاهرخ جلو مغازه اش ایستاده بودند همه با کنجکاوی به یاسمن و سحر و مرجان نگاه می کردند

یاسمن و سحر و مرجان با خوشحالی از پاساژ بیرون اومدن. یاسمن رو به مرجان و سحر گفت : بچه ها ممنونم، واقعاً ممنون شما جونمو نجات دادید این لطف شما را فراموش نمی کنم.

سحر : ما که کاری نکردیم این شجاعت و پافشاری خودت بود

مرجان : سحر راست می گه ما وظیفه دوستیمونو انجام دادیم اگه لازم می شد بیشتر هم مایه می گذاشتیم

یاسمن: واقعاً از هر دوی شما ممنونم شما در حقم خواهری کردید و دوستیتونو به بهترین شکل نشون دادید از اینکه کنارم ایستادید و از حق من دفاع کردید ممنونم می خوام برای این لحظه که خیلی خوشحالم شما رو برای یک شام بیرون دعوت کنم هر وقت شما گفتید

سحر : وای چه عالی جدی یاسمن

مرجان : بابا ایول دختر من که هر وقت شد آماده ام

یاسمن : قابل شما را نداره باعث افتخارمه دوستایی مثل شما دارم و خوشحالشون کنم.

یاسمن نفس راحتی کشید انگار کول بار سنگینی را روی زمین گذاشته بود برای لحظه ایی خاطرات گذشته مثل فیلم از جلوی چشمانش رد شدن ، یاد اولین

بار دیدن شاهرخ، یاد افسانه که باهم با چه اشتیاقی از جلو مغازه شاهرخ گذشتن، یاد آن لحظه که افسانه از او خواست تا کاغذ مچاله شده را از روی زمین را بر دارد.

حال بعد چهار سال دوباره آن احساس برایش مثل برق از ذهنش رد شده بود اگر آن روز می دانست گرفتار چه مشکل و درد سری می شود هرگز این اشتباه را نمی کرد سحر بود که با چند بار صدا کردنش پرسید: یاسمن چت شده حواست کجاست بیا بریم دیرمان شده مادر پدرمون نگرانمون می شن.

مرجان: آره یاسمن جون راه بیفتیم همه چی تموم شده بریم دیگه.

یاسمن: باشه بچه ها یه لحظه حواسم رفت پیش کاغذ ناگهان یادم اومد که کاغذ مچاله شده را همراه خودم نیاوردم.بریم شماها هم تو دردسر انداختم. بعد هم سه نفر راه افتادند بسمت خانه شان. یاسمن خوشحال و خندان از بدست وردن عکسها و جبران گذشته وارد حیاط خانه شد بعد هم که داخل اتاق شد یک راست به اتاق آرزو رفت و بعد از چند ضربه به در با صدای بفرمائید آرزو وارد شد: سلام آرزو جون.

آرزو: سلام یاسمن جون چه خبر خوشحال به نظر می رسی چه کار کردید ؟

یاسمن هم شرح تمام وقایع را برای آرزو تعریف کرد. آرزو هم با تحسین و تائید کار او را ستود و آفرین گفت: آرزو ضمن گفت هایش به یاسمن گفت: دیگر تو دغدغه خاطری بابت گذشته و دردسر آبروریزی آن پسر نداری می توانی دنبال آینده و زندگی پیش رو خود باشی سعی کن گذشته را فراموش کنی و خودت را برای آینده بهتر و قشنگتر محیا کنی.

۱۶۸

یاسمن : حتماً آرزو جون ممنون از راهنمائیهای خوب و دلگرمی که به من می دی من خیلی گرسنمه تو چیزی می خوری برات بیارم

آرزو : نه یاسمن جون ، نوش جونت

یاسمن : پس فعلاً من برم آشپزخونه تو هم استرحت کن بیشتر مزاحمت نمی شم

آرزو : خوشحالم کردی یاسمن جون

صدیق خانم مشغول تمیز کردن سبزی خوردن توی آشپزخونه بود با دیدن یاسمن که به او سلام کرده بود لبخندی به روی دخترش زد و جواب سلام یاسمن را داد : سلام دختر گلم خسته نباشی درس و امتحاناتت خوب پیش می ره

یاسمن : آره مامان جون خیلی عالی هم پیش میره همه چیزها رو به راهه مامان جون خیلی سرحالم مامانی ناهارم کجاست خیلی گرسنمه.

صدیق خانم : پلو رو اجاق گازه ماست و خورشت هم تو یخچال گذاشتم،خواستی خورشت رو گرم کن فکر نکنم زیاد خنک شده باشه تازه گذاشتمش تو یخچال یاسمن باشه مامانی بر می دارم. بعد هم یاسمن روی میز کنار مادرش نشست و مشغول خوردن ناهار شد بعد ناهار هم برای استراحت به اتاقش رفت آنقدر خسته و هیجان زده بود که نفهمید کی خوابش برده نیمه شب آرزو بود که در اتاقش را زد و وارد شد هنوز یاسمن خواب آلود و خسته به نظر می رسید

آرزو : چقدر می خوابی دختر نصف شبه بیا شام بخور، داداش سیاوشت خیلی وقته اومده سفره شام پهنه زودتر بیا

یاسمن : باشه آرزو جون الان اومدم.

سیاوش با دیدن صورت پف کرده خواب آلود یاسمن گفت : به به سلام خوش خواب، پدر خواب و در آوردی یاسمن جون چقدر می خوابی ما که از ندیدنت دلمون تنگ شده، کجاها هستی؟

یاسمن : سلام داداش من که همیشه هستم تو دیر میایی زود میری، چکار کنم درسهام سنگین شدن خسته میشم یه ضرب درس میخونم، دیگه تو هم که همیشه مشغول مغازه ایی وقت نداری منو ببینی

سیاوش : آره خواهر گلم حق با تو این روزا من سرم شلوغه ایشالله درسای تو و امتحانات آرزو جون تموم شد دست جمعی میریم مسافرت قول می دم

یاسمن : باشه داداش تو داری زحمت می کشی من که کار خاصی نمیکنم مشغول درسم

صدیق خانم با گفتن بچه ها بجای حرف زدن مشغول خوردن آبگوشت بشین داره سرد میشه از دهن میفته

سیاوش : چشم مامان. همگی مشغول خوردن شام شدن. بعد شام و کمی نشستن در جمع خانواده، یاسمن : آرزو جون چند تا امتحان دیگه مونده تا مدرکتو بگیری

آرزو : شش تایی هنوز مونده تا تموم شه

یاسمن : خوشبحالت سلامتی دیگه درست تموم میشه می تونی برای استخدام درخواست بدی

آرزو : فعلاً باید مدرکمو بگیرم بعد اون یکی دو سالی بی خیال کار باشم، کارم داره محیا میشه بچه که بدنیا بیاد کارشم همراهش میاد و خیلی سرگمم میکنه

سیاوش : آره عزیزم وقت سرخاروندن نداری ولی رو کمک من حساب کن من نمی زارم اذیت بشی خانمی

صدیق خانم : ایشالله به سلامتی بچه به دنیا بیاد من خودم قربونش می رم کاراش با من

آرزو : ممنون خاله جون

یاسمن به اتاقش برگشت تا خودش را برای امتحان زیست شناسی آماده کند تا دیر وقت هم مشغول خواندن کتاب و جزوه های زیست شناسی بود تا خوابش برد. صبح زود صدیق خانم برای صبحانه یاسمن را صدا کرد تا هم دیرش نشود و هم بتواند صبحانه ای خورده باشد تا در سر جلسه امتحان احساس ضعف و گرسنگی نکند

یاسمن : سلام مامان جون دستت درد نکنه بیدارم کردی خیلی خواب داشتم دیر میشد اگر بیدارم نمی کردی

صدیق خانم : صبح بخیر دختر گلم گفتم کمی زودتر بیدارت کنم تا صبحانتو بخوری دیرت نشه

یاسمن : ممنون مامان جون بعد صبحانه یاسمن آمده شد و به سمت دبیرستان حرکت کرد دیگر سر کوچه خبری از شاهرخ نبود ولی یاسمن برای اطمینان اول تا سر کوچه را از نظرش گذراند بعد از اینکه از نبودن مزاحم همیشگیش مطمئن شد سریع قدمهایش را برداشت به ایستگاه تاکسی رسید و سوار تاکسی شد و دم دبیرستان پیاده شد وارد حیاط دبیرستان شد. هنوز سحر و مرجان نیامده بودند، خودش را به سمت سکوی ورودی سالن رساند آنجا منتظر آمدن دوستانش شد.

نزدیک شروع جلسه امتحان شده بود که مرجان و سحر هم از راه رسیدند بعد سلام و احوالپرسی، یاسمن از دیدن مرجان و سحر ابراز خوشحالی کرد و مشغول پرسش راجع به آمادگی برای امتحان زیست شدند.بعد هم با صدا در آمدن زنگ تمام دانش آموزان سال سوم برای دادن امتحان زیست وارد سالن شدند بعد امتحان یاسمن و سحر و مرجان کار خاصی نداشتن کمی در حیاط دبیرستان ماندند و بعد هم هر کسی به خانه خود رفت.

یاسمن چند روزی امتحان نداشت می خواست تا خودش را برای سال جدید آماده کند.یاسمن تماسی با دخترخاله خود افسانه گرفت تا از برنامه پیش روی او باخبر شود و همچنین می خواست بداند که افسانه برای سال جدید به شمال می آید یا مثل سال قبل که نتوانست بیاید باز هم برنامه خاصی برای خودش تدارک دیده، بعد از کلی گپ و گفتگو با افسانه و اطمینان از آمدن او میتوانست برنامه هایی برای خودش بریزد تا سال نو را چگونه سرگرم باشد.

چند روز بود که یاسمن به سحر و مرجان قول شام داده بود زمان آن رسیده بود که با سحر و مرجان به یه رستوران خوب و معروف شهر بروند طبق قرار سر شب

با دوستانش قرار گذاشت و آنها هم که از قبل جریان دعوت یاسمن را با خانواده های خود در میان گذاشته بودند به موقع آمدند.سحر را برادرش سهند رساند، سهند مختصر سلام و احوالپرسی با یاسمن کرد و بعد هم از پیش آنها رفت. مرجان را پدرش رساند پدر مرجان به گرمی با یاسمن و سحر دوستان دخترش احوالپرسی کرد و گفت : دخترای گلم تا ساعت چند هستید من بیام دنبال شما ؟

مرجان : بابایی بعد از این که شام مونو خوردیم من باهاتون تماس می گیرم تا بیای دنبالمون. آقا حمید با گفتن باشه دختر گلم پس من منتظر تماس هستم و با دخترش مرجان و سحر و یاسمن خداحافظی کرد و رفت. یاسمن و سحر و مرجان شادمان وارد پیتزا فروشی شدند و یاسمن به همراه سحر و مرجان روی میز سه نفره ایی که در مکان دل باز که چشم اندازی به ساحل و دریای پیش رویشان داشت نشستند،روی میز منوی انواع پیتزا قرار داشت، سحر و مرجان بعد نشستن شروع به خواندن منو کردند یاسمن هم منو را از نظر گذران خیلی طول نکشید که یکی از گارسونهای رستوران برای گرفتن سفارش به کنار میز آنها آمد.

گارسون :سلام و خوش آمدید خانومها، چی میل دارید ؟

سحر : بچه ها من که پیتزا مخصوص

یاسمن من هم پیتزا مخصوص

مرجان:من پیتزا گوشت و قارچ.

یاسمن : برای ما پیش غذا سالاد و یه ظرف زیتون و سه تا نوشابه هم لطفاً بیاورید

گارسون : چشم اساعه و با ثبت سفارش برای آماده کردن و آوردن سفارشات رفت.طولی نکشید که گارسون سالاد و نوشابه ها را برای آنها آورد و روی میز کنارشان قرار داد.یاسمن و مرجان و سحر مشغول خوردن سالاد شدند قبل از آماده شدن پیتزا آنها با اشتها مشغول خوردن و گپ زدن شدند بیست دقیقه ایی طول نکشید که پیتزا سفارش آنها حاضر شده بود و گارسون پیتزا را برای آنها آورد و با گفتن بفرمایید : پیتزای شما، پیتزا ها را روی میز مقابل آنها قرار داد، یاسمن و سحر پیتزا مخصوص و مرجان پیتزا گوشت و قارچ خودشان را را سس زدند و مشغول خوردن شدند

سحر : خیلی خوشمزه است

یاسمن: نوش جونت شب فوق العاده ایی هست از این که تونستم همراه شما بیرون بیام خیلی خوشحالم شام خاطره انگیزی برایم هست

سحر : برای من هم همینطوره یاسمن جون ممنون که شام دعوتمون کردی خیلی شب قشنگیه

مرجان : واقعاً همین طوره یاسمن جون خیلی باحاله پیتزای خیلی خوشمزه ای است واقعاً از امشب دارم لذت میبرم دستت درد نکنه بعد هم راجع به این که از بابا و مامانش خواسته که اجازه بدن یه ناهار دوستانش را دعوت کند با یاسمن و سحر صحبت کرد

سحر : وای چه عالی من که از همین امشب با مامانم صحبت میکنم تا اجازشو بگیرم.

یاسمن : من که خیلی خوشحال می شم بیام ولی اول باید با مامانم صحبت کنم ببینم اجازه می ده یا نه بعد اگه اجازه داد بهت خبر می دم مرجان جون

مرجان : پس من منتظر خبر شما می مونم.پیتزا خوشمزه ایی بود دستت درد نکنه یاسمن جون که ما را سور پرایز کردی.

یاسمن : قابل شما را نداشت شما در حقم کار بزرگتری کردید که این شام هیچی در مقابلش نیست

سحر :در هر صورت واقعاً به من خوش گذشت امشب خیلی باصفابود پیتزاشم که خیلی چسبید و خوش مزه بود دستت درد نکنه یاسمن جون

یاسمن : قابل شما را نداشت سحر جون نوش جونتون از اینکه دعوتم را قبول کردید اومدید ممنونم

مرجان : بچه ها من برم یه زنگ به بابام بزنم که بیاد دنبالمون

یاسمن : زحمتش زیاد می شه می تونیم با آژانس بریم

مرجان : نه این چه حرفیه بابام خوشحال میشه تازه همیشه به من میگه خودمون که ماشین داریم چرا از آژانس و غریبه ها درخواست کنیم بهتره یک تماس بگیرم زودی می یاد

یاسمن : هر طور راحتی باشه مرجان

مرجان: با خانه شان تماس گرفت و از پدرش خواست تا حرکت کند پدرش گفت : تا چند دقیقه دیگه راه می افتم و کمی منتظر بمانند تا برسد

مرجان گفت : چشم بابایی منتظریم و پیش یاسمن و سحر برگشت تا به اطلاع آنها برساند که پدرش دارد می آید، کمی باید اینجا بشینیم تا پدرم خودش را برساند یاسمن و سحر هم گفتن باشه مرجان جان زحمت پدرت زیاد می شه ببخشید که مزاحم استراحت پدرت میشیم

مرجان : نه پدرم خودش گفته بود من با او تماس بگیرم تا دنبالمون بیاید تازه هنوز وقت استراحت نشده بود داشت تلویزیون نگاه می کرد. زیادطول نکشید که آقا حمید خودش را به مرجان و دوستانش رساند مرجان ماشین پدرش را که روبروی پیتزا فروشی کنار جاده پارک کرده بود شناخت و با اشاره به یاسمن و سحر گفت : بچه ها بابام اومد بهتره راه بیفتیم و به همراه آنها به سمت ماشین رفت.

آقا حمید با سوار شدن مرجان و یاسمن و سحر به آنها گفت بچه ها ببخشید معطل شدید یاسمن و سحر به پدر مرجان سلام کردند و از آمدنش برای رساندنشان تشکر کردند

آقا حمید اول سحر را دم در خانه شان رساند بعد از پیاده شدن سحر و بعد وارد حیاط شدنش راه افتاد تا یاسمن را برساند وقتی یاسمن را به خانه شان رساند و یاسمن وارد حیاط شد مرجان با گفتن: یاسمن ممنون که شام دعوتم کردی برایش دست تکان داد و آقا حمید و مرجان به سمت خانه راه افتادند. شب فوق العاده ایی برای یاسمن و مرجان و سحر بود آنها از باهم بودن و بیرون رفتن لذت فوق العاده ایی بردند.

روزها یکی پس از دیگری طی شد آرزو تمام درسهایش را با موفقیت پاس کرده بود.نمرات خوبی در امتحانات گرفت یاسمن هم برای آخرین امتحانتش که زبان انگلیسی بود آماده میشد یک هفته ایی هم به سال جدید مانده بود چند روزی بود که یکی به تلفن خانه زنگ می زد و وقتی صدیق خانم گوشی را بر می داشت قطع می کرد این کار باعث کلافه شدن صدیق خانم شده بود که از پسرش بخواهد به مخابرات برود واین مزاحم را شناسایی کند تا از تکرار بی اندازه مزاحمت گاه و بی گاه جلوگیری کند.شاهرخ فکر می کرد با تلفن زدن به خانه یاسمن و قطع کردن گاه و بی وقت می تواند یاسمن را مجبور کند که دوباره با او رابطه دوستی برقرار کند و یا یاسمن مجبور میشود خودش به مغازه اش بیاید و شاهرخ بتواند با او صحبت کند شاهرخ فکرش را نمی کرد که صدیق خانم از پسرش برای رفع مشکل کمک گرفته تا از مخابرات برای ردیابی مزاحم استفاده کند تا هر چه زودتر آنها را از شر این مزاحم خلاص کند شاهرخ بی خبر از همه جا به مزاحمت و تکرار کارش ادامه می داد.

آخرین امتحان را یاسمن با موفقیت پشت سر گذرانده بود یاسمن تا حدودی توانست عقب افتادگی درسیش را با نمرات خوب امتحانیش جبران کند و نمرات خود را قابل قبول می دانست طبق قول و قرارهایی که با مرجان گذاشته بود که بعد از امتحانات وقت دارد تا برای دعوت ناهارش به خانه آنها برود در حیاط دبیرستان منتظر آمدن سحر و مرجان بود تا آنها هم از سر جلسه امتحان بیرون بیایند خیلی منتظر نشد مرجان و اندکی بعد سحر از در سالن خارج شدند مرجان رو به یاسمن : یاسمن جون زود ورقه امتحانی رو دادی امتحان چطور پیش رفت

یاسمن : مرجان جون عالی من که اکثر جوابها رو بلد بودم زیاد مشکل نبود خوب تونستم از پسش بر بیام

مرجان : خوب پس عالیه منم بنظرم آسون بود.

یاسمن : سحر تو چکار کردی من که فوق العاده بود برام خیلی راحت بودند، نمره کامل را می گیرم

یاسمن : آفرین راستی مرجان جون یادت میاد گفتی یه ناهار ما رو دعوت میکنی هنوز هم سر حرفت هستی ؟

مرجان : آره یاسمن جون من که از خدامه شما بیایید خیلی وقته که منتظر شما هستم گفتی امتحان تموم شه حالا هم که آخرین امتحانمونو دادیم پس آمادگیشو دارید ؟

سحر : من که همیشه آمادگیشو داشتم منتظر یاسمن بودم

یاسمن : شرمنده بچه ها که منتظر تون گذاشتم نمی خواستم حالا که تصمیم دارم عقب افتادگی درسیمو جبران کنم ذهنم از درس و کتاب معطوف چیزهایی باشه که دوست دارم با تمام وجود ازش لذت ببرم آخه دلم می خواست با خیال راحت و آرامش فکری بیام خونه شما

مرجان : راست می گی یاسمن جون درکت میکنم حالا هم بهترین فرصته فردا ناهار مهمون من هستین من منتظر اومدن شما هستم

سحر : باشه من که لحظه شماری می کنم

یاسمن : به چشم مرجان جون ممنون که ازم ناراحت نشدی حتماً میام. بعد هم برای رفتن به خانه به سمت ایستگاه تاکسی به راه افتادند و سوار تاکسی شدند و به خانه شان رفتند

یاسمن وقتی سر کوچه رسید احساس کرد که از داخل ماشین که شیشه مات شده ایی داشت او را نگاه می کنند انگار دو نفر سوار ماشین بودند یاسمن نتوانست چهره دو نفر را واضح ببیند ولی سایه یک راننده و یک نفر که کنارش نشسته بود دیده می شدند راننده پیکان وقتی یاسمن نزدیکش شد ماشین را روشن کرد ولی قبل از راه افتادن به سمت یاسمن چند نفر دیگر از رهگذران وارد کوچه شده بودند ماشین از کنار یاسمن به آرامی گذشت یاسمن کمی احساس ترس و دلهره کرد یعنی چه کسی ممکن بود باشه، برای لحظه ایی وحشت کرد از آنچه در ذهنش گذشت ممکن بود شاهرخ بخواهد، او را بلند کند وبدزد وبلایی سرش بیاورد. لحظه ای ازچنین افکار وحشتناکی که داشت ترس تمام وجودش را احاطه کرد. وقتی وارد حیاط شد نفس راحتی کشید در را محکم پشت سرش بست

یاسمن وقتی به سالن وارد شد به اتاق رفت و لباس و مانتو دبیرستانش را در آورد و بعد هم به اتاق آرزو رفت بعد از شنیدن بفرمائید آرزو وارد اتاق شد با گفتن سلام و احوالپرسی کنار او نشست. آرزو به گرمی جواب سلام یاسمن را داد.

آرزو: چی شده یاسمن جون آشفته و نگرانی به نظر می رسی

یاسمن : راستش آرزو جون اتفاق عجیبی افتاده احساس کردم امروز که داشتم می اومدم تو کوچه منو تو ماشین می پائیدن نگران شدم

آرزو: واقعاً خودت اونارو دیدی، نفهمیدی کی بود؟ شاید اشتباه کردی

یاسمن: راستش یه پیکان با شیشه های مات بود که توش واضح دیده نمی شد ولی سایه دو نفر داخلش دیده می شد وقتی به نزدیکش رسیدم ماشین روشن شد کیپ دیوار می اومدم نزدیک من که شد دیدم رفت یه سمت دیگه از من فاصله گرفت چون پشت سرم از دور چند نفر اومدن تو کوچه ولی به نظرم خیلی مشکوک بودند ترسیدم

آرزو: نمی دونم چی بگم فکر می کنی کار این پسره چی بود اسمش

یاسمن: شاهرخ

آرزو: آره نکنه شاهرخ قصد مزاحمت و آزارت رو داشته باشه از این به بعد بیشتر دقت کن حواست به اطرافت باشه شاید بخواد تهدیدش رو عملی کنه بخواد بلائی سرت بیاره آدمه دیگر شاید عقده ایی شده از اون پسر هر چیزی بر میاد، می خوای با داداشت صحبت کنم بره با این پسره صحبت کنه ببینه حرف حسابش چیه قصدش از این کارا چیه، تهدیدش کنه شکایت کنه که سرجاش بنشونتش

یاسمن: نه آرزو جون شاید من بی خودی حول برم داشته اشتباه کردم یا ترس و اضطراب بیخودی این فکرو تو کلم انداخته تو چیزی به داداش فعلاً نگو همین که با تو صحبت کردم احساس سبکی می کنم نگرانیم کمتر شده

آرزو: آخه جریان بی اهمیتی نیست خیلی برای تو نگران شدم پس سعی کن بیرون میری بیشتر مواظب باشی اطرافتم چیز مشکوک دیدی یا ماشینش رو دوباره دیدی راهتو کج کن و از مسیر دیگه برو قبل از اینکه بخوان بدزدنت یا

به زور سوار ماشین کننت فرار کن یا داد و فریاد کن تا مردم کمکت کنن، یادت نره صدای ماشین تو کوچه پشت سرت شنیدی برو به سمت دیگه کوچه یا سعی کن تو جمع مردم حرکت کنی تا این پسره نتونه به مقصود بی شرمانه اش برسه

یاسمن : باشه چشم آرزو جون تو نگرانم نباش من همه چیزهایی که گفتی را رعایت می کنم و خوب به حرفهات گوش می دم فعلاً برم غذایی بخورم تو چیزی می خوری برات بیارم

آرزو: نه یاسمن جون برو غذاتو بخور نوش جونت، راستی نگفتی آخرین امتحانت چطور بود یاسمن جون ؟

یاسمن : اینقدر نگران بودم که یادم رفت بگم امتحانمو عالی دادم ازت ممنونم که کمکم کردی آرزو جون

آرزو : خوب خدا رو شکر پس جای نگرانی نیست که معدلت کم شده بود من مطمن هستم تو می تونی طی سه ماه آینده معدلت را به ۱۸ و ۱۹ برسونی

یاسمن : ایشالله به لطف تو و کمک تو و سحر و مرجان، من موفق می شم. با من فعلاً کاری نداری من برم

آرزو : باشه برو نگران هیچی نباش من هواتو دارم

یاسمن لبخندی به روی آرزو زد و از اتاق بیرون آمد. یاسمن به مادرش سلام کرد وپرسید چیزی هست که بتونم بخورم؟

صدیق خانم برایش عصرانه ای حاضر کرد تا یاسمن بخورد. یاسمن موضوع دعوت مرجان از او و سحر برای ناهار را با مادرش در میان گذاشت

صدیق خانم :زحمت مادرش زیاد می شه تو زودتر برو تا بتونی کمی کمک کنی

یاسمن : باشه مامان فکر نکنم مرجان اجازه بده من کمکش کنم اونا خیلی مهمون دوستن ولی چشم مامانی من زودتر میرم تا کمک کنم و هم مرجان و بیشتر ببینم

یاسمن به اتاقش برگشت تا استراحت کند. صبح زودتر از روزهای قبل از خواب برخوست.آرزو برای آخرین امتحانش رفته بود دانشگاه صدیق خانم هم مشغول جارو کشیدن بود یاسمن بعد شستن دست و صورتش به آشپزخانه رفت و مشغول خوردن صبحانه شد بعد هم برای رفتن به خانه مرجان به اتاقش رفت و خودش را آماده کرد، نیم ساعتی مشغول آماده شدن بود. صدیق خانم برای دخترش به آژانس محله شان تلفن کرد و درخواست ماشین داد. زیاد طول نکشید که آیفون خانه به صدا در آمد.راننده آژانس دم در ایستاده بود یاسمن با عجله از مادرش خداحافظی کرد و به سمت در رفت تا راننده زیاد معطل نشود بعد از اینکه آدرس محلی که می خواست برود را به راننده گفت راننده حرکت کرد. پس از گذشتن از چند کوچه و خیابان وارد کوچه ای که یاسمن آدرس داده بود شد یاسمن روبروی درب بزرگ سفید فرفرجه ایی که بسیار شیک و زیبا بود از راننده خواست تا نگه دارد بعد از پرداخت کرایه پیاده شد زنگ آیفون را به صدا درآورد صدای مرجان بود که گفت : بفرمائید ؟

یاسمن: سلام مرجان جون منم یاسمن

مرجان : بفرما یاسمن جون ! درب حیاط را برایش گشود و خود به استقبال یاسمن آمد

مرجان خانه شان در حیاطی به مساحت ۲۵۰ متری به صورت نیم پیلوت بود که تمام حیاط با موزائیک فرش شده بود دو تا درخت مرکبات در کناره های دیوار و در قسمت جلوی حیاط وکمی باغچه و با چند گل و کاج کوپه ایی تزئین شده بود. در قسمت دیگر هم چند تا گلدون با گلهای مختلف خودنمایی می کرد زیر پیلوت را هم پارکینگ ماشین بود ورودی درکه نرده دزد گیر داشت درب چوبی قشنگی خودنمایی می کرد مرجان با گفتن سلام و احولپرسی و روبوسی بایاسمن، از یاسمن به گرمی استقبال کرد و او را به داخل خانه راهنمایی کرد. زیاد طول نکشید که مادر مرجان مهناز خانم هم برای خوش آمدگویی به یاسمن آمد.

مهناز خانم خیلی صمیمی با یاسمن سلام و احولپرسی کرد و رویش را بوسید و حال مادر و خانواده اش را جویا شد: خیلی خیلی خوش آمدی دخترم به ما افتخار دادی من از دیدن دوست خوب دخترم خوشحالم. مهناز خانم برای چند لحظه کنار یاسمن و دخترش نشست سپس به آشپزخانه رفت زیاد طول نکشید که برای یاسمن و مرجان چای و شیرینی آورد و روی میز مقابلشان گذاشت و بعد هم به دخترش گفت :دخترم برای یاسمن جون چای و شیرینی بزار و منم برم به کارام برسم. مرجان و یاسمن مشغول گپ و گفتگو بودند که صدای زنگ آیفون خانه به صدا در آمد مرجان فکر کنم سحر هم اومده من برم در و باز کنم

یاسمن : باشه مرجان جون برو.

مرجان : بله ؟

سحر : سلام مرجان جون منم سحر

مرجان: سلام سحر جون خوش اومدی بفرمائید و در حیاط را به روی سحر باز کرد. مرجان از سالن بیرون رفت: سحر جون خیلی خوش اومدی و به استقبال سحر رفت،بعد از روبوسی و سلام و احوالپرسی گفت: یاسمن هم اومده دوتایی منتظر اومدن تو بودیم

سحر : چه عالی پس یاسمن هم اومده. با ورود سحر به همراه مرجان به سالن یاسمن برای سلام و روبوسی با سحر از جایش برخواست و بعد از سلام و احوالپرسی و کلی خوشحالی از دیدن هم سحر از مرجان پرسید : زیاد که دیر نکردم ؟

مرجان : نه سحر جون خوب اومدی

مهناز خانم هم برای خوش آمدگویی و احوالپرسی با سحر به سالن آمد مهناز خانم سحر را در آغوش گرفت و گفت : خیلی خوش اومدی دخترم به ما افتخار دادید از این که مرجان دوستای خوبش و دعوت کرده خونمون من کلی ذوق کردم. دخترم مامان بابا خوبن خانواده سلامتن؟

سحر : سلام رسوندن ممنون از لطف شما باعث زحمت شما شدیم

مهناز خانم : نه دخترم، صفا آوردید.مرجان خیلی وقت بود که گفته بود دوستام میان، من که خیلی از دیدن شما خوشحال شدم اگه با من کاری ندارید بچه ها من برم به کارام برسم، بچه ها چیزیم لازم دارید به مرجان جون بگید تا براتون بیاره.

یاسمن: اگه اجازه بدید بیام کمک کنم ؟

مهناز خانم : این چه حرفیه دخترم شما لطف درید از این که اینجا هستید باعث خوشحالی و صفای خونه ما هستید، نه دخترم من کار زیادی ندارم که زحمت شما را زیاد کنم شما دخترها به حرفها و کارای خودتون مشغول باشید. مهناز خانم برای راحتی دخترها از جمع آنها برخواست و به آشپزخانه رفت. مرجان کمی از دوستانش پذیرایی کرد و از یاسمن و سحر خواست تا به اتاقش بروند و آنجا از سرگرمیهای او دیدن کنند. یاسمن و سحر با حرفهای مرجان کنجکاویشان بیشتر شد که بدانند مرجان چه سرگرمی دارد وچه چیزیهایی برایش جالب است

مرجان : بفرمائید اینم اتاق من

یاسمن هاج و واج سر جایش ایستاد :چقدر تابلو خط، چقدر قشنگند

سحر هم از قشنگی و زیبائی تابلوها در اتاق مرجان از تعجب حیرت کرد

مرجان : جالبن نه مگه؟

یاسمن : خیلی فوق العاده اند

سحر : مرجان جون این همه تابلو را خودت ساختی

مرجان : آره سحر جون این تابلو خطها رو روی چوب کار میکنم بعد هم جلاش میدم می بریم تابلوسازی قاب می گیریم

یاسمن : ناقلا پس تو هنرمندی واسه خودت

مرجان : شرمنده ام نکن یاسمن جون من فقط چند تا تابستون پیش یه استاد کلاس رفتم منبت کاری و خط یاد گرفتم حالا هم وقتی کاری ندارم میام و کمی منبت کار میکنم

سحر : باریکلا، آفرین دختر هنرمند خیلی برام جالبن هنرت خیلی قشنگه

مرجان : ممنون اینقدرهام قابل تعریف نیست

یاسمن : نه واقعاً قشنگند من اصلن فکرشو نمی کردم تو همچین هنرمند قابلی باشی

مرجان : بچه ها ممنون از نظر لطفتون

یاسمن و سحر بعد هم شروع کردن تک تک تابلوها را نگاه کردن اکثر تابلوها شعر و دوبیتی شاعران بزرگ و بنام از حافظ، سعدی، مولانا **وچندتای خیام** بودند که به زیبایی روی چوب کار شده بودند

مدتی طول کشید که یاسمن و سحر تابلوهای مرجان را تماشا کردند. اتاق خواب مرجان که قسمتی از بالکن روبرویش را نیز شامل می شد شامل یک تخت با تشک فنری گل منگلی خوشگل یک میز کوچک که روش چراغ مطالعه و ضبط صوت و چند نوار صوتی دیده میشد یک دفتر یاداشت کوچک کنار میز و چند کتاب داستان ، اشعار حافظ اشعار مولوی گلستان سعدی و کتاب خیام هم به چشم می خورد. یاسمن و سحر گذرا نظری به آنها انداختند یک میز آرایش چوبی فوق العاده زیبا با یک آینه قدی در پهلویش جلوه خاصی به اتاق داده بود. کمد دیواری بزرگ و در چوبی کوچک که به سرویس بهداشتی راه داشت و درب آلومینیومی کشویی که پشت پرده زیبایی قرار داشت اتاق خواب را به بالکنی

وصل می کرد که پدر مرجان برای راحتی کار دخترش آن را با سلیقه پوشانده بود که ابزار و میز کار مرجان روی آن قرار داشت تا مرجان با آسودگی خیال بدون باد و سرما بتواند در آنجا کار کند تعدادی تخته سه لایی و فیبر های برش داده و اره و چند دسته های خمیده که به چشم می خورد قوطی های چسب و میخ و چکشهای کوچک و انوع ابزار آلات کار مرجان به خوبی درقسمتی قرار گرفته بودند که مرجان از آنها استفاده می کرد مرجان روی میز کار یک طرح تازه در دست کار داشت یاسمن و سحر کمی به محل کار مرجان با کنجکاوی نگاه انداختند و هر کدامشان با اشتیاق و ذوق چیزی به مرجان می گفتند. دخترها در اتاق مرجان مشغول تماشا و کنجکاوی بودند که در اتاق به صدا در آمد مهناز خانم مادر مرجان بود :دخترها بفرمائید ناهار. مرجان جان بیائید باباتم اومده سفره پهنه.

مرجان : چشم مامان ما الان اومدیم مرجان رو به یاسمن و سحر بچه ها بریم ناهار ولی قبل رفتن شما دوست دارم یه یادگاری به شما بدم که هر وقت به چشمتون خورد به یاد من بیفتین

یاسمن : مرجان جون همین طوریم تو خودت ما رو سر افراز کردی من که کلی کارهای خوب و خاطره انگیز از تو تو ذهنم دارم که همیشه خاطرت تو ذهنم هست

سحر : راست میگه یاسمن جون من که همیشه خوبی و خاطرات خوبت تو ذهنم می مونه ولی باشه سورپرایز آخرش برام جالبه بعد هم دخترها سه تایی به سالن رفتند

آقا حمید روی صندلی کنار میز ناهار خوری نشسته بود یاسمن و سحر قبل از بلند شدن آقا حمید از صندلی سلام کردند و آقا حمید هم به گرمی جواب سلام یاسمن و سحر را داد بعد هم با گفتن خیلی خیلی خوش آمدید بچه ها به ما افتخار دادید سر جایش نشست و گفت : مرجان جان دوستاتو خوب خسته کردی و بعد رو به سحر کرد و گفت : دخترم خوبید خانواده خوبن

سحر : خوبن سلام داشتن خدمتتون و بعد رو به یاسمن : دخترم شما خوبید، خانواده سلامتن

یاسمن : ممنون همه خوبن سلام دارن زحمت شما را زیاد کردیم مزاحمتون شدیم

آقا حمید : نه دخترم خوشحال شدیم ما که خیلی وقته منتظر آمدن شما بودیم مرجان جون از بس از دوستای خوبش تعریف کرد من که خیلی دوست داشتم تشریف بیارید، ماهم مثل مرجان جان خیلی خوشحال شدیم شما لطف کردین که دعوت مرجان و قبول کردین و تشریف آوردین. دخترم همیشه تو اتاقش مشغول خطاطی و تابلو و این چیزهایی که درست میکنه.فرصت نمیکنه با دوستاش باشه یا جایی بره خلاصه بعد سالها ما دیدیم دخترمون دو تا دوست خوب داره که اومدن بهش سر بزنن هم دخترمونو خوشحال کردین و هم مارو، دخترای گلم بفرمائید برای خودتون غذا بکشید تا سرد نشده ، پر چونگی منو ببخشید.

یاسمن و سحر هم در کنار مرجان احساس راحتی و صمیمیت می کردند آنها با اشتهاء برنج و مرغ شکم پری را که مهناز خانم تهیه دیده بود را خوردند و از غذای خوشمزه و دست پخت مهناز خانم تشکر کردند. بعد ناهار هم در اتاق

مرجان با آلبوم عکسهای مرجان سرگرم شدند و کمی موزیک گوش دادند یاسمن هم ماجرای دیدن یک سواری مشکوک در کوچه را برای آنها تعریف کرد

سحر : یاسمن جون تو خیلی احتیاط کن شاید این پسره شاهرخ قصد و نیت بدی تو سرش داره دیدی اون روز با چه خشمی تهدید می کرد

مرجان : اره یاسمن جون از این آشغال هر کاری بر میاد خیلی موظب باش. یاد این پسر می افتم از خودم وزندگیم بدم میاد.

یاسمن : تو خودت و ناراحت نکن مرجان جون ممنون که به فکر منین. خودم هم حس می کردم باید بیشتر احتیاط کنم. یاسمن و سحر تا غروب خورشید کنار مرجان بودند کلی حرف زدند و خاطرات تلخ و شیرین از هم شنیدند. سحر با مغازه پدرش تماس گرفت تا برادرش به دنبالش بیاید یک ربع طول نکشید تا سهند خودش را برساند.همین که سهند دم در خانه رسید چند بوق زد تا خواهرش بیاید.

سحر با شنیدن صدای بوق ماشین فهمید که سهند دم در ایستاده و از یاسمن خواست تا با او بیاید تا برادرش تا دم در خانه نیز او را برساند

یاسمن : سحر جون زحمتتون زیاد می شه خودم تاکسی میگیرم می رم

سحر : یاسمن جون این چه حرفیه می زنی تعارف می کنی ما که تا نصف راه مسیرمون یکی هست یه خورده هم اون طرفتر که مشکلی نیست. با اصرار سحر، یاسمن هم قبول کرد و با مرجان خداحافظی کردند. مهناز خانم قبل از رفتن به سرکارش با سحر و یاسمن خداحافظی کرده بود و از مرجان خواسته بود که اگر دوستانش را برای شام نگه می دارد به آنها بگوید و اینجا خانه خودشان است

تعارف نکنند، یاسمن و سحر از مهناز خانم به خاطر مهمان نوازی و زحماتش تشکر کردند. مرجان قبل از رفتن سحر و یاسمن هدایایی که دو تابلو از کارهای خودش بود به آنها داد و تا دم در آنها را بدرقه کرد و روی یاسمن و سحر را بوسید و بخاطر آمدنشان از آنها تشکر کرد. سحر کنار برادرش سوار ماشین شد و یاسمن هم صندلی پشت نشست. سحر با زیرکی تمام دوست داشت برادرش بتواند یاسمن را خوب ببیند سحر از مدتها قبل به مادرش راجع به یاسمن حرف زده بود ومی خواست به نحوی سهند را متقاعد کند که یاسمن را برای همسریش انتخاب کند

قبل از آنکه سهند کوچه را دور بزند یاسمن و سحر برای مرجان دست تکان دادند و سهند هم به احترام بوقی به صدا در آورد. یاسمن وقتی داخل ماشین سهند نشست سلام کرد و سهند هم با نگاهی از داخل آینه جواب سلامش را داد : سلام خوب هستید، با خواهرمون چطورید؟ زیاد که خستتون نکرد ؟

سحر : داداش،این چه حرفیه که می زنی من که اینقد خوبم

سهند : آره می دونم فقط یکم زیادی جنب و جوش داری و نمیتونی یه جا بند شی. چطور بند شدی یجا خونه مردمو خراب نکردی، من نمیدونم

یاسمن : سحر جون خیلی هم آرومه و دوست فوق العاده ایی هم هست من که این چند سال تو دوستیمون جز خوبی ازش چیزی ندیدم تازه تو درس و مشکلات همیشه کمکم کرد و هوامو داشت

سهند: جدی واقعاً خواهرم تو درس میتونه کمک کنه، تعجبم، آخه تو درسهای خودش من کمکش می کنم نه سحر جون

سحر : نه اتفاقاً من می دیدم تو داری مدرکتو میگیری می اومدم الکی ازت می خواستم تو درسام کمکم کنی تا یه خورده به خودت امیدوار بشی

سهند : پس بگو چرا من موفق شدم

سحر : خوب داداش چه فایده مدرک گرفتی نرفتی از مدرکت استفاده کنی من اگه مدرکم بگیرم حتماً یه متخصص اطفال میشم یه مطب می زنم اونوقت شاید خواستم تو بیای منشی دفتر کارم بشی

سهند : تو دکتر بشو من منشی خوبه، هر کار تو گفتی برات انجام می دم

سحر : یاسمن جون تو شاهد باش این سهند چه قولی داد بعد که دکتر شدم نگه من کی گفتم

یاسمن : ایشالله موفق میشی من مطمئن هستم لابد، آقا سهند نمرات کارنامتو ندیده بی اطلاع هست. از الان دارم میبینم که منشیت کیه

سهند : دست شما درد نکنه، مگه به نمرات بستگی داره به خواستن و پشتکار بستگی داره که سحر جون می دونم نداره و زود نظرش عوض میشه بعد هم میره پی زندگیش

سحر : نه خیرم هیچم نظرم عوض نمیشه فکر کردی مثل خودتم زود مایوس شم.

سهند از خیابان اصلی گذشته بود و به سمت خانه یاسمن داخل کوچه پیچید یاسمن با گفتن من بیشتر مزاحم نمیشم خودم بقیه راه را پیاده می روم خواست تا

سهند توقف کند، که سحر گفت : نه یاسمن جون مگه پیاده هستیم می رسونیمت تا دم در

یاسمن : زحمت آقا سهند زیاد میشه

سهند: نه یاسمن خانم چه زحمتی اتفاقن از اون راه مسیر ما هم نزدیکتر میشه

یاسمن : در هر صورت دستتون درد نکنه که منو رسوندید

یاسمن دم در از ماشین پیاده شد از سحر و سهند بخاطر رسوندنش تشکر کرد و خداحافظی کرد و ایستاد تا سهند راه افتاد و برای سحر دست تکان داد و واردحیاط شد تازه هوا تاریک شده بود که داخل خانه شد بلند سلام کرد صدیق خانم از آشپزخانه بیرون آمد و گفت : سلام دختر گلم رسیدن بخیر. با صدای صدیق خانم و یاسمن آرزو هم از اتاق بیرون آمد : سلام یاسمن جون چه خبر خوش گذشت ؟

یاسمن : سلام آرزو جون عالی بود جاتون خالی خیلی بمن خوش گذشت اصلاً فکرشو نمیکردم مرجان هنرمند باشه این تابلو خط زیبا را که خودش درست کرده به ما هدیه داد، آرزو ببینم ، واقعاً چقدر هنرمنده چقدر زیبا، یاسمن جون پس هنر خوبی داره

یاسمن : آره آرزو جون اکثر اوقات بیکاریش مشغول کارهای هنریشه،تازه تمام اتاقش پر بود از این تابلو خطهای چوبی که بعضی هاش خیلی فوق العاده بودند.فقط فکر می کنم از وقتی که از شاهرخ ضربه خورد گوشه گیر شده چون بابا مامانش فکر می کردند اون از شدت علاقه به کارشه که با کسی ارتباط نداره ولی من مطمئن بودم که مرجان بخاطر ضربه شدید روحی هست که از همه آشنایان

و دوستان بریده و فقط خودش را وقف کار و هنر کرده تا ذهنش را از اون حادثه و خاطرات بدور نگه داره

آرزو : آره یاسمن جون معمولاً کسی که ضربه می خوره خودشو به یک طریق سرگرم میکنه مرجانم چون هنرمند بود تونست از هنرش برای فرار از فشار روحی و بار احساس کمک بگیره خوبه که لااقل هنرمنده و تونست خودشو جمع و جور کنه آفرین به مرجان

مامان جان راستی مهناز خانم، مادر مرجان سلام رسوند، مادر مرجان آرایشگره اتفاقاً کارش هم خیلی خوبه چون وقتی مرجان و دیدم تعجب کردم به نظرم خیلی خوشگل شده بود مطمئن هستم کار مادرش بود که مرجان و اون قدر خوشگل آرایش کرده بود تازه آدرس سالنش را به من و سحر داد تا هر وقت مرجان اونجاست بریم پیشش

صدیق خانم : مادر مرجان جون لطف دارن سلام منو هم می رسوندی

یاسمن : البته که سلام مامانی خودمو رسوندم اتفاقاً مهناز خانم خیلی هم خوشحال شدند.

یاسمن کلی از خانواده مرجان و اتفاقات و کارهایی که در خانه مرجان انجام داده بودند برای مادرش وآرزو تعریف کرد و همچنین به مادرش و آرزو راجع به رساندنش توسط سحر و برادرش سهند تا دم در خانه هم چیزهایی گفت

صدیق خانم با کنجکاوی به یاسمن نگاه می کرد. طوری از سهند و اخلاقش حرف می زد که انگار چند سال است او را می شناسد

صدیق خانم با گفتن : فکر کنم یاسمن جون این اقا سهند پسر خوش اخلاقی باشه ولی معمولاً آقایونی که خوش اخلاقند قیافه چندانی ندارند؟

یاسمن هم بی خبر از همه چیز : نه مامانی اتفاقاً خیلی هم خوش قیافه و خوش تیپ بود

صدیق خانم :آها پس من اشتباه کردم

آرزو هم از زیرکی خاله اش لبخندی زد و گفت :به نظر من سحر و خانواده شان آدمهای فهمیده و تحصیل کرده ایی باشند.

یاسمن : سحر واقعاً دوست خوب و فهمیده ایی هست که من به داشتن دوستی مثل اون افتخار می کنم همیشه همه جا کمکم کرده، بدون کمکهای اون خیلی از مشکلاتم تمومی نداشت

آرزو : من فکر می کنم سحر خیلی به تو علاقه داره مثل خواهرش می مونی

یاسمن :شاید این طور راجبم فکر کنه ولی دختر فوق العاده خوبی هست خیلی صمیمیه من کنارش احساس راحتی دارم اونم برام مثل خواهرم می مونه

ساعت از نیم شب گذشته بود سیاوش هم از سرکار برگشت با آمدن سیاوش بین خانواده جنب و جوش افتاده بود. آرزو به گرمی به سیاوش سلام و خسته نباشی گفت و برای رفع خستگی سیاوش برایش چای گرم آورد. یاسمن هم با شوخ طبعی سر به سر سیاوش می گذاشت صدیق خانم هم مشغول آماده کردن شام به اتفاق آرزو بود. یاسمن روز فوق العاده ایی را پشت سر گذاشته بود تصمیم داشت قبل سال نو به اتفاق آرزو به خرید برود. یاسمن در جمع صمیمی خانواده برادر و

زن داداشش و مادر خوبش دوباره آن نشاط و آرامش خاطر را پیدا کرده بود. بعد از خوردن شام به اتاقش برگشت و مشغول گوش دادن به یک موزیک آرامش بخش شد، یاسمن تمام خاطر و افکار گوناگونش را در ذهن مرور می کرد نفهمید کی خوابش برد وقتی چشمش را گشود نزدیک صبح بود و صدای باران ملایمی که از پشت پنجره اتاقش بگوش می رسید،از جایش برخاست به کنار پنجره رفت نگاهی به بیرون اتاقش به باغ و باران که به شاخسار درختان می بارید انداخت. صبح بارانی دل انگیزی بود، باران را دوست داشت دلش می خواست زیر باران راه برود ولی هوا سرد بود. برای شستن دست و صورتش رفت،بعد هم برای خوردن صبحانه به آشپزخانه رفت مادرش مشغول نظافت و تمیزکاری آشپزخانه بود به مادرش سلام کرد و گفت : مامانی خسته نباشی، چقدر تو زحمت می کشی همیشه مشغول کاری هستی مامان جون

صدیق خانم : چه کار کنم فقط خودم را سرگرم میکنم ما که کار خاصی نداریم همه چیزها تمیز هستند خدا آرزو جونو حفظ کنه که هر چند وقت میاد سالن و اتاقا رو جاروبرقی میکشه دیگه گرد و غبار نیست و همه جا همیشه تمیزه.فقط میمونه یخورده کارای آشپزخونه که خودمو باهاش سرگرم می کنم تو هم بشین من برات صبحانه بیارم دخترم، می بینم سرحالی امروز؟

یاسمن :آره مامان جون شاید با آرزو جون بریم خرید

صدیق خانم : من هم باید برم آجیل و شیرینی بخرم برای عید اگه شد همراه شما میام

یاسمن : باشه مامان جون.

یاسمن روی صندلی نشست و صبحانه ایی که مادرش برایش آورد با اشتها خورد. یاسمن نشسته بود که آرزو هم به آشپزخانه آمد به خاله و دخترخاله اش سلام وصبح بخیری گفت: صدیق خانم، و یاسمن هم به او سلام کرد وازاحوال او ونوزادش پرسیدند ؟ صدیق خانم گفت : آرزو جون بشین صبحانه بخور اگه حالت مساعده و حوصله داری واذیت نمی شی بریم بازار

آرزو: باشه خاله جون اتفاقاً دیشب با سیاوش راجع به رفتن به بازار صحبت کردم من هم میخوام یه چیزهایی بخرم

یاسمن : پس خیلی عالیه من صبحانمو خوردم میرم آماده بشم

آرزو : باشه یاسمن جون

یاسمن برای آماده شدن به اتاقش رفت تا برای خرید حاضر شود یاسمن در حال آماده شدن بود که صدیق خانم صداش زد: یاسمن جون من و آرزو جون آماده ایم

یاسمن : چشم منم الان اومدم. بعد از حاضر شدن یاسمن صدیق خانم به اتفاق آرزو و یاسمن برای رفتن به بازار حرکت کردند

صدیق خانم از راننده خواست تا روبروی بازار بزازها آنها را پیاده کند. بعد از پیاده شدن از تاکسی وارد بازار شدند تا اگر یاسمن و آرزو پارچه ایی برای خود می خواهند تهیه کنند. طی یکی دوساعتی که در بازار و پاساژها بودند یاسمن برای عید خود پیراهن و بلوز و کفش تهیه کرد و آرزو هم برای سیاوش یک پیراهن و شلوار تهیه کرد و برای خودش هم لباس و بلوز خرید. بعد از خرید دخترها صدیق خانم برای خرید آجیل و شیرینی وارد قنادی شد چندجعبه شیرینی از

انواع مختلف خرید و چند کیلو هم آجیل وپسته برای عید خریداری کرد. پس از خرید صدیق خانم به اتفاق یاسمن و آرزو به سمت خانه سوار تاکسی شدند.

یاسمن برای خرید خودش سعی کرد به پاساژی که شاهرخ در آن مغازه داشت نرود و از آرزو هم خواست که اگر می تواند دیگر به این پاساژ نروند و پوشاک خودشان را از پاساژ دیگری تهیه کنند. آرزو هم با خرسندی پیشنهاد یاسمن را پذیرفت و برای درخواست یاسمن احترام قائل شد. یاسمن از اینکه آرزو شرایط احساسی او را درک کرد خوشحال بود، بعد از برگشتن به خانه یاسمن برای پرو دوباره لباسهای خریداری شده اش به اتاقش رفت و با پوشیدن لباس هایش به سالن آمد تا آرزو و مادرش هم نظرشان را راجع به انتخابهایش بدهند.

صدیق خانم : به به چقدر بهت میاد خیلی قشنگند سلامتی

آرزو : سلامتی یاسمن جون خیلی خوش تیپ شدی خیلی بهت میاد

یاسمن : ممنون از شما که همراهم اومدید و کمکم کردید. خیلی خوشحالم با پوشیدنشون خودم هم احساس خوبی دارم، به نظر من هم خیلی قشنگند.

یاسمن یکی دو روز بود که از سحر و مرجان خبر نداشت آخرین باری که آنها را دیده بود در خانه مرجان بود و سحر هم به یاسمن زنگی نزده بود. معمولاً سحر هر روز به بهانه ایی یا درسی یا سرگرمی برای یاسمن زنگ می زد، از وقتی در فکرش یاسمن را گزینه خوبی برای برادرش احساس کرده بود بیشتر سراغ یاسمن را می گرفت ولی تا کنون هیچ حرفی راجع به برادرش و نظرش به یاسمن چیزی نگفته بود.

یاسمن گوشی تلفن را برداشت شماره سحر را گرفت بعد از چند بوق صدای سحر را شنید که با بی حالی جواب داد : بفرمائید

یاسمن : سلام سحر جون

سحر : سلام یاسمن جون

یاسمن : خدا بد نده چرا صدات گرفته انگار حالت زیاد خوب نیست

سحر : یه کمی سرما خوردم خوب میشم

یاسمن : تو که پریروز خوب بودی فکر نمیکردم حالت بد باشه وگرنه زودتر حالتو می پرسیدم ، می خوای بیام با هم بریم دکتر سحر جون

سحر : ممنون یاسمن جون با مامان و سهند رفتم دکتر. دیشب حالم کمی بد بود رفتم یه سرم و آمپول زدم حالم بهتر شده

یاسمن : انشالله زودتر خوب می شی اگه کاری از دست من بر میاد بگو سحر جون تا انجام بدم

سحر : ممنون از اینکه زنگ زدی یاسمن جون

یاسمن : سلام منو برسون ایشالله زود خوب میشی کمی بیشتر مراقب خودت باش خداحافظ سحر: باشه ممنون خداحافظ

بعد از تماس با سحر یاسمن مشغول نگاه کردن به تلویریون شد به فکرش رسید که با مرجان تماس بگیرد تا ببیند او در چه حالی است. یاسمن به خانه مرجان زنگ زد کمی طول کشید تا مرجان گوشی را برداشت : بله بفرمائید

یاسمن : سلام مرجان جون یاسمن هستم

مرجان : سلام یاسمن جون خوبی خوشحال شدم زنگ زدی چه خبر

یاسمن : ممنون من خوبم تو چطوری مرجان جون، تنها بودی مزاحم کارت شدم

مرجان : نه یاسمن جون توکارگاهم مشغول بودم صدای زنگ و دیر شنیدم کسی خونه نیست منم مشغولم دارم تابلو خط شعر خیام و تموم میکنم

یاسمن : راستش یه ساعت قبل به سحر زنگ زدم سرما خورده و حالش خوب نبود گفتم به تو زنگ بزنم احوالتو بپرسم خدای ناکرده توام سرما نخورده باشی

مرجان : نه من شکر خدا سلامتم طفلی سحر جون حالا حالش بهتره ؟

یاسمن : آره می گفت دیشب کمی حالش بد بود رفت دکتر، گفتم اگه دوست داشته باشی فردا قبل از ظهر بریم یه سر خونه سحر،احوالشو بپرسیم

مرجان : فکر خوبیه باشه فردا صبح ساعت ۱۰ بریم چطوره ؟

یاسمن : خیلی خوبه پس من ساعت ۱۰ سر کوچه شما،میبینمت

مرجان : باشه یاسمن جون ممنون که بهم زنگ زدی حالمو پرسیدی

یاسمن : خواهش میکنم مرجان جون فعلاً خدانگهدار

مرجان : مرسی خدانگهدار

یاسمن خوشحال از شنیدن صدای مرجان به اتاقش رفت قبل از اینکه سیاوش از سرکار بیاید سری هم به آرزو زد و مشغول گپ و گفتگو با آرزو شد. زیاد طول نکشید که صدیق خانم هم به جمع آنها پیوست آنها تا آمدن سیاوش در اتاق آرزو

نشستند و از هر چیزی حرف زدند از نوزاد در راه و از جنب و جوش های کودکانه و از همراهی و همفکری برای بزرگ کردن بچه و آرزو از بابت همه چیزهایی که می شنید خوشحال بود. بعد از آمدن سیاوش آنها در کنار هم شام خوردند و نشستند. صدیق خانم به بودن سیاوش افتخار می کرد یکی از شبهای خوب خانوادگی را پشت سر گذراندند. یاسمن صبح به موقع از خواب برخواست بعد از خوردن صبحانه برای رفتن به خانه سحر و قرارش با مرجان آماده شد. یاسمن برای دیدن مرجان راه افتاد و سوار تاکسی شد سر کوچه از دور مرجان را دید از تاکسی پیاده شد مرجان هم او را دید کمی نزدیک شد

یاسمن : سلام مرجان جون زیاد دیر نکردم

مرجان : سلام یاسمن جون،نه یاسمن جون،سر ساعت رسیدی. خیلی وقت شناسی. من گفتم زودتر راه بیفتم تا تو سر کوچه منتظر نمونی

یاسمن :ممنون مرجان جون آماده ایی بریم خونه سحر

مرجان : بریم یاسمن جون

یاسمن و مرجان بعد از طی مسافتی به دم در خانه سحر رسیدن مرجان زنگ آیفون را به صدا در آورد، فرزانه خانم مادر سحر بود که جواب داد : بفرمائید

مرجان : سلام مرجان هستم دوست سحر جون با یاسمن دوستم اومدیم حال سحر جون و بپرسیم خوبن ایشالله.

فرزانه خانم: بفرمائید داخل دخترم. فرزانه خانم در حیاط را برای مرجان و یاسمن باز کرد

یاسمن و مرجان داخل حیاط شدند، خانه دو طبقه بود و داخل حیاط چند درخت میوه داشت، پله ورودی بین پارکینگ واقع شده بود. فزانه خانم برای استقبال از یاسمن ومرجان تا دم پله ورودی آمده بود و با تعارف از یاسمن و مرجان خواست که از پله ها بالا بیایند : سحر جون تو اتاقش مشغول استراحت است، از دیدنتان خوشحال میشه. یاسمن و مرجان با فرزانه خانم سلام و احوالپرسی کردند، فرزانه خانم به گرمی یاسمن و مرجان را به آغوش کشید و روی آنها را بوسید و احوالشان را جویا شد، به اتفاق هم وارد سالن شدند. سحر با این که حالش چندان مساعد نبود به استقبال دوستانش آمد

یاسمن : سلام سحر جون چرا از جات بلند شدی با این حالت ؟ بهتر شدی ایشالله بلا به دور

سحر : ممنون یاسمن جون زحمت کشیدی

مرجان : سلام سحر جون خدا بد نده کی سرما خوردی، چقدر بد شد که زودتر خبر دار نشدم تا سراغت را بگیرم. فکر نمی کردم که حالت این قدر بد شده باشه، یاسمن جون دیروز غروب بهم گفت بیام یه سر احوالتو را بپرسیم

سحر : شما لطف کردین مرجان جون ممنونم

یاسمن : سحر جون چند روز شماها رو نمی بینم دلم براتون تنگ میشه، حوصلم خونه سر می ره

سحر: منم این طوریم، این دو روزه که مریض شدم واقعاً خسته شدم انگار چند ماهیه که کسی رو ندیدم

مرجان :الهی سحر جون منم به شماها خیلی عادت کردم

سحر : باخونه تون هماهنگ کنین ناهاراینجا بمونین

یاسمن : نه سحر جون برای ناهار باشه یه وقت که تو حالت کاملاً خوب باشه و مجبور نباشی به زحمت از جات بلند شی

مرجان : آره سحرجون حالا هم بهتره دراز بکشی استراحت کنی ما زیاد مزاحم استراحتت نمیشیم فقط خواستیم حالتو بدونیم ایشالله که سرحال و قبراق شدی بازم فرصت داریم یه ناهار در خدمت شما باشیم

فرزانه خانم برای یاسمن و مرجان میوه و شیرینی آورد و به آنها تعارف کرد

یاسمن : زحمت شما را زیاد کردیم

فرزانه خانم : نه دخترم خوشحالمون کردید

مرجان : دست شما درد نکنه ما تعارف نمی کنیم سحر جون با داشتن مامان خوبی مثل شما زود خوب میشه

فرزانه خانم : خوبی از خودته دخترم، سحر جون به داشتن دوستای خوبی مثل شما افتخار میکنه، ممنونم که به فکر سحرید. سحر جونم حوصله اش سر رفته بود، این مریضی کلی کلافه اش کرده

مرجان : آره حقم داره وقتی مریض میشیم حال و حوصله هیچی و نداریم، سحر جونم که ماشالله پر جنب و جوشه حوصله دراز کشیدن و مریضی رو نداره

یاسمن :سحر جون دیگه داره دیرمون می شه اگه اجازه بدی فرزانه خانم ما بریم

مرجان : آره من باید برم برای بابا و مامانم غذا آماده کنم مامانم امروز سرش شلوغه دیر میاد

فرزانه خانم : آفرین دخترم، تشریف داشتید ناهار در خدمتتون باشیم، باعث افتخارمون بود

یاسمن : ممنون از لطف شما تعارف نمیکنیم

سحر : ممنون که آمدید، یاسمن جون، مرجان جون زحمتتون زیاد شده ممنونم بفکرم بودید. یاسمن و مرجان بر خواستن از سحر و فرزانه خانم خداحافظی کردند و به سمت خانه شان راه افتادند. آنها هر کدام به سمت خانه خود رفتند. یاسمن تا سر کوچه خودشان تاکسی گرفت وقتی به خانه رسید صدیق خانم گفت : سلام دخترم حال دوستت چطور بود سحر جون خوب بود ؟

یاسمن : سلام مامانی بهتر شده بود ولی هنوز تو رختخواب داشت استراحت میکرد طفلی از شدت مریضی کلافه شده بود

صدیق خانم : ایشالله زود خوب میشه

یاسمن : امیدوارم

وقتی مرجان و یاسمن از خانه سحر بیرون آمدند و با سحر و فرزانه خانم خداحافظی کردند، سحر به مادرش گفت : مامان یاسمن رو خوب دیدی چه دختر ناز و خانومیه

فرزانه خانم : آره دخترم فکرشو نمیکردم یاسمن جون اینقدرخوشگل و خوش قد و بالا باشه الحق تو سلیقه خوبی داری من که یه بار دیدمش پسندیدم حالا موند

داداشتم راضی کنیم تا نظرشو راجع به یاسمن بگه اگه قبول کرد وقتی یه ناهار دوستاتو دعوت کردی اونم یاسمن رو ببیند اگر موافق بود بریم خواستگاری یاسمن

سحر : اون چندباری یاسمن رودیده،فعلاً باید یه کوچولو پیش برم من کاملاً توجریان فکری یاسمن هستم می دونم دوست داره بره دانشگاه ببینم می تونه پزشکی قبول بشه اگه نشه با ازدواج موافقت میکنه اگه قبول شد باید دو سال صبر کنیم

فرزانه خانم : بره دانشگاه چه اشکالی داره ، می تونه با داداشت عقد باشه

سحر : فعلاً که هیچی معلوم نیست، همین که شما پسندید خوبه مابقیش با من، خودم می دونم چطوری این دو تا را عاشق هم کنم

فرزانه خانم : باشه دخترم، مواظب باش یاسمن جونو ناراحت نکنی که از دستت برنجه

سحر : چشم مامانی من تمام خصوصیات اخلاقی یاسمن و خوب می شناسم خودم درستش می کنم

چند ساعتی تا سال نو نمانده بود صدیق خانم سفره هفت سین را پهن کرده بود، یاسمن هم کاملاً آماده شده بود ، آرزو هم مشغول آماده کردن آجیل و شیرینی برای پذیرایی از مهمانان عیدشان بود، سیاوش هم ساعات اولیه سال نو را به خانه می آمد تا در کنار خانواده و آرزو باشد، یک ساعتی به سال نو نمانده بود که سیاوش هم به جمع خانواده پیوست. با آمدن سیاوش و بعد از دوش گرفتنش اندک زمانی به آغاز سال نو صدیق خانم از فرزندانش و آرزو خواست که در کنار

سفره هفت سین بنشینند. صدیق خانم نشستن کنار سفره هفت سین را باعث برکت و روزی خانواده میدانست. با آغاز سال جدید صدیق خانم عید را به همه تبریک گفت و روی آنها را بوسید و از سیاوش خواست که اولین نفری باشد که با دستی از کتاب حافظ وارد حیاط شود تا قدم پسرش خیرو خوشی را همیشه برای آنها بیاورد، سیاوش هم به یاسمن و آرزو عید را تبریک گفت و روی آنها را بوسید. صدیق خانم از لای قرآن به بچه هایش و آرزو عیدی داد و گفت : ایشالله سال خوب و خوشی داشته باشید مخصوصاً تو آرزو جون که مامان میشی ایشالله بچه ات سلامت بدنیا بیاد

آرزو : ممنون خاله جون عید شماهم مبارک باشه خدا از دهنتون بشنوه

یاسمن : ایشالله منم یه عمه خوب بشم هوای نی نی کوچولو رو داشته باشم

آرزو : ممنون یاسمن جون عید توام مبارک باشه ایشالله توام ازدواج کنی و خوشبخت بشی

یاسمن : وا آرزو جون یعنی اینقدر از من خسته شدی می خوای قبل از دیدن و بودن کنار برادرزاده ام از اینجا برم. پس بچه شما با کی بازی کنه ؟

آرزو : خب خوشبختی تو مهم تر از بازی کردن با بچه مون، برام ارزش داره ولی اینجور بوش میاد تو می خوای رو دست ما بمونیا، بعد هم دو تایی خندیدن.سیاوش هم دوباره عید را به مادرش و خواهرش و همسرش تبریک گفت و مشغول خوردن آجیل شد.

آرزو با خانه مادرش تماس گرفت و عید را به آنها تبریک گفت، سیاوش هم عید را به خاله و شوهرخاله اش تبریک گفت و به افسانه و امید و خانمش عید را شادباش گفت و از آنها دعوت کرد که برای تعطیلات به شمال بیاند.

یاسمن : سلام و تبریک منو به خاله و افسانه جون برسون

آرزو : باشه یاسمن جون

یاسمن : به افسانه بگو حتمن بیاد من منتظرشم

آرزو : باشه یاسمن جون، افسانه که حتمن باید بیاد منم دلم براش تنگ شده. بعد از تماس آرزو با مادرش و رساندن سلام و تبریک خاله و یاسمن و سیاوش با مادرش خداحافظی کرد. هنوز اول عید بود کسی نیامده بود، معمولاً سولماز و بهار و بچه هایش همان ساعت اول عید به خانه مادرشان می آمدند تا به اتفاق همه خانواده سر خاک پدرشان بروند، از وقتی پدر خانواده از دنیا رفته بود آنها عید را بر سرمزار پدرشان برای فاتحه خواندن و بزرگداشت یاد و خاطره پدر آغاز می کردند. چندان طول نکشید که سولماز و آقا مهدی و شادی کوچولو آمدند بعد دیده بوسی با صدیق خانم و سیاوش و آرزو و یاسمن و تبریک سال نو همگی منتظر آمدن بهار واحمد آقا بودند تا دست جمعی به سر مزار اکبر آقا بروند، زیاد طول نکشید که بهار و احمد آقا و آرمین و آرش هم از راه رسیدن بعد روبوسی و تبریک و شادباش آنها به یکدیگر، خانواده همگی برای رفتن به سر مزار آماده حرکت شدند

صدیق خانم معمولاً برای سر مزار سفره کوچک هفت سینی را که از بازار تهیه کرده بود و چند جعبه شیرینی و خرما برای چیدن روی سفره و تنگ کوچک

ماهی و آینه را همراه داشت تا روی قبر شوهرش بگذارد و دخترها معمولاً به اتفاق مادرشان دعا می خواندند. از زمانی که آرزو به جمع آنها پیوسته بود، آرزو هم به احترام آنها را همراه می کرد و همانند سولماز و بهارو یاسمن برای خوشنودی روح اکبر آقا دعا می خواند. تمام خانواده به اتفاق هم راهی قبرستان محل شدند سیاوش به رسم همیشه قبل همه مزار پدرش را شست و با پارچه ایی که مادرش به همراه آورده بود سنگ مزار را تمیز و خشک کرد، بعد هم هرکس مشغول به خواندن فاتحه برای اکبر آقا شد. صدیق خانم بعد خواندن فاتحه سفره هفت سین را پهن نمود و روی آن تزئین نمود و به دامادهایش شیرینی بعد هم به بچه ها و آرزو شیرینی و خرما تعارف کرد بعد از برداشتن شیرینی توسط بچه ها یک جعبه شیرینی را به نیت اکبرآقا به دست آرش داد تا بین مردم اطرافشان پخش کند. آرش هم با خوشحالی مشغول پخش شیرینی و تعارف به مردم شد و صدیق خانم و دخترها مشغول خواندن دعا سال نو بر مزار شدند. یک ساعتی را سرخاک ماندن و سپس به خانه بازگشتند آنها ناهار را در جمع صمیمی و در کنار هم بودند به رسم سالهای قبل اول برای دید بازدید به خانه پدر احمد آقا و بعد هم به خانه پدر آقا مهدی رفتند و تا شب مشغول دید و بازدید از اقوام بودند. شام را به اتفاق خانواده خانه احمد آقا و بهار بودند، برای شب بعد هم برنامه داشتند که به خانه آقا مهدی و سولماز بروند. آخر شب خسته و خوشحال سیاوش به اتفاق مادر و خواهرش و آرزو به خانه برگشتند.

صبح زود سیاوش برای خرید نان بیرون رفت و بعد خوردن صبحانه برای بازکردن مغازه راهی شد. معمولاً سیاوش یک روز بیشتر نمی توانست برای دید و بازدید عید خانواده را همراهی کند و طبق معمول همیشه به مغازه می رفت و تنها

می توانست برای ناهار و شام در جمع خانواده باشد. سیاوش برای سال جدید برای آرزو سورپرایزی جالب در نظر داشت ولی خواست بعد آماده شدن تمام مراحل، آن را برای آرزو بیان کند. سیاوش از مدتها قبل درآمدش را جمع می کرد و می خواست تا برای آرزو خانه ایی بخرد. چند خانه را در نظر گرفته بود نسبتاً شیک و نزدیک به خانه پدرش تا هم به محل زندگی مادرش نزدیک باشد و هم زیاد از خانواده دور نشود.از شب گذشته از آرزو خواسته بود وقتی از خواب برخواست و صبحانه اش را خورد به مغازه بیاید. آرزو چند بار با کنجکاوی پرسید خوب برای چی مغازه بیایم، همین جا بگو

سیاوش : نه عزیزم لطفش به این هست که مغازه بیایی تا خودت بفهمی

سیاوش از ماههای قبل جست و گریخته راجع به خرید خانه با مادرش صحبت کرده بود و رضایت مادرش را جلب کرده بود صدیق خانم هم از این کار پسرش برای آرزو خوشحال بود سیاوش از مادرش قول گرفته بود به کسی چیزی نگوید تا او خودش سر فرصت با آرزو برای انتخاب خانه برود صدیق خانم هم با تائید و خوشنودی به سیاوش قول داد که تا او به آرزو چیزی نگوید او به کسی چیزی نمی گوید و برای همین هم هیچ وقت از موضوع خانه از سیاوش چیزی نمیپرسید ساعت حدود ۱۰ صبح بود که آرزو برای رفتن به مغازه کنار سیاوش راهی شد. بعد یک ربع به دم در مغازه رسید سیاوش مشغول کار و جابجایی چیدن اجناس قفسه های مغازه بود با دیدن آرزو با لبخند گفت : خوش اومدی عزیزم، بیا اینجا و روی صندلی بشین تا من این چند تا قفسه را تمیز و جابجا کنم بعد هم برایت توضیح میدم چی کار داشتم. آرزو هم روی صندلی سیاوش نشست.

در اطراف مغازه سیاوش چند مغازه بود که از قرار میوه فروشی، نانوایی و برنج فروشی بودند معمولاً همسایه های سیاوش با او بسیار راحت و صمیمی بودند و می دانستند او متاهل است. با آمدن آرزو بعضی از مغازه دارهای اطراف از روی کنجکاوی و شوخی با سیاوش برای تبریک عید می آمدند و با گفتن : به به آقا سیاوش سال نو مبارک می بنیم دیگه تنهایی به کارات نمی رسی، زحمت خانم رو هم زیاد کردی. حالا دیگه با خانمت میای مغازه، برای پیشرفت کار خوبیه. بعد هم با آرزو سلام و احوالپرسی می کردند و عید را تبریک می گفتند و سال خوب و پر از برکتی را برایشان دعا می کردند. آرزو هم از لطف و صمیمیت آنها تشکر می کرد. یک ساعتی طول کشید تا کار سیاوش تمام شد بعد هم به آرزو گفت : خب حالا بریم سر اصل مطلب که چرا از عزیزم خواستم بیاد مغازه، راستش من می خوام خوشحالت کنم بعد هم می خواستم به انتخاب خودت باشه نظرت چیه ؟

آرزو : بستگی داره چی باشه

سیاوش : تو چی دوست داری ؟

آرزو : من سلامتی تو برام کافیه هیچی کم ندارم

سیاوش : الهی عزیزم، من فدای تو بشم. خودم می دونم ولی ما برای زندگیمون و آیندمون به یه خونه نیاز داریم برای همین من می خوام برات یه خونه بخرم حالا هم پاشو بریم چند تا خونه ببینیم

آرزو هاج و واج داشت به سیاوش نگاه می کرد

سیاوش : چیه خشکت زده پاشو من حالا دیگه دارم بابا می شم باید یه خونه داشته باشم پاشو عزیز

آرزو نمی دانست از خوشحالی گریه کند یا بخندد چی بگه. فقط گفت : پس خاله اینها چی ؟

سیاوش : برای اونها هم فکری کردم می خوای نزدیک اونها باشیم یه خونه اطراف خونه مامانم اینها بگیریم

آرزو : هر چی تو بگی سیاوش جان

سیاوش : پس راه بیفت

بعد هم به اتفاق آرزو به بنگاهی سر کوچه رفتند تا چند خانه ایی را که از قبل با بنگاهی محل هماهنگ کرده بود به اتفاق آرزو ببینند. بنگاهی به گرمی با آنها سلام و احوالپرسی کرد و سال نو را تبریک گفت:

سیاوش:آقا خسرو من و خانم اومدیم اون چند تا خونه که گفته بودین را ببینیم می تونین الان بهمون نشون بدی ؟

آقا خسرو : بله قربان بفرمائید چند لحظه بنشینید تا من با صاحب خونه ها هماهنگ کنم.

سیاوش : به چشم، آرزو جون بیا ما بنشینیم تا آقا خسرو هماهنگ کنه.

آرزو و سیاوش روی صندلی نشستن زیاد طول نکشید که بنگاهی به آنها گفت : اگرحاضرید بریم خونه اول را ببینیم

سیاوش و آرزو به اتفاق بنگاهی راه افتادند خانه مورد نظر یک کوچه پائین تر از خانه آنها قرار داشت دو خواب بودکمی ساختش قدیم بود ولی حیاط دار بود که با سلیقه گل کاری و درخت کاری شده بود آرزو به دقت خانه را از نظر گذراند سیاوش هم خانه را نسبتاً پسندید رو به آقا خسرو گفت : بد نیست قیمت را پرسید و گفت : بد نیست قیمت کمی گرونه ولی باشه می تونیم جاهای دیگه رو هم ببینیم

آقا خسرو : بله بفرمائید. بعد هم از صاحب خانه تشکر کرد و گفت : اگر قبول کردند به شما خبر می دم

بعد هم از آنجا بیرون آمدند.دو خانه دیگر را هم دیدند اما آنها هم مورد پسند آرزو واقع نشد.بنگاه به سیاوش گفت : یه خونه دیگر هم دارم ولی قیمتش کمی بالاست یه چند میلیونی بیشتره

سیاوش : خونه قشنگ وسند دار باشه مهم نیست

بنگاهی :این خونه فوق العاده اس اگه دستم بود خودم می گرفتم راستش همه جوره تکمیله دو طبقه مجزا هر طبقه دو خواب تکمیل، کابیت شیک وآشپزخانه اوپن کف سرامیک آب وبرق و گاز پروانه جداگانه دویست و بیست متر زمین سند شش دانگ خلاصه همه جوره خوبه

سیاوش و آرزو برای دیدن خانه رفتند. دست بر قضا خانه دقیق کنار دیوار حیاط آنها واقع می شد سیاوش گفت : این که خانه آقای احمدیان کارمند بانک است ،

آقا خسرو : بله آقای احمدیان برای ادامه کارش باید از این شهر برود برای همین هم این خانه را به فروش گذاشته

به اتفاق آقا خسرو، سیاوش و آرزو به دم خانه آقای احمدیان رفتند. بعد به صدا در آوردن آیفون خانه آقای احمدیان گفت :بفرمائید

آقا خسرو : سلام آقای احمدیان بنگاهی محل هستم برای دیدن خانه به اتفاق مشتری آمدیم

آقای احمدیان : چند لحظه بفرمائید و بعد هم در را برای آنها باز کرد

زیاد طول نکشید آقای احمدیان برای مشایعت آنها به دم در آمد سیاوش قبل از همه به او سلام کرد : سلام آقای احمدیان سال نو مبارک

آقای احمدیان دستش را دراز کرد و به او دست داد : به به آقا سیاوش سال نو شما هم مبارک خوب هستید بعد نگاهش را به سمت آرزو چرخاند گفت : سلام خانم شما خوبید سال نو شما هم مبارک و بعد به آقا خسرو دست داد و سال نو را تبریک گفت.

آقای احمدیان رو به سیاوش کرد: آقا سیاوش چه افتخاری خدا بیامرزه پدر گرامی شما اکبر آقا گردن ما خیلی حق داره

سیاوش : خدا رفتگان شما را هم بیامرزه ببخشید که مزاحم شدیم راستش اولش از رفتن شما از همسایگی خودمان ناراحت می شیم ثانین منو خانمم دنبال خرید خونه بودیم که آقا خسرو گفتند آقای احمدیان قصد فروش خانه را دارد، راستش من خانه شما را ندیده می پسندم، ولی راضی به این نیستم که همسایه خوبی مثل شما را از دست بدهم

آقای احمدیان : راستش آقا سیاوش من دارم از این شهر می رم، بچه ها رفتند شیراز درس خواندن و همانجا ازدواج کردند و منو مادرشان تنها و دور از آنها اینجا ماندیم، گفتیم که ماهم بهتر است برویم شیراز کنار بچه ها این آخر عمری تنها نباشیم برای همین هم داریم خونه را می فروشیم. تازه چه کسی بهتر از شما لاعقل هر زمان به شمال آمدیم مزاحم شما بشویم هم همسایه قدیمی هستیم هم آشنای صمیمی

سیاوش : شما نظر لطفتان هست، چه خانه را به ما بفروشید چه نفروشید در خانه ما همیشه به روی شما باز است باعث افتخار و سربلندی ماست

آقای احمدیان : بفرمائید خانم، بفرمائید آقا سیاوش خانه را قشنگ ببینید، اول طبقه پائین را نگاه کردند طبقه پائین خالی بود، از وقتی پسرها از اینجا رفتند کسی آنجا زندگی نمی کند ما هم برایش مستاجر نگرفتیم راستش احتیاج به مستاجر هم نداشتیم. با چند یالله و بفرمائید اول آرزو وارد طبقه بالا شد و با خانم احمدیان سلام و دیده بوسی کردند و عید را تبریک گفتند. خانم احمدیان به گرمی از آرزو و سیاوش استقبال کرد و از اینکه آنها برای خرید خانه و دیدن خانه آمدن ابراز خوشنودی کرد و حال صدیق خانم را جویا شد. سیاوش و آرزو سلام صدیق خانم را رساندند.

طبقه بالا سه خواب، ۲ حمام و ۲ سرویس و آشپزخانه مدرن و کابینت زیبا با سلیقه ساخته شده بود، آرزو در اولین نگاه نظرش جلب شده بود سیاوش هم از مدل و طرح خانه بسیار خوشش آمد، آرزو نظر موافقش را اعلام کرد. بعد از بازدید،

سیاوش از آقای احمدیان پرسید : چه وقت قصد فروش خانه را دارید،آیا اکنون می توانیم خانه را معامله کنیم ؟

آقای احمدیان : بله پسرم ما هر چه زودتر بفروشیم بهتر است چون ما هم در شیراز خانه خریدیم و باید تا چند هفته دیگر پول آن را پرداخت کنیم سیاوش اگر موردی ندارد همین حالا اگر بیائید خانه را معامله می کنیم. آقا خسرو هم گفت : فکر خوبیه و نظر سیاوش را تائید کرد

آقای احمدیان : منم موافقم، باشه منم حرفی ندارم شما تشریف ببرید بنگاه منم مدارک و سند را بگیرم میام خدمتتون

سیاوش :پس فعلاً با اجازه مرخص می شویم

آقای احمدیان : خواهش می کنم چشم منم سریع میام. به اتفاق آقا خسرو و سیاوش و آرزو به بنگاه برگشتند تا آقای احمدیان هم بیاید. یک ربعی طول نکشید تا آقای احمدیان هم خودش را به بنگاه رساند، سیاوش به احترام از جایش برخاست و به آقای احمدیان دست داد و سلام کرد

آقا خسرو: خوب آقای احمدیان شما خانه را به این مبلغ برای فروش گذاشتین و کارهای اولیه را شروع کرد

آقای احمدیان : بله ولی قابل آقا سیاوش را ندارد من احترامی که به پدرشان و خانواده شان قائلم حاضرم به آقا سیاوش چند میلیونی را تخفیف بدهم و مبلغ کلی را پائین تر بیاورم

سیاوش : شما لطف دارید آقای احمدیان من نصف مبلغ معامله را نقد پرداخت می کنم ، نصف دیگر را یک روز مانده به سر رسید چک یا زمان تحویل سند در دفترخانه، اگر شما موافق هستید.

آقای احمدیان : قبول پسرم هر چه شما گفتید، من که موافقم سند را بعد از سیزده بدر می توانم بزنم ولی چون تا دو روز آینده می روم شیراز خانه را تحویل می دهم و برای پانزدهم یا شانزدهم برای سند زدن می آیم. اگر مشکل ندارید همان روز تسویه حساب کنیم.

سیاوش : باشه من حرفی ندارم.

آقای احمدیان : پس به سلامتی.

آقا خسرو : قول نامه را بنویسم.

سیاوش : آقا خسرو تا مشغول نوشتن هستید من هم بروم پول را بیاورم.

آقا خسرو : باشه آقا سیاوش تا شما بیائید من قول نامه را نوشتم.

سیاوش رو به آرزو، خانم شما اینجا باش من سریع اومدم.آرزو : باشه آقا من هستم.زودتر بیا مواظب باش.

سیاوش : به چشم. سیاوش رفت تا پول را بیاورد، از قبل پول را آماده کرده بود داخل گاوصندوق، پولها را داخل یک جعبه کارتون گذاشت و از مغازه خارج شد و در مغازه را بست و به بنگاه برگشت. طبق قول و قرار با آقای احمدیان نصف پول را نقداً پرداخت نمود و در قول نامه ذکر شد و مابقی را طبق قرار موقع تنظیم سند در دفترخانه ذکر کرد و تمام شرایط ها و متعلقات خانه و سند و پروانه دو واحد در

قولنامه ذکر شد، بعد هم حق بنگاهی را پرداخت.آقای احمدیان سند را نزد بنگاهی به امانت گذاشت تا روز تحویل پول در دفترخانه به سیاوش انتقال دهد قرار بر این گذاشته شد که اقای احمدیان خانه را دو روز دیگر تحویل سیاوش دهد.

سیاوش : اشکالی ندارد هر زمان که خواستید موردی ندارد آقای احمدیان عجله ای نیست و به آقای احمدیان تبریک گفت.

آقای احمدیان : انشاء الله به خیر و خوشی، سلامتی برای شما و خانم. مبارکتان باشد و با سیاوش دست داد و روی همدیگر را بوسیدند.

آقا خسرو هم پول را تحویل آقای احمدیان داد و مدارک را از روی میز برداشت و در گاو صندوق قرار داد یک برگ قول نامه را به سیاوش و آقای احمدیان داد و گفت : پس سلامتی آقای احمدیان پانزدهم و شانزدهم سند خانه را تحویل آقا سیاوش می دهید.

آقای احمدیان: ان شاء الله. بعد هم گفت اگر امر دیگری نیست من مرخص شوم.

آقا خسرو : اختیار دارید عرضی نیست شما بفرمائید.

سیاوش : لطف کردید خیلی ممنون سلام برسانید.

آرزو: خیلی ممنون از لطفتان به سلامت و تا دم مغازه آقای احمدیان را مشایعت کردند.

سیاوش رو به آرزو : خانمی ما هم رفع زحمت کنیم برویم خانه.

آرزو : بریم آقای من.

سیاوش : آقا خسرو خیلی ممنون از لطف شما با اجازه ما هم برویم.

آقا خسرو : خواهش می کنم بازم مبارکتون باشه سلامتی، ایشاء الله عروسی و جش بچه هاتون رو اینجا بگیرید، به سلامت.

پس از بیرون اومدن از بنگاه آرزو رو به سیاوش گفت : عزیز من ممنونم که منو خوشحال کردی عیدی بزرگی به من دادی واقعاً ازت ممنونم خیلی خوشحالم، دستت درد نکنه تو واقعاً زحمت کشیدی باورم نمیشه که ما هم صاحب خونه شدیم.

سیاوش : قابل تو عزیزم را نداشت راحتی تو برام بیشتر از این چیزها می ارزه. دارم کار می کنم که تو عزیزدلم تو راحتی باشی پس برای چی کار می کنم دوست داشتم تورا خوشحال کنم.

آرزو دستش را دور دستهای سیاوش گره کرد و از داشتن چنین همسر مهربانی به خود می بالید بین راه تا خانه تصمیم گرفتن تا سه روز دیگر که خانه را تحویل می گیرند خبر خرید خانه را با سور شام به همه اعلام کنند و تا آن زمان هم پدر و مادر آرزو و خواهرو برادرش امیر و خانمش به اتفاق نوزاد تازه به دنیا آمده شان هم به جمع آنها می پیوندند.

آرزو سیاوش شادمان به خانه برگشتند، صدیق خانم با دیدن آنها گفت : خیر انشاء الله خندونین ؟ چه خبر شده ؟

آرزو : سلام خاله جون آره من که با بودن در کنار سیاوش خوشحالم، چرا خندون نباشم پیش شوهرم که هستم سرحال و شادم.

صدیق خانم : فدای تو بشه خاله آره دختر خوبم منم برای هر دوی شما خوشحالم، بیاین دست و صورتتونو را بشوئید ناهار آماده است.

سیاوش : به چشم مامان خوبم. الانه که اومدیم

یاسمن : ناقلاها باز چی کار کردید چه خبر شده که به ما نمی گید. من می دونم شما دو تا باز یه خبری دارید، اما فعلن سکرتش کردید تا به موقع بگین. چی شده بچه دختره ؟ ببینم قیافهاتون را نه معلومه بچه دختره ؟ای کلکها پس کی می خواین راستشو بهمون بگین.

آرزو : یاسمن جون تو چقدر عجله داری کمی صبر داشته باش به موقع همه چیز رو می فهمی

یاسمن : پس حدسم درسته یه خبری شده. کی ایشالله بما می گید ؟

آرزو : به همین زودی سه چهار روز دیگه اگه داداش سیاوشت قبول کنه و اجازه بده.

یاسمن : بازم که این مردونگیش باید گل کنه تا ما از همه خبرها باخبر بشیم. داداش تو رو خدا همین الانه بگو من طاقت ندارم چند روز صبر کنم.

سیاوش : دختر تو چقدر عجولی، به انتظارش می ارزه.

یاسمن : باشه پس من تلاشم رو می کنم خودم از زیر زبون شماها در بیاورم.

سیاوش : باشه تو به همین خیال باش شاید تونستی.

یاسمن : ای بدجنسها همیشه خبرخوش و می خواهید خودتون بدونین، هر چیزی عوض داره گله نداره نوبت منم میشه.

سیاوش و آرزو به رویش لبخندی زدند و مشغول خوردن ناهار شدند، یاسمن هم موقع غذا خوردن هرازگاهی یکی از حدس هایش را می گفت و می پرسید: این

نبود، خلاصه یاسمن هر چه تلاش کرد به در بسته خورد و نتوانست حدس درست بزند و از زیر زبون آرزو و سیاوش حقیقت را بیرون بکشد. بعد ناهار هم هر کدام به اتاقهایشان رفتند آرزو ماند تا به صدیق خانم برای شستن و جمع کردن سفره ناهار کمک کند. آرزو پنج ماهی می شد که باردار بود و صدیق خانم هم شرایط آرزو را درک می کرد و تا جای ممکن مانع کار کردن او می شد، صدیق خانم علاقه فوق العاده ایی به سیاوش داشت و بچه سیاوش هم برایش مانند خودش عزیز بود برای همین هم آرزو را بی اندازه دوست داشت و حاضر نمی شد که آرزو زیاد خودش را خسته کند. چندین بار از آرزو خواست که به اتاقش برای استراحت برود ولی آرزو خودش نمی خواست قبل از خاله اش به اتاق برای استراحت برود، صدیق خانم هم تا جای ممکن برای راحتی آرزو کارها را خلاصه و اندک می کرد تا بتواند بخاطر آرزو به استراحت بپردازد. سیاوش به مغازه رفته بود برای بعدازظهر هم تصمیم داشتن به خانه آقا مهدی و سولماز بروند و تا شب آنجا باشند. نزدیکیهای غروب ساعت پنج صدیق خانم یاسمن را صدا کرد تا برای رفتن به خانه خواهرش آماده شود آرزو هم با صدای خاله اش خودش را آماده کرد تا برای رفتن به خانه سولماز حاضر بشود.

صدیق خانم قبل از آرزو و یاسمن داخل سالن منتظر آمدن دخترها مانده بود، زیاد طول نکشید آرزو به کنارش آمد و اندکی بعد یاسمن هم آماده و خوشحال به آنها پیوست صدیق خانم از چند دقیقه قبل به آژانس محل زنگ زده بود و درخواست ماشین داده بود. صدیق خانم رو به آرزو و یاسمن گفت : بریم دم در فکر کنم ماشین رسیده باشد تا زیاد معطل نشده حرکت کنیم. بلافاصله راه افتادن دم در

حیاط راننده منتظر آمدن آنها بود سوار شدند و به راننده آدرس خانه آقا مهدی و سولماز را دادند و راننده راه افتاد تا آنها را به مقصد برساند.

یاسمن زنگ در را فشار داد صدای سولماز بود که گفت : بفرمائید ؟

یاسمن : خواهرجون در رو بازکن ما هستیم.

سولماز : خیلی خوش اومدید بفرمائید. بعد از باز شدن در یاسمن و صدیق خانم و آرزو وارد خانه شدند، بعد ازسلام احوالپرسی و رو بوسی با سولماز، صدیق خانم شادی را روی پایش نشاند و به شیرین زبانیهایش گوش می داد و لذت می برد.

صدیق خانم : دخترم، بهار نیومد؟

سولماز : نه گفت منتظر احمد آقاست که به اتفاق آقا مهدی رفتن والیبال هر وقت رسیدن باهم می آیند.

صدیق خانم : اینها روز عید هم دست از ورزش و والیبال نمی کشند.

سولماز : چیکار کنند بنده خداها لاعقل برای سلامتی که خوبه، حوصلشون هم که سر نمیره سرگرمن.

یاسمن : آفرین به مردهای ورزشکار، خوشبحالشون که همیشه فکر ورزشن.

آرزو : برای سلامتی خیلی خوبه که مرد ورزش میکنه، سیاوش جانم که هر روز صبح می ره پیاده روی من که از این بابت خیلی راضیم

یاسمن : خوبه توام خوب هوای این داداشمو داری آرزوجون، یادت باشه شما هنوز یک خبر به من بدهکارید

سولماز : به به چه خبری آرزو جون بهم بگو تا منم بدونم

آرزو : یاسمن جون شوخی می کنه هیچ خبری نیست، سیاوش گفته قراره یه چیزی بگه راستش تا خودش نخواد که من نمی تونم بگم

سولماز : یاسمن حق داره تو زیادی این داداشمو جدی می گیری، والله ما که زن داداش به این خوبی ندیدیم، بعد هم سه تایی باهم خندیدن

یک ساعتی طول نکشید که آقا مهدی و احمد آقا و بهار و بچه ها آمدند. آقا مهدی برای احترام زنگ آیفون را زد و بعد هم خودش در را با کلید باز کرد و به باجناقش احمد آقا و خواهر خانمش تعارف زد که وارد شوند. آرمین و آرش هم قبل همه به طرف اتاق دوید. با آمدن آنها و سلام و احوالپرسی و گپ و گفتگو بین خانواده، از هر کجا و هر موضوعی حرف به میان آمده بود، سولماز و بهار به اتفاق آرزو در آشپزخانه مشغول تهیه شام شدن صدیق خانم هم مشغول پذیرایی و صحبت با دامادهای بود یاسمن هم سرگرم بازی با شادی و آرش و آرمین در قسمتی از سالن بود آرمین هم با شیطنت زیاد سر به سر برادرش می گذاشت و دادش را در می آورد یاسمن هم بین آنها میانجی بود و نمی گذاشت کار به دعوا بین آن دو برادر بکشد با آمدن سیاوش جمع آنها کامل شده بود سیاوش با دامادهایش سلام و احوالپرسی کرد و بعد هم با مادرش و سپس برای شستن دست و رویش رفت.به آشپزخانه هم سری زد و با خواهرانش سلام و احوالپرس کرد و سلامی گرمی هم به آرزو داد و گفت : چطوری عزیزم حال هر دوتون خوبه

آرزو : ممنون ما خوبیم برو دست وصوررتت رو بشور تا من برات چایی بیاورم

سیاوش : باشه عزیز فعلاً

بعد نشستن سیاوش در جمع دامادها و مادرش آرزو برایش چایی آورد و سولماز هم برایش شیرینی و آجیل گذاشت. با آمدن سیاوش،آقا مهدی و احمد آقا سر صحبت را با او باز کردند و از کار و بازار پرسیدن سیاوش هم گفت: امسال ماشالله مسافر خیلی آمده این مسافرها برای مغازه دارهایی مثل من برکت هستند و از رونق و فروش در ایام عید برای دامادهایش حرف می زد ! صدیق خانم برای آماده کردن شام به جمع دخترها پیوست ، سولماز سفره شام را داخل سالن پهن کرد یاسمن هم برای کمک به آشپزخانه رفت با کمک جمع سفره غذا چیده شد صدیق خانم از دامادهایش خواست تا بر سر سفره بیایند و به پسرش هم گفت : سیاوش جان تو هم بیا

سیاوش : به چشم مادرم من آماده غذا خوردنم خیلی امروز گرسنمه

آقا مهدی : بفرما آقا سیاوش

آقا مهدی دیس برنج را مقابل سیاوش و احمدآقا گرفت و همه برای خودشان غذا کشیدند و مشغول خوردن شدند.

سولماز برای شام ماهی سفید شکم پر درست کرده بود که خیلی لذیذ و خوشمزه بود دست پختش هم حرف نداشت همه هنگام خوردن از دست پختش تعریف کردند صدیق خانم هم چند بار با گفتن آفرین دخترم عجب غذایی درست کردی دستت درد نکنه خیلی خوش مزه و خوش طعم شده و از دست پخت دخترش تعریف کرد و او را تحسین کرد.

سولماز : ممنون مامان از شما یاد گرفتم

صدیق خانم : معلومه خیلی از من بلدتر شدی دخترم غذات که فوق العاده شده خیلی خوب طبخش کردی

بعد شام و جمع شدن سفره یاسمن به کمک سولماز رفت و در شستن ظرفها او را همراهی کرد و حین شستشوظرف سولماز از یاسمن راجع به درس و تصمیم آینده اش می پرسید که آیا می خواهد درس را ادامه دهد یا نه فکر میکند دیپلم برایش کافیست

یاسمن: نه خواهری من می خواهم درسمو بخونم.بعد پیش دانشگاهی می خوام دانشگاه شرکت کنم و اگر پزشکی قبول شدم به دانشگاه علوم پزشکی بروم و پزشک شوم اگر هم نشدم بازم دانشگاه می روم و رشته های مخابرات یا کامپیوتر و ادامه میدم، ولی خودم به پزشکی علاقه دارم

سولماز : اگر برات خواستگار بیاد چی، ازدواج نمی کنی

یاسمن : فعلاً که به این موضوع فکر نمی کنم خیلی زوده

سولماز : ولی من یه خواستگار خیلی خوب سراغ دارم و اگه بخوای می تونم بگم بیان تازه خواهرشم خیلی به تو نزدیکه همین دو سه هفته قبل راجع به تو با آقا مهدی صحبت کرده بود، اونم بمن گفت که یکی از دبیرای ورزش مدرسه که تازه اومده از اون راجع به خانواده ما سوال کرده و اجازه خواسته اگر تو قبول کنی بیان خواستگاری

یاسمن : دوستای من، کی هست که من تا بحال ندیدمش

سولماز : اتفاقاً چند بار همدیگه رو دیدید ولی زیاد نه و اما با خواهرش چند سالی هست که دوستی

یاسمن : با خواهرش دوستم، برادر بزرگ داره دبیر ورزش،شوخی میکنی نگو داداش سحره، اون که با پدرش فروشگاه لوازم ورزشی داره

سولماز : آره ولی دبیر ورزش هم هست خوب شناختی ناقلا

یاسمن : آره من سحر و خیلی می شناسم دختر خوبیه ولی داداش شو چند بار که منو همراه سحر با ماشینش رسونده بود دیدم پسر خوبی به نظر می اومد ولی فکر نمی کردم، همچین منظوری داشته باشه

سولماز : نه یاسمن جون برداشت اشتباه نکن این پیشنهاد سحر بود که آقا سهند بخواد زن بگیره تو اولین گزینش باشی اگه تو قبول نکنی اون فعلاً عجله نداره

یاسمن : من که گفتم می خوام برم دانشگاه

سولماز : منم تمام این حرفها را به آقا مهدی گفتم تا به اطلاع ایشون برسونه ولی آقا سهند اصرار کردند اگر امکان داره اجازه بدیم با تو صحبت کنه تا حرف خودتو بشنوه اگه می خوای جواب نه بگی می تونی به خودش بگی تا برای همیشه بره

یاسمن متفکر و غرق در افکار گوناگون روی میز نشست و در ذهنش می گفت برادر سحر، منظور سحر چی بود اون که تمام کارهای گذشته منو می دونه پس چرا من.و بعد رو به سولماز کرد و گفت : بزار امشب راجع به این موضوع فکر کنم بهت خبر می دم فعلاً به کسی چیزی نگو.

سولماز : باشه خواهری خاطرت جمع باشه به نظر من با تعریفهایی که آقا مهدی از اخلاق و رفتار این پسره کرده به نظرم آدم خوبیه ولی بازم خودت از نزدیک باهاش صحبت کنی بهتره

یاسمن :باشه خواهر جون بهت خبر میدم

شب از نیمه گذشته بود که آقا مهدی آنها را به خانه رساند بعد از رسیدن به خانه یاسمن یک راست به اتاقش رفت و لباس راحتی به تن کرد و روی تخت دراز کشید فکرش مشغول صحبتهای سولماز بود هرطور می خواست قیافه سهند را در ذهنش تجسم کند نمی توانست فکرش را به آخرین حرفهای رد و بدل شده اش بین سحر و سهند و خودش معطوف کرده بود چیز خاصی را به خاطر نمی آورد.مگر ممکن است با چند برخورد کسی بخواهد دل بسته به کسی شود تمام این آتیشها را سحر به پا کرده است ولی دلش نمی آمد سحر را ناراحت کند پیش خودش فکر می کرد آیا سحر از این کارش هدفی دارد یا نه واقعاً او را دوست دارد و از روی علاقه همچین پیشنهادی به برادرش و خانواده اش داد اگر چنین بود چرا چند روز قبل رفته بود خانه آنها مادرش هیچ عکس العمل خاصی نکرده بود، یعنی نمی دانست. یاسمن با افکار گوناگون به خواب رفت صبح کمی خسته و گرفته از خواب برخواست هنوز بار سنگین افکار شب گذشته را در ذهنش حس می کرد برای رفع خستگی و بی حالی رفت دوش گرفت بعد هم به آشپزخانه رفت و بعد از سلام و صبح خیر به آرزو و مادرش روی صندلی کنار میز صبحانه نشست و مشغول خوردن صبحانه شد

آرزو : چی شده یاسمن جون تو فکری اتفاقی افتاده سرحال نیستی ؟

یاسمن : نه چیز خاصی نیست شاید به دلیل کم خوابی باشه

آرزو : کم خوابی؟ تو که تا دیروز سرحال بودی راستشو بگو باز چی تو فکرته که نزاشته بخوابی

صدیق خانم : خدای نکرده مریض که نشدی

یاسمن : نه مامانی من خوبم آرزو جونم زیاد بزرگش کرده، به خدا چیزیم نیست

آرزو : امیدوارم، ولی من تو رو خوب می شناسم حتماً یه چیزی هست که بهم نمیگی باشه

یاسمن لبخندی زد و از جایش برخاست و به سالن رفت شماره سحر را گرفت بعد از چند بوق صدای مردانه ایی از پشت خط بود که گفت بفرمائید

یاسمن: سلام سحر جون هستند

سهند بود که جواب سلامش را داد و گفت : بله گوشی چند لحظه خدمت شما تا صداش بزنم، یاسمن همان اول صدای سهند را شناخته بود این صدا را قبل این هم پشت تلفن زمانهایی که به سحر زنگ میزد شنیده بود بعد از اندکی سحر گفت :سلام یاسمن جون چه عجب سال نو مبارک

یاسمن : سلام سحر جون عجب به جمال شما سال نو تو هم مبارک خوب از ما یاد نمی کنی بی معرفت اگر من تماس نگیرم تو نباید از من خبر بگیری

سحر : اتفاقاً من همیشه به فکر توام همه شاهدن

، سحر با شیطنت خاصی به اوفهماند که می داند از موضوع خبر داره. سحر چه خبر یاسمن جون خانواده مامان آرزو جون سولمازجون خوبند آقا دبیر ما چطورند

یاسمن : ای ناقلا پس تمام این فتنه ها و آتیشها رو تو به پاکردی

سحر : کدوم آتیش والله من جز ذکر خیر و نیت خیر چیزی نداشتم و ندارم تازه چه کسی بهتر از تو که زن داداش خودم شی من که بهتر و خوشگل تر از تو سراغ نداشتم تا به داداشم پیشنهاد بدم

یاسمن : ولی سحر جون تو که منو کاملاً میشناسی تازه می دانی قبلاً کی و دوست داشتم

سحر : صبر کن صبر کن زیاد تند نرو من به تو اطمینان کامل دارم و داشتم از سالها قبل تلاش کردم و مواظبت بودم می دونم چه دختری بودی و هستی تازه دوستی گذشته ات چندان مهم نیست و نبود خودتو ناراحت گذشته نکن برای من اون موضوع از خیلی وقت تمام شده به حساب می آید و می دونم توام اون موضوع رو فراموش کردی تازه بهتره سهند و بشناسی بعد راجبش قضاوت کنی، داداشم بیشتر از این حرفها آقاست، مثل خودت که خیلی گلی راستی یاسمن جون خوب شد که خودت تماس گرفتی زحمت منو کم کردی فردا شب من به اتفاق خانواده و برادرم برای عرض ادب میایم خونه شما اگه اجازه بفرمائید

یاسمن : حالا چرا خودتو لوس می کنی می خوای بیای بیا چرا این همه آدم دنبال خودت راه می اندازی

سحر : حالا که اینطور شده توهنوز از رو نرفتی بهت بگم میایم برای آشنایی و خواستگاری

یاسمن : نه شوخی کردم تشریف بیارید ولی همون دید و بازدید کافیه مارو شرمنده نکنید خجالتمون ندید ولی سحر جون من باید با مادرم مشورت کنم و بهت خبر بدم تا فردا بهت خبرمی دم

سحر : پس یاسمن جون یادت نره فردا شب به خواهرت و دامادتم بگو

یاسمن: خوب باشه ولی سحر جون تو مطمنی تصمیم درستی گرفتی فردا نگی اشتباه کردم کتک میخوری. نگو یاسمن بهم نگفته

سحر : آره مطمئن مطمئن تو خیالت راحت تو قبول کن من کتکشو می خورم

یاسمن : حالا تا ببینم چی پیش میاد فعلاً سحر جون خداحافظ

سحر : سلام برسون خداحافظ

بعد از تماس با سحر یاسمن به سولماز زنگ زد و موضوع و گفتگویش را با سحر را برای سولماز تعریف کرد و قرار فردا شب را با او در میان گذاشت سولماز هم گفت : اشکالی نداره یاسمن جون یه صحبت بین ما بشه بهتره هم از نزدیک هم دیگه را می بینیم و هم از افکار خانواده ها بیشتر آشنا می شیم نخواستی هم قبول نکن.تازه هم می تونی خواسته های خودتم همین اول کار بگی

یاسمن : باشه خواهر جون من برم با مامان و آرزو هم صحبت کنم و موضوع را با آنها هم در میون بزارم

سولماز : باشه خواهری ایشالله همه چیز به خیر و خوشی پیش میره خداحافظ

یاسمن : ممنون خداحافظ

بعد از این که یاسمن با سولماز مشورت کرد برای شرح موضوع با مادرش و آرزو ومشورت با آنها به آشپزخانه برگشت. صدیق خانم و آرزو مشغول گفتگو راجع به بچه آرزو بودن

یاسمن : شما ما را کشتید، بزارید این خوشگله بدنیا بیاد بعد پشت سرش این همه غیبت کنید صدیق خانم : چیه دخترم حسودیت میشه من راجع به نوه عزیزم حرف می زنم

یاسمن : نه مامانی اتفاقن من خودم بیشتر از تو منتظر دیدنش هستم. راستی یه چیزی می خوام بگم، ولی منظوری نگیرید نه به داره نه به باره هنوز در حد حدس و گمان هست راستش دیشب سولماز جون برای من گفت امروز هم خودم زنگ زدم مطمئن شدم

صدیق خانم : ایشالله خیره چی هست بگو دخترم

یاسمن : راستش، این دوست منو سحر را که دیدید داداشش تو مدرسه آقا مهدی دبیر ورزشه

صدیق خانم : آره می شناسم سحر و،خوب

یاسمن : یه مدت قبل از آقا مهدی خواسته بود که اگه اجازه بدین بیان خواستگاری من ، آقا مهدی ام تازگیا به سولماز گفت. دیشب که خونه سولماز اینا بودیم راجع به این موضوع با من صحبت کرد منم برای اطمینان خودم با سحر تماس گرفتم سحر هم موضوع را با من در میان گذاشت و گفت، که منو به برادرش معرفی کرده بعد هم از من خواهش کرده قبول کنم تا اونا برای آشنایی وبله برون بیان اینجا من گفتم باید با مادرم مشورت کنم

صدیق خانم و آرزو هاج و واج خشکشان زده بود، آرزو : حالا من گفتم ایشالله عروسیت یعنی توام به این زودی ازدواج می خوای کنی بری

یاسمن : من که هنوز قبول نکردم تازه به سحر هم گفتم قصد درس خوندن و رفتن به دانشگاه را دارم فکر نکنم شرایط منو بتونه قبول کنه تازه منم دلم نمی یاد از پیش مامان برم

صدیق خانم : ولی دخترم اگه خواهرت و آقا مهدی این پسر رو قبول دارند حتماً آدم خوبیه راجع بهش باید بیشتر فکر کرد و از روی عقل تصمیم گرفت. من برم با خواهرت راجع به این موضوع تلفنی حرف بزنم ببینم چی می گه

یاسمن : باشه مامانی هر گلی که گفتی رو سرم

آرزو : پس بگو چرا یاسمن جون ما امروز تو فکر بود دیدی من حدسم درسته یاسمن جون ناقلا می خواستی بازم چیزی را از ما پنهان کنی

یاسمن : نه آرزو جون هنوز مطمئن نبودم چه کاری باید انجام بدهم و چه تصمیمی باید بگیرم

آرزو : یاسمن جون چیز مهمی نیست تازه اول کاری خودتو نباز تو دختر فوق العاده ایی هستی مطمئن هستم هدفت تو زندگی مهمتر از ازدواج هست ولی عاقلانه تصمیم بگیر اگر هم قبول کردی شرایط آینده ات را در نظر بگیر

یاسمن : باشه آرزو جون ممنون از راهنمائیت

بعد از تماس صدیق خانم با دخترش سولماز و خبر دار شدن از کل ماجرا صدیق خانم اجازه داد تا سولماز راجع به آمدن خانواده آقای جهانی با آقا مهدی

صحبت کنه و آقا مهدی هم با همکارش سهند تماس بگیرد و موضوع را اطلاع دهد سولماز هم بعد از قطع تماس مادرش به آقا مهدی صحبت کرد که به آقای جهانی اطلاع دهد که می توانند برای شب آینده تشریف بیاورند.

صدیق خانم بعد از تماس با دخترش سولماز به یاسمن گفت دخترم با خواهرت صحبت کردم و برایم راجع به خانواده آقای جهانی مفصل صحبت کرد و توضیح داد که سهند تنها پسرشان هست مدرک لیسانس تربیت بدنی دارد و یک سال و اندی است که خدمت سربازیش را تمام کرده و مشغول کار در فروشگاه ورزشی به اتفاق پدرش بوده که بعنوان دبیر ورزش در آموزش و پرورش استخدام شده و به مدرسه آقا مهدی آمده و تو را هم از طریق خواهرش سحر شناخته است و از وقتی که درس و خدمت سربازی اش را تمام کرده پدر و مادرش خواستن برایش زن بگیرن و از همان روز اول سحرتو را به خانواده اش پیشنهاد داده است

یاسمن : می دونم مامانی تمام این آتیشها از سحر بلند شده من که از قبل به اون گفته بودم قصد ازدواج ندارم

صدیق خانم : حالاکه چیزی نشده اول باید این پسره را از نزدیک دید بعد راجبش قضاوت کرد

آرزو هم با تائید حرف خاله اش گفت : آره یاسمن جون تا از نزدیک با این آدم صحبت نکنی و حرفهاشو نشنوی نمی تونی راجبش درست قضاوت کنی، شاید دیدی ازش خوشت اومد

یاسمن : من اصلاً نمی خوام ازدواج کنم فرقی نداره چه با این آدم یا با کس دیگر تا وقتی که درس و دانشگاهم تموم نشد

آرزو: والله اینجاهم کسی دوست نداره تو به زور قبول کنی اگه باب میل تو نبود خیلی راحت می گیم نه، تازه برای کسب تجربه خوبه، در ضمن آشنا هم که هستند

یاسمن : آرزو جون تو رو خدا حرصم نده دارم دیونه میشم

آرزو : باشه شوخی کردم

شب هنگام آرزو موضوع خواستگار یاسمن را برای سیاوش تعریف کرد و از سیاوش خواست که برای فردا شب کمی زودتر به خانه بیاید تا او هم در جمع حضور داشته باشه،

سیاوش: چشم عزیزم من سر وقت اینجام، چیزی باید بگیرم

آرزو : نه عزیز خودت که باشی کافیه همه چیز به اندازه کافی هست

سیاوش صبح زود برای پیاده روی و خرید نان گرم رفت بعد یک ساعت با نان گرم برگشت. صدیق خانم در آشپزخانه نشسته بود سیاوش بعد سلام و صبح بخیر به مادر راجع به خواستگار یاسمن چیزهایی پرسید

صدیق خانم هم شرح جریان و خانواده جهانی را برای پسرش توضیح داد و سیاوش هم برای مادرش جریان خرید خانه را گفت، صدیق خانم چند بار به او تبریک گفت و او را در آغوش گرفت و بوسید : آفرین پسرم کارخوبی کردی که

آرزو رو خوشحال کردی دیگه لازم بود صاحب خونه بشید هرچه باشد او هم مثل خواهرانت دوست دارد مستقل و صاحب خانه و چهار دیواری خودش باشد

سیاوش : در هر صورت دوباره در کنار شما هستیم

صدیق خانم : کجا، خانه کی را خریدی

سیاوش : خانه آقای احمدیان همسایه دیوار به دیوار

صدیق خانم : جدی، اینها که سالهاست همسایه ما بودند چرا دارند خانه شان را می فروشند

سیاوش : آخه می خواهند به شیراز بروند و با فرزاندانشان زندگی کنند آقای احمدیان گفت تمام فرزاندانش و نوه هایش در شیراز هستند. آنها اینجا احساس تنهایی می کنند به همین خاطر می خواهند به شیراز بروند تا در کنار آنها باشند

صدیق خانم : پس بگو چرا خانه را فروختند. خانمش هم زن بسیار فهمیده و مهربانی هست خیلی هم با سلیقه است

سیاوش : آره مامان واقعاً خانه اش تمیز و زیبا بود باید بیایی ببینی

صدیق خانم : ایشالله مبارکتان است

سیاوش : راستی مامان فعلاً به کسی چیزی نگو حتی به آرزو تا خودم برای همه سورپرایزش کنم می خواهم واسه دو سه شب دیگه همه را شام دعوت کنم. ولی تا لحظه آخر چیزی نگو

صدیق خانم : باشه پسرم

سیاوش : من دیگه برم مغازه دیرم شد

صدیق خانم : باشه پسرم برو خدا پشت و پناهت

یاسمن و آرزو تا وسطای روز خواب بودند صدیق خانمم اکثر کارهایش را رسیده بود. برای مهمانی شب هم خودش را آماده کرده بود تمام ظرف و ظروف مهمانی شب را دم دست حاضر کرده بود و مشغول گرد گیری روی میز سالن بود که صدای تلفن به صدا در آمد. صدیق خانم گوشی را برداشت و گفت : بله صدای سمیه خواهرش بود که از آنسوی خط گفت سلام آبجی صدیق سال نو مبارک خسته نباشی

صدیق خانم : سلام سمیه جان خوبی خواهر بچه ها خوبند آقا رحمان سلامتند، سال نو شما هم مبارک کجایید خواهر نیامدید آرزو جون می گفت مامان بابا و بچه ها دوم سوم عید می آیند سمیه خانم :شرمنده خواهر راستش کمی کار داشتیم مهمون داشتم و فامیلای آقا رحمان وفامیل امیرجانم آمدند دید و بازدید وعروسم هم تازه یه روز بود آمده نی نی کوچلوشم هست نتونستیم سروقت بیائیم ایشالله برای فردا صبح حرکت می کنیم

صدیق خانم : به امید خدا خواهر،من و بچه ها که خیلی وقته منتظر آمدن شما هستیم. آرزو جون هم که نگو داشت کم کم نگرانتان می شد

سمیه خانم : شرمنده خواهر جان اگه با من امری نداری من رفع مزاحمت کنم

صدیق خانم : مراحمی خواهر! لطف کردی خبر دادی! سلام برسون به سلامت

سمیه خانم : ممنون تو هم سلام برسون با اجازت خدانگهدار

یاسمن وقتی از اتاقش بیرون آمد مادرش را مشغول صحبت با تلفن دید برای همین هم چیزی نگفت و برای شستن دست و صورتش رفت وقتی هم به آشپزخانه می رفت به مادرش سلام کرد و گفت : خوب سر صبحی به خواهرت دل می دی قلوه می گیری

صدیق خانم : خاله سمیه بود سلام رسوند گفت چرا امروز نیامدند و فردا صبح حرکت می کنند بشین تا برات صبحانه آماده کنم دخترم

یاسمن: تو زحمت نکش مامان خودم صبحانه می خورم

صدیق خانم : نه دخترم چه زحمتی الان برات چایی می ریزم

آرزو هم به آشپزخانه آمد سلام کرد و گفت شنیدم راجع به آمدن مامانم می گفتین خاله جون

صدیق خانم : آره دخترم مامانت زنگ زد و گفت: فردا صبح حرکت می کنند بابت نیومدنش هم توضیح داد بعد هم به همه سلام رسوند

آرزو : ممنون خاله جون سلامت باشن دست شما درد نکنه که گوشی و جواب دادین منکه خواب بودم

صدیق خانم : اشکالی نداره عزیزم من اتفاقن خوشحال شدم صدای خواهرمو شنیدم ، بشین آرزو جون تا برات چایی بریزم دخترم

آرزو : خاله جون شما زحمت نکش خودم صبحانه می خورم برای شماهم چای می ریزم

صدیق خانم : نه خاله جون تو هم مثل دخترم هستی بشین، من که سرپا ایستادم زحمتی نیست تازه خوشحالم میشم توام مثل خواهرم برام عزیزی هروقت تو رو میبینم یاد بچه گیامون می افتم منو ومادرت خیلی با هم صمیمی بودیم من از دوران بچگی خودم و مادرت خیلی خاطرات شیرین به یاد دارم زمانی. که همراه مامانمون می رفتیم سر مزرعه، تو باغ بزرگمون شیطونی می کردیم از بوته تمشک جمع می کردیم من و مادرت تا وقتی یادم میاد همیشه هوای هم و داشتیم بعد از ازدواجمون من نزدیک پدر و مادرم موندم مادرت همراه پدرت رفت تهران

آرزو : می دونم خاله جون مامانم هم همیشه از بچگی و گذشته ایی که در کنار شما بود و خاطرات شیرینی که داره و از اون زمان به خوبی یاد می کنه

صدیق خانم : مادرت از بچگی هم خوش اخلاق و مهربون بود مثل خودت

آرزو : ممنون خاله جون خوبی از خودتونه که این قدر مهربونید شما هم مثل مادرم می مونید منم همونقدر شما را دوست دارم دلم هم نمیامد از شما دور بشم

صدیق خانم : می دونم دخترم تو هم مثل دخترام برام عزیزی مثل سیاوش برام با ارزشی

صدیق خانم :من دارم یه سر می رم خونه بهار شما همراهم میائید یا نه

یاسمن : من می خوام استراحت کنم

آرزو : نه خاله سلام برسون، منم می خوام برم دوش بگیرم و بعد هم استراحت می کنم

صدیق خانم : باشه پس من برم آماده بشم برم خونه بهار شاید ناهار اونجا موندم شما هم برای خودتون یه غذایی درست کنید سیاوش اومد گرسنه نمونه

آرزو : باشه خاله جون چشم من غذا درست میکنم شما نگران نباشید

یاسمن : من برم به مرجان زنگ بزنم ببینم در چه حاله

آرزو : باشه منم برم به کارام برسم

یاسمن برای مرجان زنگ زد بعد از چند بوق مرجان گوشی را برداشت و یاسمن گفت : سلام مرجان جون سال نو مبارک

مرجان : سلام یاسمن جون سال نو توهم مبارک خوبی، ممنون که تماس گرفتی شرمنده که زودتر من برات زنگ نزدم راستش یکی دو روز اینجا نبودیم رفته بودم خونه عمو و عمه هام فرصت زنگ زدن نداشتم پیش پای تو همین یکی دو ساعت قبل اومدیم خونه تازه داشتم خودمو جمع و جور می کردم که زنگ زدی اتفاقاً این چند روز به فکر تو بودم

یاسمن : تو لطف داری اشکالی نداشت   گردش و دید و بازدید بهت خوش گذشت

مرجان : خوب بود خوش گذشت خیلی وقت بود دخترعمه هاو دختر عمو و پسر عمو هامو ندیده بودم دیداری تازه کردم خوش گذشت

یاسمن : خوبه زنگ زدم حالتو بپرسمو و سال نو رو بهت تبریک بگم خواستم بدونم می تونیم بعدازظهر بریم آرایشگاه مادرت

مرجان : آره یاسمن جون اتفاقاً مادرم خوشحال میشه

یاسمن : پس من ساعت ۳ تو رو اونجا می بینم

مرجان : باشه یاسمن جون پس تا ساعت ۳

یاسمن : باشه اونجا میبینمت فعلاً

مرجان : باشه به سلامت میبینمت

مرجان موضوع آمدن یاسمن را به مادرش اطلاع داد مهناز خانم هم گفت خوشحال می شم من ساعت دو میرم آرایشگاه این چند روز کلی از مشتریام از دستم گله دارند هر چه زودتر باید در آرایشگاه را باز کنم توام ساعت سه بیا تا دوستت احساس تنهایی نکند

مرجان : باشه مامان اتفاقًن من هم میام

مهنازخانم : خوبه دخترم

یاسمن روی تختش دراز کشیده بود و مشغول خواندن رمان مازیار گاو سیاه دست سرنوشت بود که از آرزو گرفته بود آرزو از این داستان خیلی تعریف کرده بود گفته بود که چند سال قبل این داستان را در اتاق سیاوش دیده بود و خواند خیلی داستان جالب و خواندنی بود از موضوع داستان و سرنوشت و شخصیت های داستان کلی احساساتی شدم فکر می کنم تو هم این داستان را بخونی برایت جالب باشد و لذت ببری. یاسمن هم مشغول خواندن داستان شد بعد از اندکی خواندن کاملاً جذب داستان شده بود نفهمید کی گریه اش گرفته بود وقتی بخودش آمدکلی از داستان را خوانده بود و ظهر شده بود آرزو هم مشغول آماده کردن ناهار بود. یاسمن از اتاقش بیرون آمد و به آشپزخانه رفت.

یاسمن : سلام آرزو جون خسته نباشی کاری هست من انجام دهم

آرزو : سلامت باشی نه چیزی نیست، چشمات چرا قرمزه گریه کردی ؟

یاسمن : تحت تاثیر داستان قرار گرفتم داستانش خیلی فوق العادهست

آرزو : می دونم خوشحالم داری می خونیش

یاسمن : اول فک نمیکردم بتونم بخونمش ولی وقتی چندصفحه خوندم دلم نیومد ولش کنم و نخونم

آرزو : می دونم منم مثل تو اولش فکر نمی کردم تا آخر بخونمش ولی وقتی تموم شد برام فوق العاده با ارزش بود و لذت بردم

یاسمن : ناهار چی داری درست می کنی

آرزو : چند تا ماهی کفال سرخ میکنم سیاوش خیلی ماهی دوست داره برنج هم آمادست

یاسمن : پس من سفره را رو میز بزارم داداش سیاوش دیگه باید بیاد

آرزو : آره یاسمن جون تو سفره رو بزار و ظرفها رو بچین رو میز تا سیاوش برسه منم برنج و ماهی رو میارم ماست و سبزی و آب هم بی زحمت بزار رومیز

یاسمن : باشه آرزو جون

زیاد طول نکشید که سیاوش از در وارد شد بعد هم به یاسمن سلام کرد و به طعنه گفت : به به سلام خواهر کوچولو ، نه از این به بعد باید بگم عروس خانم

یاسمن : چه حرفها سلام داداش، تو فکر کردی می تونی به این راحتی از شرم خلاص بشی، من تا بچه های شما را شوهر ندم و موهای سرت رو سفید نکنم ول کن تو نیستم به همین خیال باش که من شوهر کنم

سیاوش : حالا میبینیم مواظب باش از حول حلیم نیفتی تو دیگ، بزرگ کردن بچه ها پیش کش

یاسمن : معلومه از دستم خسته شدی خرج رو دستت گذاشتم

سیاوش : این چه حرفیه دیونه دارم باهات شوخی می کنم، باش ور دل ما ترشی بندازیمت. بعد هم هر دو زدن زیر خنده.

سیاوش دست و صورتش را شست و به آشپزخانه رفت آرزو را مشغول کار دید: سلام آرزو جون خسته نباشی

آرزو : سلامت باشی تو هم خسته نباشی سیاوش جان چرا سربه سریاسمن می زاری طفلی خودش کلی فکر و خیال تو سرش هست نمی دونه چه تصمیمی بگیره تازه این همه کم نیست ماهم بهش گیر بدیم

سیاوش : به چشم داشتم باهاش شوخی می کردم

آرزو : آره عزیزم ولی ما باید این لحظه ها بیشتر درکش کنیم احساس نکنه بی اهمیته

سیاوش : آره گلم خودم هم این موضوع را فهمیدم حق با توست بایددرکش کنیم. ممنون که خیلی هوای یاسمن رو داری

آرزو : ممنون سیاوش جان چون یاسمن دختر فوق العاده خوب و مهربونیه دلش مثل کف دستش صافه هیچی توش نیست ممکنه بدون کمک ما دچاره سختی و مشکل بشه برای همین هم من یاسمن رو مثل خواهرم می دونم که باید هواشو داشته باشم

سیاوش : فدای تو خانم خوبم بشم، عزیزم دیس برنج و ببرم سر میز

آرزو : آره ببر منم میام ماهی ها رو تو ظرف بزارم و بیام

بعد ناهار سیاوش به مغازه رفت یاسمن هم به آرزو گفت : که ساعت ۳ با مرجان تو آرایشگاه مادرش قرار داره اگه بیدار شد و اون نبود نگرانش نشه و اطلاع داشته باشه کجاست

آرزو : باشه یاسمن جون مواظب خودت باش زود بر میگردی یا بازار   می رید گردش

یاسمن : نه بعد اینکه کارم تموم شد از آرایشگاه آژانس می گیرم میام خونه فک نکنم مرجان هم بازار کاری داشته باشه

آرزو : باشه یاسمن جون به سلامت.

ساعت هنوز ۲۰ دقیقه به سه بود یاسمن آماده شده بود که به آرایشگاه بره قبل رفتن   تماسی با مرجان گرفت تا مطمئن شود مرجانم به آرایشگاه مادرش می آید.بعد از چند بوق صدای مرجان را شنید ، یاسمن : سلام مرجان من آماده هستم

مرجان : سلام یاسمن جون تو راه بیفت من هم دارم آماده می شوم تا تو برسی من هستم سر کوچه با آرایشگاه فاصله ای نیست

یاسمن : من آژانس می گیرم می خواهی سر راهم تو را هم سوار کنم

مرجان : بد نیست مزاحمت شم

یاسمن : نه اتفاقاً باهم برویم منم راحت ترم

مرجان : پس تو راه بیفت من سر کوچه منتظرتم

یاسمن : باشه فعلاً،میبینمت

یاسمن برای آژانس هم زنگی زد و درخواست ماشین برای تو شهری داد، و به دم در رفت همین که دم در رسید راننده آژانس هم رسید دم در حیاط و بوق زد. یاسمن سوارماشین شد و آدرس گفت و از راننده خواست یک خیابان نرسیده به محل باید دوستش را هم سوار کند راننده بعد از حرکت در خیابان اصلی طبق آدرس یاسمن نرسیده به خیابان مورد نظر یاسمن ایستاد مرجان تازه رسید سر کوچه شان، یاسمن شیشه ماشین را پائین آورد و مرجان را صدا زد و مرجان به سمت آنها آمد و سلام کرد و سوار شد و به اتفاق یاسمن آژانس آنها را به آدرس مورد نظرشان (آرایشگاه) رساند یاسمن و مرجان پیاده شدند یاسمن کرایه آژانس را پرداخت کرد و با مرجان به سمت آرایشگاه رفتند. با ورود مرجان و یاسمن مهناز خانم که مشغول کار مشتری بود توجه اش به آنها جلب شد یاسمن به مهناز خانم سلام کرد مرجانم گفت سلام مامان جون

مهناز خانم : سلام دخترای گلم خوبید، یاسمن جون خوش اومدی مامان خوبند سال نو مبارک   یاسمن : سال نو شماهم مبارک ، مامان سلام داشتن

مهناز خانم : ممنون چه عجب که تشریف آوردید

یاسمن : شرمنده، من اتفاقاً به مامان از قبل آدرس آرایشگاه شما را گفتم به خواهرامم هم همینطور. ایشالله از این به بعد اونها هم مشتری خودتون هستن.

مهناز خانم : تو لطف داری یاسمن جون باعث افتخار منه اینجا بیان، بیا بشین رو یکی از صندلیهای روبروی آینه

یاسمن : باشه مهناز خانم

مرجان هم با کمک به مادرش بعضی از کارهای مشتریها را انجام می داد، دو ساعتی در آرایشگاه بودند تا مهناز خانم کارهایش را رسید و آرایش مو و صورت یاسمن را انجام داد   ساعت از پنج گذشته بود که یاسمن کارش در آرایشگاه به پایان رسید از مهناز خانم و مرجان تشکر کرد

مرجان : ناقلا خوشگل بودی خوشگل تر شدی کجا میخای بری امشب عروسی دعوتی

یاسمن : نه مرجان جون همین طوری خواستم آرایش کرده باشم ممنون از زحمتت و بعد هم با اصرار فراوان و خواهش مبلغی را به عنوان دست مزد به مهناز خانم داد.مهناز خانم چندین بار رد کرد ولی وقتی دید که یاسمن ناراحت شد و حرفهایی می زند که نزد دوستش ممکن است سخت باشد مبلغ ناچیزی را از یاسمن گرفت و به خاطر آمدنش تشکر کرد. یاسمن از همانجا سوار آژانس شد و

به خانه برگشت وقتی که وارد سالن شد آرزو روبروی تلویزیون مشغول تماشای تلویزیون نشسته بود با دیدن یاسمن برای لحظه ایی انگار چیز عجیبی دیده باشه متعجب نگاهش کرد

یاسمن : سلام آرزو جون چیزی شده، خیلی بدشدم

آرزو : سلام یاسمن جون چقدر ناز و خوشگل شدی دختر با این قیافه و خوشگلی اگه امشب خانواده سحر تو را ببینند مطمئن باش ولکن تو نخواهند بود.حالا چی شد به کله ات زد بری آرایشگاه اینقدر خوشگل کنی

یاسمن : من کارخاصی نکردم فقط یکم مو و صورتمو آرایش کردم

آرزو : آخه یاسمن جون تو همینجوری هم خوشگل و تو دل برو هستی حالا که نگو، برم برات اسفند دود کنم امشب کسی چشمت نکنه

یاسمن : نه بابا بادمجون بم آفت نداره به قول مامان تا ببینیم امشب چی پیش میاد

آرزو : فکر کنم توتصمیم خودتو گرفتی از این آقای جهانی خوشت اومده

یاسمن : نه هنوز ولی بدم نمیاد بشناسمش تازه اگه اخلاقش مثل سحر باشه میشه روش فکر کرد درضمن من شرایطی دارم تا چهارسال آینده هیچ تصمیمی به ازدواج ندارم زیاد امیدوار نباش که من در جا قبول کنم

آرزو : آفرین پس یادت باشه پای شرایط خودت باش اگه قبول کردی زمان راتعیین کن بقیش با بزرگترها

یاسمن : باشه آرزو جون ممنون از راهنمائیات راستی مامان هنوز نیومده

آرزو : نه من به دخترخاله زنگ زدم خاله جون اونجابود گفت غروب با بهار و بچه هاش با هم میان. گفت مرغ بزارم که منم گذاشتم برنج هم شستم آمادست.

یاسمن : دستت درد نکنه آرزو جون زحمتت زیاد شده است منم که جز زحمت برات چیزی ندارم

آرزو : نه یاسمن جون تو راحت باش امشب، شب توست پس آروم و بی خیال از همه چیز آسوده خاطر باش ایشالله به خیر و خوشی پیش میره منم کنارتم

یاسمن : فدای تو زن داداش گلم. من برم تو اتاقم تا مامان و بهار نیومدن لباسمو عوض کنم

آرزو : باشه راحت باش

با آمدن صدیق خانم و بهار و بچه ها جنب و جوش در خانه موج می زد یاسمن برای دیدن خواهرش و بچه ها به سالن آمد و با گفتن سلام خواهر جون توجه بهار و مادرش را به سمت خودش جلب کرد

بهار : وای خواهر کوچولوی ماچقدر ناز و خوشگل شده مثل عروسک شدی. به به چیکار کردی با خودت چقدر ناز شدی

یاسمن : یعنی قبل از این ناز و خوشگل نبودم

بهار : چرا ولی نه به این اندازه ناقلا

صدیق خانم : ماشاء الله به دختر خوشگلم عروس شدی

یاسمن : نه مامان دیگه اینقدر هم تغییر نکردم

آرش و آرمین: خاله ؛ خاله داری عروس می شی

یاسمن : نه عزیز من تازه اول گرفتاری و مشکلاتمه کو تا عروس بشم. می خوام درس بخونم برم دانشگاه

آرمین : پس چرا مثل عروس قشنگ شدی

یاسمن : هیچی آرمین جان گفتم این شکلی زودتر دکتر میشم

آرش : خاله دکتر بشی من مریض شدم بیام پیشت

یاسمن : الهی فدای تو بشم تو اونوقت دیگه مریض نمیشی من خودم همیشه مواظبتم که خوب باشی

آرمین : پس چجوری بیام دکتر ولی مریض نشیم

یاسمن : خب من میام خونه شما تا شما رو ببینم

آرش : خاله فردا میای خونه ما می خام عیدی هامونشونت بدم

یاسمن : آفرین چقدر عیدی گرفتی عزیزم

آرش : یه خیلی پول دارم

یاسمن : آفرین جمع کن تا مامانی برات یه چیز خوب بخره باشه عزیزم

آرش : من می خوام بدم به تو تا دکتر بشی

یاسمن : فدای تو بشم چقدر خوبی تو. راستی بهار جون مامان برات توضیح داد

بهار : آره سولماز جون از چند روز قبل بهم گفته بود می دونستم ؛گفتم تا خودت و مامان چیزی نگفتید من چیزی نگم

یاسمن : ای ناقلا پس شما از قبل در جریان بودید

بهار : اتفاقن من با خانم جهانی چند روز قبل صحبت کردم. سولماز شمارمو بهشون داده بود اونم مفصل راجع به خواستگاری و این موردها حرف زد منم ازش فرصت گرفتم گفتم اجازه بدن تا سولماز جون با تو و مامان حرف بزنه بقیش هم که خودت در جریانی

یاسمن : آره خواهرجون من فعلاً تصمیمی ندارم ازدواج کنم ولی بخاطر حرفهای خواهرجون و مامان اجازه دادم بیان اگه از این پسره خوشمم بیاد الان حاضر نیستم ازدواج کنم

بهار : می دونم یاسمن جون، به نظر من تو هنوز باید ادامه تحصیل بدی بری دانشگاه ولی اگر پسر خوبی هست و می تونه منتظر بمونه باید نشون کنند و برای چند سال دیگه صبر کنند

یاسمن : ممنون خواهر جون که شرایط منو درک میکنی

بهار: من بانظر تو که بری دانشگاه و ادامه تحصیل بدی بیشتر از ازدواج موافقم ولی بازم با خودته برای آینده ات چه تصمیمی می گیری عزیزدلم

یاسمن : ممنون خواهر جون نامید تون نمی کنم من موفق می شم می دونم می تونم برم دانشگاه. به آیندم امیدوارم

هوا کاملاً تاریک شده بود که سیاوش به اتفاق احمد آقا و آقا مهدی به خانه آمدند صدیق خانم به رسم همیشگی به گرمی از دامادها و پسرش استقبال کرد و خسته نباشید به آنها گفت آقا مهدی که کمی شوخ طبع بود گفت : پس این

عروس خانم آینده کجا مخفی شده ؟ سولماز که با آقا مهدی و احمد آقا سلام و احوالپرسی کرد جواب آقا مهدی داد و گفت : آقا مهدی چرا خواهر گلم و اذیت میکنین طفلی داشت می اومد تا گفتی خجالت کشید برگشت اتاقش

آقا مهدی : بابا شوخی کردم من که حرف بدی نزدم گفتم ایشالله به سلامتی عروس بشه، کوکجاست این خانوم خانوما، یاسمن خانم من شرمنده ام بیا شوخی کردم می دونم هنوز نه به باره نه به داره. چند وقته ندیدمتون دلمون برات تنگ شده بود. این بار یاسمن با لبخندی به لب به سالن برگشت و به دامادها و برادرش سلام کرد و گفت : شماها چقدر زود می خواین از دستم خلاص بشید من که هنوز تصمیم نگرفتم جایی برم آقا مهدی. اینجور که معلومه این همکار جدیدتون خوب به دلتون نشسته که می خواهید زود فامیل بشه

آقا مهدی : والله چه عرض کنم یاسمن خانم، درسته پسر خوبیه ولی هر چی باشه به خانمی شما چیزی را نمیشه مقایسه کرد، درسته این آقای جهانی آدم خوبیه هر چی باشه می دونم خواهر خانم خودم گل سر سبده اتفاقن از دستت بدیم دلمون بیشتر برای دیدنت تنگ میشه

یاسمن : شما لطف دارید خوبی از خودتونه آقا مهدی.

زیاد طول نکشید که صدیق خانم به اتفاق دخترها سفره شام را آماده کردند و از همه خواستند تا از قبل از آمدن مهمانها برای خوردن شام بیایند تا موقع آمدن خانواده جهانی سفره شام پهن نباشد.

بچه ها (آرمین و آرش) و سیاوش در کنار هم نشسته بودند دامادها هم کنار هم. سولماز و آرزو در کناری و یاسمن و مادرش و بهار نیز در کناردیگر سفره مشغول

خوردن شام بودند. سفره شام جمع شده بود بعد اندکی زنگ آیفون به صدا در آمد سیاوش جواب داد :بفرمائید

آقای جهانی : سلام آقای رضائی جهانی هستم به اتفاق خانواده

سیاوش : بفرمائید خوش آمدید. سیاوش برای اینکه مهمانان را تا داخل سالن مشایعت کند از سالن بیرون رفت از همان ایوان راه پله بلند بلند صدا کرد بفرمائید و بعد هم تا نزدیکیهای درب حیاط رفت. آقای جهانی و سهند و سحر و فرزانه خانم کنار درب حیاط ایستاده بودند سیاوش پیش رفت و به آقای جهانی و سهند دست داد و سلام و خوشامد و سال نو را تبریک گفت بعد هم با فرزانه خانم و سحر سلام و احوالپرسی کرد و سال نو را تبریک گفت و از آنها به داخل خانه دعوت کرد و بین راه گفت : ببخشید که مسیر کمی طولانی و تا خانه فاصله دارد درب حیاط اول باغ واقع شده و از قدیم که پدر خدابیامرزم قرار داده همینگونه باقی است

آقای جهانی : اشکالی ندارد حیاط و باغ باصفائی دارید با این لامپهایی که در مسیر و اطراف بچشم می آید باغی زیبا و رویایی شده است خدا پدرتان را بیامرزد که اینگونه سلیقه داشت. در این شهر اکثر خانه ها در حیاطی کوچک واقع شده اند. احسنت به پدرشما که باغ به این زیبایی و زمین به این بزرگی را نگهداشته بود

سیاوش : بله بابا خیلی به این باغ علاقه داشت. روی ایوان آقا مهدی و احمد آقا منتظر ایستاده بودند تا آقای جهانی و خانواده به همراه سیاوش برسند. سیاوش به آقا جهانی و خانواده اش تعارف زد بفرمائید بعد از اینکه چند قدم از پله بالا رفتن

احمد اقا و آقا مهدی به حسین آقا و سهند دست دادند و دیده بوسی کردند و خانمها نیز سلام و احوالپرسی کردند با تعارف و بفرمائید، حسین آقا و فرزانه خانم و بعد بچه ها وارد سالن شدند و آنها نیز پشت سرشان وارد شدند صدیق خانم پیش آمد و با فرزانه خانم دیده بوسی کرد و خوش آمد گفت و با آقای جهانی سهند نیز سلام و احوالپرسی کرد و سحر را در آغوش کشید و گونه هایش را بوسید و به او هم خوشامد گفت آرزو به همراه بهار و سولماز نیز با مهمانان سلام احوالپرسی کردند. یاسمن هم بعد از همه ایستاده بود، اول سحر بود که با یاسمن دست داد و سلام کرد و زیر گوشش گفت : یاسمن جون چقدر ناز شدی

یاسمن : دیونه من از دست تو نمی دونم چیکار کنم

سحر : هیچی زن داداش من شو

یاسمن بعد از سحر با فرزانه خانم سلام و احوالپرسی کرد، فرزانه خانم یاسمن را در آغوش گرفت و بوسید و گفت : سلام عروس عزیز خودم و یاسمن با لبخندی تشکر کرد و با حسین آقا پدر سحر و آخراز همه هم سهند با دسته گل رز زیبایی که به طرفش گرفته بود مواجه شد و به اوسلام کرد سهند با احترام خاصی گفت: قابل شما را نداره ایشالله سال خوبی داشته باشید

یاسمن : ممنون از گلهای زیبا سال نو شماهم مبارک

مهمانها روی مبل صندلی در سالن نشستند سحر هم در کنار یاسمن نشست صدیق خانم و فرزانه خانم در کنار هم نشستند و از همان اول کار شروع به صحبت و خوش و بش مادرانه کردند. سیاوش و دامادهایش هم با سهند و پدرش مشغول گپ زدن بودند.سحر بین یاسمن و سولماز نشسته بود و یاسمن در محفل

آنها مثل آفتاب می درخشید هراز گاهی سهند نیم نگاهی به او و خواهرش می انداخت تا شاید سحر موضوع را به سمتی بکشد که او بتواند هرچه زودتر با خود یاسمن صحبت کند

سولماز و بهار مشغول پذیرایی از مهمانها شدند آنها از قبل به آرزو گفته بودند که در مهمانی از جایش بلند نشود و برای آوردن چیزی حرکت نکند و آنها خودشان کارها را انجام می دهند اندکی پس از پذیرای مهمانها توسط بهار و سولماز حسین آقا پدر سهند موضوع آشنایی و فامیل شدن دو خانواده را به میان آورد و گفت : ما امشب برای این خدمت رسیدیم که هم سال جدید را تبریک گفته باشیم و هم در این سال جدید باب آشنایی بیشتر و فامیلیت را باز کرده باشیم راستش،حسین آقا طرف صحبت خودرا با سیاوش و دامادهایش گرفته بود و گفت : این آقا سهند ما که معرف حضورتان هست پسر خوب و فعال و تحصیل کرده ایی است در ضمن تازه هم همکارتون تو آموزش و پرورش شده. کار و کاسبی شخصی هم داره که ما با هم کار میکنیم ، اهل دود و دمم نیست اتفاقاً ورزشکاره ده دوازده سالیه که تو رشته جودو ورزش میکنه ولی بر خلاف جثه اش آدم خون گرم و با احساسیه. راستش منو وخانم چند وقتیه میخوایم اون زن بگیره ولی همیشه میگفت وقتش نیست تا اینکه سحر جون دخترم یه سالیه که میگه اگه داداش سهند بخواد زن بگیره من یه آدم خوب و خانواده دار می شناسم راستش اولش فکر نمیکردیم خانواده شما رو معرفی کنه وقتی گفت یه همکلاسی داره که دختر باوقار و خانواده داری هست تعجب کردیم، که منظورش کی هست وقتی که گفت اسمش یاسمن رضایی هست و خصوصیات دختر شما یاسمن خانم را برای مادرش توضیح داد ما هم گفتیم چه کسی بهتر از یاسمن خانم و

خانواده رضایی برای همین هم امشب خدمت رسیدیم هم برای تبریک سال نو و هم اصل قضیه را بیان کنیم که از دختر شما برای پسرمون خواستگاری کنیم اگر شما اجازه بدهید و رضایت داشته باشید. پسرما و دختر شما هم با هم اشنا شوند و نظر شخصی خودشونو بگن تا ما هم اگر اونها رضایت داشتند راجع به موارد مورد علایق و رسمیت بخشیدن موضوع صحبت کنیم. احمد آقا به عنوان مرد بزرگتر خانواده گفت : راستش آقای جهانی، ماهم از خوصیات اخلاقی آقا سهند شما اطلاع داریم و آنچه شما گفتید را تائید می کنیم ولی آنچه برای ما مهم و قابل قبول است اینه که یاسمن خانم ما باید خودش تصمیم به ازدواج داشته باشه تا اونجا که من می دونم یاسمن خانم داره درس میخونه و قصد هم داره تا مدارج بالاتر هم ادامه بده و ازدواج مانع پیشرفت و ترمزی برای رفتن به دانشگاه و گرفتن مدرک میشه

فرزانه خانم گفت: درسته که ازدواج ممکن است همچین احساسی رابخواهد القا کند، ولی ما هم دختر داریم و علاقه مندیم که دختر خودمونم به مدارج بالاتری برسه پس امکان نداره بخواهیم مانع درس خواندن یاسمن جون بشیم اتفاقاً یاسمن جون می تونه آسونتر به اتفاق دخترم درسشون و ادامه بدن و باهم بیشتر موفق باشند

صدیق خانم : فرزانه خانم با تمام این شرایط که شما فرمودید برای ما درس و پیشرفت و راحتی دخترم از هر چیزی مهمتر است ما تا خودش تصمیم نگیره که ازدواج کنه نمی تونیم قبول کنیم فرزانه خانم : چرا متوجه ام، ولی من پیشنهاد می کنم اگر شما اجازه بفرمائید پسرم و دختر مون یاسمن جان چند دقیقه با هم گفتگو کنند تا ما بیشتر مزه دهن آنها را بفهمیم اصلاً آیا اونها می تونند باهم به

یه درک متقابل برسند شاید اونها چیزهایی برای گفتن به هم داشته باشند که ما ندونیم، اگر اجازه بدهید. بعد هم رو به دخترش سحر کرد و گفت : سحر جون اشکالی نداره تو هم می تونی همراهشون باشی تا یاسمن جون احساس بهتری داشته باشه

سولماز گفت : مامان اشکالی نداه بزارید یاسمن جون با آقا سهند حرفاشونو بزنند

صدیق خانم : باشه دخترم، یاسمن تو با آقا سهند برید تو اتاقت فکر نکنم لازم باشه سحرجون همراهتون باشه در اتاق باز باشه کافیه

بهار: آره بهتره حرفاشونو بزنن پاشو یاسمن جون، تو و آقا سهند برین جدی حرفهای همدیگه را بشنوید شاید به یه درک مشترک رسیدید

یاسمن به اتاقش رفت، سهند با گفتن با اجازه از جایش برخاست و به اتاق یاسمن رفت بعد از چند ضربه با بفرمائید یاسمن وارد اتاق شد و سلام کرد. یاسمن هم نیم نگاهی به سهند کرد و سلامش را جواب داد و صندلی میزش را که آماده روبروی صندلییش قرار داده بود را به سهند تعارف کرد که بنشیند سهند تشکر کرد و روی صندلی نشست و گفت یاسمن خانم ممنون که قبول کردید حرفهایم را بشنوید

یاسمن : بنظرم برادر سحر حرفی برای گفتن داره که ارزش شنیدن داره

سهند : البته راستش زیاد احتیاج به معرفی ندارم ولی بازم بهتره خودم رو معرفی کنم من سهند جهانی هستم لیسانس تربیت بدنی و یکسالیه که دبیر ورزشم شغل مورد علاقه ام فروشگاه ورزشی است که به اتفاق پدرم اداره می کنیم در آمدم نسبتاً خوب است برای خودم مستقل هستم یعنی یک سال قبل دو کوچه

پائین تر از شما به کمک پدرم برای خودم خانه خریدم ولی در حال حاضر با پدر و مادرم زندگی می کنم و یک خواهر دارم که شما می شناسیدش

یاسمن در جوابش گفت : درست، اولش من هنوز درسم را تمام نکردم بعد هم برای آینده ام تصمیمات جدی دارم و باید به آنها برسم من می خواهم پزشکی قبول شوم و می دانم رشته ایی که من در نظر دارم وقت و حوصله زیادی برای داشتن یک همسر و زندگی مشترک را در کنارش نمی دهد پس من واضح بگویم شما مرد خوبی هستید و من تا حدودی با خانواده شما آشنایی دارم و سحر جون هم دوست فوق العاده ایی برای من هست و در مواقع ضروری خیلی کمک حالم بوده اما من هدفی در زندگیم دارم و می دانم تا شش هفت سال آینده قصد ازدواج باکسی را ندارم و می دانم شما میخواهید ازدواج کنید پس بهتر است از من بگذرید چون من همچین تصمیم مهمی را ندارم اگر یک روزی قصد ازدواج داشتم مردی به خصوصیات شما فکر می کنم خوب و ایده آلم باشه ولی اکنون نه

سهند : من مانع درس و پیشرفت شما نمی شوم قول می دهم برعکس کمکت هم می کنم تا شاید بتوانید در درس و دانشگاه پیشرفت کنید

یاسمن : ولی من نمی توام استقلال عمل خود را از دست بدهم و می دانم ازدواج امری مهم و بار مسئولیت زیادی را به همراه دارد و نیز بار احساسی آن بیش از توان اکنون من است و من از اهدافم دور می شوم

سهند : من از وقتی شما را دیدم با تمام وجود شما را خواسته ام. یاسمن خانم برایم مهم نیست که چقدر طول بکشد در هر صورت من از شما نخواهم گذشت

اگر قبول می کردید حالا در کنارتان باشم بهتر بود ولی از شما خواهش می کنم راجع به این موضوع تجدید نظر کنید من مطمئن هستم می توانم برای شما مفید باشم و کمک کنم تا به اهداف زندگیتان برسید

یاسمن : شاید شما درست بگوئید ولی فعلاً نه نمی توانم قبول کنم شاید در زمان بهتری بودم قبول می کردم

سهند: بازم راجع به این موضوع فکر کنید

یاسمن : من تا زمانی که وارد دانشگاه نشدم به این موضوعات فکر نخواهم کرد شما هم بی جهت آینده خود را معطل من نکنید بهتر است بدنبال انسان مناسب خود باشید و وقت و احساس خود را هزینه من نکنید

سهند : شما دارید اشتباه راجع به من برداشت می کنید من هرگز حاضر نمی شوم به انسان دیگری غیر شما فکر کنم. باشه اگه دوست داشتن و علاقه و خواستن شما وقت هدر دادن باشد من این کار را هم دوست خواهم داشت ولی شما باید بدانید من باز هم می آیم و از شما نخواهم گذشت ولی شما قول بدهید اگر دانشگاه قبول شدید و یا نشدید جواب مثبت به من بدهید

یاسمن : نمی توانم از همین حلا قول بدهم ولی اگر قسمت من و شما یکی بود و من در دانشگاه قبول شدم به این موضوع فکر میکنم و در آن زمان هم شرایطی دارم،که من هر جا قبول شدم باید همراهم من باشید فرقی ندارد در کدام شهر ایران. آن موقع برای شما مشکل می شود پس بهتر است از همین حالا فکر دیگری برای زندگیتان بکنید،

سهند : شما دانشگاهتان را قبول شوید من قول میدهم همیشه در کنارتان باشم

یاسمن : امیدوارم، ممنون از درک بالای شما آقای جهانی

سهند : من از شما متشکرم که وقت و حوصله تان را در اختیارم قرار دادید و به حرفهایم گوش دادید، فعلاً با اجازتون من بر گردم پیش خانواده

یاسمن : خواهش میکنم ممنون

سهند : برخواست و به سالن به جمع خانواده برگشت از صدیق خانم به خاطر اجازه دادنش برای صحبت کردن با یاسمن تشکر کرد و گفت : من و یاسمن خانم حرفهایمان را زدیم یاسمن خانم در حال حاضر می خواهند درسشان را ادامه دهند از من وقت خواستن تا قبول شدن در دانشگاه منتظرشان بمانم من هم شرایط و موقعیت او را قبول دارم و درک می کنم و امیدوارم هر چه زودتر این اتفاق خجسته روی دهد.

سحر از جایش برخواست و به اتاق یاسمن رفت بعد سلام به یاسمن گفت : ای کلک خلاصه حرفت را به کرسی نشاندی چی می شد الان قبول می کردی، چقدر خوشحالم می کردی ولی بازم اشکالی نداره خودم از این به بعد معلم خصوصیت میشم تا هر چه زودتر و بهتر بتوانی در درسهایت موفق شوی و مرا به آرزویم برسانی تو زن داداش خودمی اینو تو کله ات فرو کن من تو را برای داداشم می خوام

یاسمن : آروم، باشه فعلاً برام زوده که خواهر شوهر غر غرو داشته باشم دیدی یه وقت حوصله تو رو نداشتم نخواستم بیام زن داداش تو بشم کی و باید ببینم

سحر : مگه دست خودته من مثل داداشم صبر و حوصله زیاد ندارم. دیدی بزور بردمت خونمون

یاسمن : عجله نداشته باش سحر جون شاید زن داداش بهتری گیرت اومد فکر نکنم این آقا داداشت و بابا مامانت صبر و تحمل چند سال دیگه را داشته باشند

سحر : تو غصه اونا رو نخور تو درس و دانشگاهتو قبول شو بقیه کارها با من و سهند

یاسمن : خب حالا انگار ازش چقدر کار بر می آد

سحر لبخندی زد و گفت : یاسمن تو زن داداش خوبی می شی من عاشق دیدین اون روزم

یاسمن سحر را در آغوش کشید و گفت : سحر جون تو خیلی خوبی منم خیلی دوستت دارم اگه یه روزی بخوام زن داداش کسی بشم فکر کنم اون یه نفر تو باشی

بعد از حرفهای سهند در جمع خانواده و گپ و گفت دو خانواده آقای جهانی رو به صدیق خانم و سیاوش و دامادهایش گفت : اگر اجازه بفرمائید ما رفع زحمت کنیم شب بیاد ماندنی و فرخنده ایی برای ما بود امیدوارم هر چه زودتر اسباب فامیلی دو خانواده مهیا شود

صدیق خانم : شما لطف دارید برای ماهم آشنایی با خانواده شما باعث افتخار است

فرزانه خانم هم با گفتن اینشالله هر چه زودتر اسباب فامیلی مهیا شود از صدیق خانم و دخترها و عروسش تشکر کرد بعد از خداحافظی و رفتن خانواده آقای جهانی احمدآقا و بهار و بچه هایش هم رفتند و اندکی بعد آقا مهدی و سولماز و شادی کوچولو هم به خانه شان رفتند.

بعد از رفتن مهمانها آرزو و یاسمن در کنار هم نشستند مشغول گپ و گفتگو شدند. آرزو از یاسمن پرسید نظرت راجع به آقا سهند چیه؟ چجور آدمیه از شخصیتش خوشت اومد چطور مردی است ؟

یاسمن با لبخند گفت : به نظرم مثل سحر خوش برخوردو با شخصیته راجع به خودش و کارهایش حرف زد منم حرفهایم را زدم و گفتم در زندگی برایم چه چیزی مهم است ولی در حال حاضر اولویت من درس خواندن و به دانشگاه رفتن است تازه هم گفتم اگر من بخواهم بعد از قبول شدن شرایط او را قبول کنم او باید در هر کجا که من دانشگاه قبول شده ام همراه من باشد ولی در حاضر قصد ندارم ازدواج کنم اگر می تواند صبر کند.

آرزو :خوبه به نظر من هم خانواده خوبی هستند از حرفها و گفتهای فرزانه خانم و سحر فهمیدم آنها علاقه خاصی به تو دارند و علاقه شان نسبتاً عمیق و واقعی است و به نظر انسانهای فهمیده و خانواده داری هستند و برای همسر پسرشان احترام و حرمت خاصی قائلن

یاسمن : آرزو جون با تمام اخلاقیات خوبشان من فکر نمی کنم آمادگی شروع یک زندگی مشترک و تشکیل یک خانواده را داشته باشم من لاعقل تا چند سال آینده دیگر نمی خواهم به مردی فکر کنم و خودم و ذهنم را در گیر مردی کنم و از آینده و پیشرفتم دست بکشم

آرزو : حق با توئه، بازهم این تو هستی که باید برای آینده ات تصمیم بگیری و برنامه ریزی کنی. مرد خوب هم همیشه هست اگر آقای جهانی تو را برای آینده اش انتخاب کرده باشد باید سر قولش بایستد و علاقه و وفاداریش را نشان دهد.

شب از نیمه گذشته بود ساعت ۱۲٫۵ را نشان می داد که آرزو با گفتن شب بخیر به یاسمن از اتاقش بیرون آمد یاسمن هم بعد از خاموش کردن چراغ اتاق دراز کشید و با افکار و حرفهای سهند کم کم به خواب رفت، ساعت ۷٫۵ صبح بود که صدای زنگ تلفن صدیق خانم را به پای تلفن آورد خواهرش سمیه بود : سلام خواهر جان ببخشید اول صبح مزاحم خوابتون شدم

صدیق خانم : سلام خواهر نه خواهش می کنم بیدار بودم خوش خبر باشی چیشده ؟

سمیه خانم : راستش می خواستم اطلاع بدم ما داریم راه می افتیم،اینشالله تا بعداز ظهر می رسیم

صدیق خانم : بالای سر من، خیلی وقت هست که منتظرم بچه ها هم همینطور آرزو هم خوشحال میشه بشنوه

سمیه خانم : باشه خواهرجان اگر امری با من نداری فعلا خداحافظ راستی خواهر جان چیزی لازم داری برات بیارم

صدیق خانم : نه خواهر فقط شما و بچه ها احتیاط کنید خدانگهدارتون

بعد از قطع ارتباط تلفنی صدیق خانم به آشپزخانه رفت تا غذا و ناهار برای پذیرایی از مهمانانش را آماده کند صدیق خانم ماهی سفید بزرگی را که چند روز قبل سیاوش خریده بود از یخچال در آورد تا برای ناهار ماهی دیگی درست کند و از خواهر و خانواده اش پذیرایی کند مشغول درست کردن ادویه و سبزیجات معطر داخل شکم ماهی شد و برای ناهار برنج بیشتری گرفت دنبال یک دیگ بزرگتر بود تا ظهر وقت زیادی داشت ولی چون وقت داشت تمام کارهای اولیه را از

همین اول صبحی شروع کرد تا وقتی دخترها بیدار میشوند صبحانه بخورند کارزیادی نداشته باشد

ساعت ۹ آرزو به آشپزخانه آمد و به خاله اش سلام کرد صدیق خانم هم در جواب آرزو با لبخند گفت سلام دختر گلم صبح بخیر آرزو جون به موقع بیدار شدی صبح مامانت تماس گرفت سلام رسوند گفت که حرکت کردن و به شمال میان،اون موقع داشتن آماده حرکت می شدن ، دست جمعی میان امیر و زن داداشت هم دارن میان چقدر دوست داشتم نینی کوچولوشونو ببینم

آرزو : ممنون خاله جون خوشحالم کردی آره منم از وقتی بدنیا آمده ندیدمش فرصت نشد ببینمیش

صدیق خانم: ایشاالله سلامت برسن.ما یه دل سیر می تونیم بچه امیر رو ببینیم.

با آمدن یاسمن به جمع آنها و سلام کردنش به مادرش و آرزو صدیق خانم برای آرزو و یاسمن میز صبحانه را پهن کرد

یاسمن :چی شده آرزو جون خیلی خوشحال و سرحال به نظر می آی باز چه خبر شده

آرزو : آره یاسمن جون بابا و مامان و افسانه و امیر اینا دارن میان

یاسمن :وای آخ جون افسانه هم داره میاد؟ کی میرسن ؟ من برم دوش بگیرم، اتاقمو مرتب کنم

صدیق خانم : باشه عجله نکن تازه یکی دو ساعته راه افتادن تا برسن خیلی وقت داری حالا بشین صبحانتو بخور به کاراتم می رسی دخترم

یاسمن : باشه حالا که اینطوریه صبحانه میخورم

صدیق خانامم کنارآنها نشست و مشغول شد. یاسمن خیلی زود از جایش برخاست صبحانه اش را تند خورد و رفت تا کارهایش را انجام دهد. آرزو هم که پنج شش ماه از بارداریش می گذشت زیاد اشتها نداشت

صدیق خانم : دخترم آرزو چرا چیزی نمی خوری حالت که بد نیست تازه که سر حال بودی

آرزو : راستش انگار دل پیچه گرفتم من بهتره برم تو سالن خاله جون

صدیق خانم : آره دخترم برو اینجا نشینی بهتره اصلاً تا مامانت اینا بیان برو استراحت کن

آرزو : نه خاله جون تو سالن می شینم شاید کاری باشه من انجام بدم

صدیق خانم : نه خاله جون تو با این حال و روزت دیگه لازم نیست کار کنی مگه چهار نفر آدم چقدرکار دارن تو هم باشی ور دستم. مگه من مرده ام خودم انجام میدم

آرزو : خدا نکنه خاله !چشم من از آشپزخونه برم تو سالن بشینم.دستت درد نکنه خاله جون زحمتت زیاد میشه

صدیق خانم : چه زحمتی دخترم خواهرم و شوهرش و بچه هاش که عزیز منن با جون و دل انجام می دم خیلی هم خوشحالم که دارن میان

آرزو خیالش با بودن خاله مهربانش همیشه جمع بود که کاری روی زمین نمی ماند.صدیق خانم برای تهیه ماست و نوشابه و کمی سبزی برای ناهار به سیاوش زنگ زد سیاوش بعد از چند بوق گوشی را برداشت : سلام بفرمائید

صدیق خانم: سلام سیاوش جان خسته نباشی

سیاوش :سلام مامان جون سلامت باشی چه خبر

صدیق خانم : خبر سلامتی راستش خاله سمیه و بچه ها تو راهن دارن میان شمال گفتم خبر داشته باشی. ظهر داری میای خونه نوشابه و ماست و سبزی خوردن بگیری میوه و شیرینی به اندازه کافی هست مرغ و ماهی هم داشتم ماهی دیگی می خوام درست کنم

سیاوش به چشم حتماً میارم

صدیق خانم : باشه پسرم خداحافظ

سیاوش : به سلامت

بعد از قطع ارتباط تلفنی با سیاوش صدیق خانم به آشپزخانه برگشت و مشغول رسیدن به کارهایش شد. تا آمدن افسانه، یاسمن میخواست خودش و اتاقش را مرتب کند تا طبق معمول جلوی افسانه کم نیاورد یاسمن و افسانه از بچگی در رقابت زیبایی وتمیزی باهم بودند و حالا هم که بزرگ شده بودند می خواستند خودی برای هم نشان دهند حالا هنوز اون احساسات بچه گی وجود داشت ولی با سبک و سیاق دیگر یاسمن هنوز مثل گذشته افسانه را بی اندازه دوست داشت هنوز افسانه نرسیده بود ذوق و شوق دیدنش قندتو دلش آب کرده بود کلی حرفو

کارها بود که می خواست با افسانه درمیان بگذارد و نظرش را جویا شود و از کارهای افسانه سر در بیاورد

بعد از شب خواستگاری سهند راجع به گفته های یاسمن با خودش در کلنجار و مجادله بود بین راه برگشت به خانه فرزانه خانم چند بارخواست تا سهند را به حرف بیاورد ولی سهند مختصر جواب می داد.آخرش که راضی میشه تازه اول راهه کو، خیلی وقت دارم اگر من هستم می دونم به هر مناسبت چطوری دل این یاسمن خانم رو بدست بیارم،

سحر هم با سر و لبخند گفته سهند را تائید کرد و گفت : تا حالا هم خیلی نظر یاسمن راجع به تو مثبت است، تازه اولین برخورد ما با خانواده اونا بود در ضمن برای گرفتن یک تصمیم مهم خیلی مراحل دشواری پیش رو دارد، آخه او سالها در فکر رسیدن به دانشگاه و مدرک پزشکی است نمیشه که یک شبه تمام افکارش را تغییر داد فکر کنم تو احساسات زنانه او را قلقلک دادی مطمئن هستم از این به بعد هر از چند وقت به تو و حرفهایت فکر میکند و این فرصتی ایجاد می کند که این بار اگه او را دیدی نظرش بیشتر به تو جلب شود

سهند : امیدوارم سحر جون، در هر صورت او خواسته من صبر کنم من هم برای حسن علاقه و احترام به او صبر پیشه می کنم ولی به شیوه خودم

فرزانه خانم : این شیوه تو چطوریه بگو لاعقل ما بدونیم که به نتیجه می رسیم، اومد این یاسمن خانم فردا نخواست زن تو بشه اون وقت کی می خواد تو رو دلداری بده، والله من که این یک سال از بس توگفتی کی بریم خواستگاری یاسمن داشتم خفه میشدم، بیا اینم یاسمن خانم دست پخت خواهر جانت

سحر : مامان چرا کم لطفی می کنی، یاسمن جون مگه چی گفته، نگفت که زن سهند نمیشه تنها وقت خواست

حسین آقا هم با تائید حرفهای سحر را تکرار کرد و گفت : اتفاقاً دخترِ خانمی بود من که از وقار و شخصیت این دختر خوشم اومده این دختر ارزش صبر کردن را دارد تازه سحر جون هم که با اون همیشه در ارتباطه کافیه در گوشش نجواهای عاشقانه و شیرین داشته باشه تا آقا سهند ماهم به آرزوش برسه من که مشکلی نمی بینم. هر که طاووس میخواهد دلش جور هندستان می باید برد. بعد هم با گفتن شب واقعن خوبی بود خانواده خوبی هستند مهرتائید را به حرفهای سهند وسحر زد

فرزانه خانم: البته منم از یاسمن جون خوشم میاد دوست داشتم زودتر کار پسرم ردیف شه وبدون دلهره به یاسمن می رسید

سحر : می رسه مامان جون توکل به خدا یاسمن دختر مهربون و خوش قلبیه اگر ببینه سهند با علاقه منتظر جواب اونه حتماً زودتر از دانشگاهشم جواب مثبت رو میده حالا بگو تو نگفتی

سهند برای لحظه ایی برقی از امید در چشمانش درخشید و گفت: فدای تو خواهر خوب خودم با داشتن خواهر مهربون و گلی مثل تو من هم مطمئن هستم که دیر یا زود جواب مثبت ورضایت یاسمن خانم ومی گیرم. در خانه آقای جهانی فرزانه خانم دوباره موقع صبحانه حرف خواستگاری و وضعیت سهند را به میان آورد، حسین آقا در جوابش گفت : خانم جان چقدر تو عجله داری، کمی صبر و تحمل پیشه کن، آخه بگذار چند وقت از این ماجرا بگذرد حتماً ما و خانواده رضایی به

یک نتیجه بهتر میرسیم هنوز تو روزهای پیش روی فرصتهای بهتری فراهم میشه، اینقدر ته دل این پسر راخالی نکن کاری نشده   تنها یک بار رفتیم خواستگاری اگر نشه بازم جای دیگه می رویم فعلاً باید ببینم چی پیش می آید،، حسین آقا از جا برخاست و به سوی مغازه راه افتاد. سهند هم کمی بعد به مغازه رفت، شیفت کاری تو مدرسه در این ایام نداشت. قصد داشت تا پایان تعطیلات به پدرش در مغازه کمک بیشتری بکند.

با فرا رسیدن ظهر سیاوش طبق قراری که با بنگاهی و آقای احمدیان برای گرفتن کلید خانه و پرداخت مبلغ مانده قرارداد به بنگاه رفت، آقای احمدیان طبق قرار سر ساعت برای تحویل خانه و کلید به سیاوش به بنگاه آمده بود تا بتواند به همراه کامیونی که باراثاثیه خانه شان را بار کرده بود به سمت شیراز حرکت کند سیاوش هم سر موقع به بنگاه رفت،آقای احمدیان با دیدنش از جا برخواست.

سیاوش: خواهش میکنم آقای احمدیان شرمنده نفرمائید خواهش میکنم بنشینید.
بعد هم با دست دادن به آقای احمدیان با او سلام و احوالپرسی کرد و بعد هم با آقا خسرو دست داد و سلام کرد

آقا خسرو هم با گفتن خوش آمدید به هردوی آنها گفت : آقای احمدیان لطف کرده ده دقیقه زودتر از شما آمد و اینجا نشسته است طبق فرمایش آقای احمدیان او تمام اسباب اثاثیه خانه اش را بار کامیون کرده و آماده حرکت به سمت شیراز است و ما اینجا منتظر آمدن شما بودیم آقای رضایی

سیاوش : شرمنده که کمی شما را معطل کردم در آخرین لحظه مشتری آمده بود تا کارش را راست و ریس کنم و بیایم کمی دیر شد حالا هم در خدمت شما و آقای احمدیان هستم

آقای احمدیان : ممنون پسرم طبق قول و قرارمان من کلید خانه را آوردم تا خانه را تحویل دهم و پول مانده قرارداد را بگیرم

سیاوش : بله من هم آماده هستم اتفاقاً پول هم آماده است بعد هم اندک مانده حساب اولیه را تحویل داد وگفت: طبق قول نامه وفرمایش شما مابقی حساب بعد تحویل سند در محضر به شما پرداخت میکنم. آقای احمدیان کلید را مقابل آقا خسرو و سیاوش قرار داد و گفت اینم کلیدهای خانه شما، بفرمائید.

آقا خسرو کلید ها را برداشت و طبق قرار داخل قولنامه باید خانه را تحویل سیاوش میداد. آقای احمدیان از سیاوش و آقا خسرو خواست که برای بازدید بروند و آقا خسرو گفت: آقای رضایی اینشاءالله خیر و خوشی و سلامتی بعد هم به آقای احمدیان گفت : فقط مانده،مابقی پول که من از آقا سیاوش چک گرفته ام و روز انتقال سند در دفترخانه که شما تشریف آوردید به شما تحویل داده می شود

سیاوش : بله

آقای احمدیان : به چشم من هم برای آقای رضایی آرزوی خیر و خوشی و دل شاد می کنم امیدوارم خانه برایشان خوشی وشادی داشته باشه اگر زحمت بکشید برویم و خانه را تحویل بگیرید

آقاخسرو : بریم من که آماده ام،آقای رضایی شما حاضرید

سیاوش : بله بفرمائید برویم. سیاوش به اتفاق آقای احمدیان و آقا خسرو سوار ماشین آقا خسرو شدند و به سمت خانه آقای احمدیان که تا لحظه های آینده به سیاوش تحویل داده می شد راه افتادند، دم در خانه آقا خسرو ایستاد، سیاوش و آقای احمدیان پیاده شدند. کامیون با بار اثاثیه کنار در حیاط و کوچه ایستاد منتظر حرکت بود با آمدن آقای احمدیان راننده رو به او گفت : حاجی کی راه بفتیم

آقای احمدیان : تا ده دقیقه دیگه به امید خدا، الان آمدم.

آقای احمدیان رو به سیاوش :آقای رضایی کلید دست شماست بی زحمت در حیاط را باز کنید. سیاوش تعارفی کرد و کلید را به در انداخت و در حیاط را باز کرد و بعد هم به آقای احمدیان و آقا خسرو قبل خودش تعارف کرد که وارد شوند و بعد آنها وارد حیاط شدند

آقای احمدیان : من تمام قبض های ماه گذشته را تسویه کردم و آنها را به سیاوش داد، سیاوش : دست شما درد نکنه آقای احمدیان، بعد هم داخل خانه شدند، آقای احمدیان هم تمام اسباب اثاثیه خانه را خالی کرده بود. کف خانه سرامیک فرش شده بود که بار اول که به اتفاق آرزو آمده بود ندیده بودند

آقای احمدیان : انشاءالله به سلامتی اینم خانه تحویل شما. همه چیز سالم و سرجایش هست طبق قرار تنها وسایل و اثاثیه زندگیمان را که گفته بودم برداشتم هود و کابینت و چراغها سرجایشان هستند

سیاوش : ممنون آقای احمدیان خدا خیرتان بدهد همه چیز عالی است و من بیشتر مزاحم وقت گرانبهای شما نمیشوم بازم ممنون خیرشو ببنید خداوند عوض تان بدهد و آقای احمدیان روی سیاوش را بوسید و گفت : خدا پدرت را بیامورزد

واقعاً خوشحال شدم که پسر اکبر آقا خانه مان را خرید ایشالله برای شما خیر و مبارکه اگر با من کاری ندارید من بروم راننده کامیون منتظره

سیاوش : ناهار حداقل پیش ما تشریف داشتید

آقای احمدیان : ممنون پسرم بعد هم رو به آقا خسرو، دست شما هم درد نکنه آقا خسرو ایشالله بعد از ۱۳ میام خدمتتان

آقا خسر و : به چشم من در خدمتم بازم برای هر دوی شما مبارک باشه

سیاوش و آقا خسرو برای بدرقه و خداحافظی تا کنار ماشین همراه آقای احمدیان آمدند. بعد حرکت کامیون سیاوش درب حیاط خانه اش را بست و به همراه آقا خسرو به سمت مغازه برگشت تا وسایل سفارش داده شده مادرش را از مغازه بردارد و با خود به خانه ببرد. با رسیدن سیاوش به خانه آرزو با لبخند به استقبال سیاوش آمد و خواست تا وسایل را از دستش بگیرد سیاوش : نه خانمی تو زحمت نکش، کمی سنگینه خودم میبرم آشپزخانه

آرزو : باشه خسته نباشی عزیزم

سیاوش : ممنونم خانمی، چه خبر اوضاع و احوالت خوبه

آرزو : خوبم اتفاقاُ خیلی خوشحالم که مامان اینا دارن میان

سیاوش : منم خوشحالم عزیزم، راستی خونه را تحویل گرفتم بعداز ظهر دو سه تا کارگر میبرم تا خوب خونه رو تمیز کنن. بعد هم اگه شد میام بریم چیزهایی که برای خونه لازم داریم بخریم

آرزو : مبارکه،دستت درد نکنه پس خیلی خبرها داری عزیزم ممنونم، باشه چشم منم فکر میکنم دیگه راجع به خونه باید به مامان و یاسمن بگی

سیاوش : باشه سر ناهار با اونها صحبت می کنم تا شاید بعداز ظهر برای فرش کردن خونه یاسمن هم بیاد کمک

آرزو : باشه ممنون عزیزم خوبه

سیاوش داخل آشپزخونه به مادرش سلام کردو گفت : مامانجون اینم سفارشات شما

صدیق خانم : دستت درد نکنه توزحمت افتادی پسرم

سیاوش : نه چه زحمتی مادر، داشتم میومدم سر راهم میوه فروشی داشت سبزی هم گرفتم

صدیق خانم : ممنون پسرم تا یکی دو ساعت دیگه آقا رحمان و خاله و بچه هایش هم می رسند، ما ناهار می خوریم. برای آنها آماده کرده ام

سیاوش : می خوای صبر کنیم آنها بیاند باهم بخوریم

صدیق خانم : شاید دیر کنند گرسنه تان کند

سیاوش : من مورد ندارم خودم را با چند میوه و شیرینی سرگرم می کنم دسته جمعی ناهار بیشتر می چسبد،راستی یاسمن کجاست مامان

صدیق خانم : تو اتاقشه،کارش داشتی

سیاوش : نه فقط می خواستم اون خبری که دوست داشت بشنوه رو الان بگم

صدیق خانم : خیره ان شاء الله خوش خبر باشی

سیاوش : من برم یاسمن و آرزو را صدا کنم بیان تا برای شنیدنش بیان آشپزخونه کنار شما

صدیق خانم : باشه پسرم برو صداشون کن

سیاوش اول به اتاق یاسمن رفت و با چند ضربه به در با صدای بفرمائید یاسمن داخل شد و به یاسمن سلام کرد و گفت : چقدر می خوابی خواب آلو

یاسمن : سلام داداش نه اتفاقاً بیدار بودم داشتم وسایلم را ردیف می کردم چه عجب این ورا

سیاوش : عجب به جمالت راستش می خواستم اون خبر خوشی رو که داشتم، به همه بگم.اگه دوست داری بیا آشپزخونه کنار مامان می خوام براتون تعریف کنم

یاسمن : چه عالی من همین الان اومدم

سیاوش : پس من برم آرزو رو صدا کنم بیاد

یاسمن : باشه من تو آشپزخونه منتظر شنیدن خبر خوشتونم

سیاوش به اتاق خودشان برگشت آرزو مشغول جمع و جور کردن کمد لباسها بود.

سیاوش: آرزو جون میای آشپزخونه تا با هم موضوع خرید خانه رو بگیم

آرزو : باشه عزیزم تو برو من اومدم.

سیاوش به آشپزخونه برگشت یاسمن و مادرش کنار میز نشسته بودند صدیق خانم مقداری آجیل روی میز گذاشته بود یاسمن مشغول شکستن تخمه و خوردن به سیاوش گفت : داداش پس کو این زن داداشمون

سیاوش : آرزو جون داره میاد. بعد هم سیاوش روی صندلی کنار یاسمن نشست با آمدن آرزو و نشستن روی صندلی سیاوش گفت : راستش ما سه چهار روز قبل برای خودمون خونه خریدیم امروزم من رفتم کلیدهاشو تحویل گرفتم

یاسمن : جدی کجا، کی رفتین، آهان اون روز که تو آرزو جون خندون اومدید من گفتم شما یه کاری کردید، پس بگو، مبارکه ایشالله سلامتی

آرزو : ممنون یاسمن جون ایشالله عروسیت

صدیق خانم : مبارک و سلامتی پسرم ایشاله برای تو و آرزو جون مبارک باشه عروسی و جشن توش بگیرید حالا کجا هست،

سیاوش : جای دوری نیست دیوار به دیوار حیاط خودمون هست

یاسمن : یعنی چی کجا؟

سیاوش : ما خونه آقای احمدیان را خریدیم همین دو طبقه ایی کنار خونه، بعد هم گفت : از اینجا هم می تونیم ببینیم دوست دارید بریم الان ببینیم

یاسمن : آخ جون بریم

سیاوش : مامان توام میای ؟

صدیق خانم : آره پسرم بریم

آرزو و یاسمن سریع یه چادر خونه سرشون کردند و صدیق خانم هم که همیشه چادر دم دست داشت سرش کرد و به اتفاق سیاوش برای دیدن خانه از پله پائین آمدن توی حیاط سیاوش خانه را نشانشان داد :ببینید دیوار باغ ما، با دیوار خانه کنار هم قرار دارد. بعد از اینکه از حیاط بیرون رفتند سمت چپ در حیاط خانه اولین درب سفید را سیاوش باز کرد بعد هم به مادرش و یاسمن و آرزو گفت : بفرمائید اینم خونه جدید ما

صدیق خانم : چه حیاط تمیز و مرتبی داره باغچه هاش با سلیقه درست شده خانم احمدیان زن با سلیقه ایی بود عروسی پسراش من اینجا اومدم زنی فوق العاده مهربون و خوش سلیقه بود

آرزو : آره خاله جون خانه اش که خیلی مرتب و خوش ساخته، دکوراسیون و کابینتش هم عالیه

یاسمن : مبارکه خیلی قشنگه چه حیاط خوبی داره فکر کنم تو پارکینگ دو تا ماشین جا میشه تو حیاطم کلی جا داره

سیاوش : آره پارکینگ داره خوبه، حیاطشم فرش شده خیلی عالیه. بعد هم وارد اتاق پائین شدند خوبی خانه این بود که براحتی میشد طبقه پائین و بالا را از هم سوا کرد و دیوار کشید برای همین هم سیاوش گفت: ایشالله من یه دیوار برای حیاط جلو می کشم و طبقه پائین و میدم اجاره. طبقه بالا رو خودمون استفاده می کنیم.

صدیق خانم : ایشالله

بعد از دیدن اطاقها و سالن و آشپزخانه واحد پائین که با به به و تعریف صدیق خانم و یاسمن و همراه بود برای دیدن طبقه بالا از واحد پائین بیرون آمدند و به پارکینگ برگشتن و از پله بالا رفتن. واحد بالائی ساختمان خیلی بزرگتر و وسیع تر بود تمام سالن بزرگ سرامیک فرش شده بود که مثل الماس می درخشید سقف خانه هم به طور زیبائی گچ بری و نما داده شده بود داخل سالن از چراغهای هالوژن داخل دیوار به شکل زیبائی کار شده بود نقش مینیاتوری قابهای گچ بری شده دیوارها واقعاً زیبا به چشم می آمد

صدیق خانم : به به چقدر زیبا چقدر این آقای احمدیان با سلیقه خانه را ساخته بود

یاسمن : واقعاً قشنگه چه سالن زیبا و بزرگی دارید بعد هم اتاق خوابها را دیدند بین اتاقهای خواب سرویس بهداشتی و یک حمام بزرگ قرار داشت که بطور خیلی زیبا و مدرن ساخته شده بود.آشپزخانه ایی کنار پذیرایی بزرگ قرار داشت که با میز اوپن سنگ بزرگی از پذیرایی جدا شده بود دو طرف دیوار آشپزخانه کابینت کاری شده بود قسمتی از دیوار آشپزخانه کابینت و دکور قفسه ایی ساخته شده بود که می شد تمام ظرفها را در آن جای داد جای یخچال و فریزر هم لحاظ شده بود سینگ ظرفشویی هم در جای مناسب قرار داشت جای اجاق گاز هم به دقت انتخاب شده بود با تحسین و تمجید صدیق خانم و یاسمن و آرزو که دائم به سیاوش آفرین می گفتند و از خرید این خانه ابراز رضایت کردند و این او را خوشحال و می کرد. سیاوش گفت :بعداز ظهر قراره کارگر بیارم تا اینجا رو گردگیری و تمیز کنه تا ما بتوانیم فرش کنیم ایشالله بتونیم برای فردا شب شمام همه را دعوت کنیم تا در شادی ما شریک شوند

صدیق خانم : کار خوبیه پسرم من هم برای فرش کردن اتاقها می آیم باید چند تا کارگرم بیاری تا وسایل خودتان را که چند ساله تو انبار مانده و باز نکردید را بیارید اینجا،بیشتر جهاز و فرشهای آرزو جون هنوز دست نخوردست فکر نکنم شما وسایل زیادی لازم داشته باشید باید فرش بخرید.آرزو : آره خاله جون من هنوز فرشامونو باز نکردم باید اول اندازه سالن و اتاق ها را به دست بیاریم بعد اگر فرش کم داشتیم بریم بخریم

صدیق خانم : آره دخترم بهتره تا تمیز کردن خونه صبر کنید بعد این که سیاوش کارهای تمیز کاری را انجام میده ما هم وسایل و لوازم زندگیتونو برای جابجایی آماده کنیم.

آرزو : نه خاله جون شما زحمت نکشید تا بعدازظهر بابا و مامان و افسانه اینها میان دست جمعی بهتره

صدیق خانم : آره دخترم.ای وای یه ساعته که اینجائم شاید مادرت اینها اومده باشن کسی خونه نیست بهتره برگردیم

سیاوش : آره مامان بریم تازه من باید برم مغازه تا کارگر برای تمیز کردن خونه بگیرم.

صدیق خانم و بچه ها به خانه برگشتن زیاد طول نکشید که زنگ آیفون در به صدا در آمد.سیاوش : بله

آقا رحمان : سیاوش جان ما اومدیم

سیاوش : سلام خوش اومدید، بعد هم در را برای آقا رحمان و خاله و بچه هایش باز کرد سیاوش با صدای نسبتاً رسایی آمدن خاله و شوهر خاله و بچه ها را اعلام کرد و به آرزو گفت :آرزو جان بابا مامان اینا و داداش امیر اومدن، آرزو هم با شنیدن صدای سیاوش سریع از اتاق بیرون اومد، سیاوش: تو عجله نکن مواظب باش

آرزو : باشه

سیاوش : من برم دم در استقبال تو رو همین ایون ایست کن باشه

آرزو : باشه عزیزم

سیاوش برای استقبال سریع به سمت در حیاط دوید از دور امیر و خانمش نازنین و افسانه و خاله که وارد حیاط شده بودند را دید از همان دور با خوشحالی سلام کرد: خیلی خوش اومدید خاله جون، سلام امیر جان سلام افسانه سلام نازنین خانم سال نو شما مبارک سفر بی خطر خیلی خوش اومدید،تا که نزدیک آنها شد.

سمیه خانم سیاوش را در آغوش کشید و بوسید : سلام سیاوش جان سال نو شما هم مبارک خوبید سلامتید.

سیاوش با امیر هم دیده بوسی کرد و سال نو را تبریک گفت بعد هم با افسانه سلام و احوالپرسی کرد و سال نو را تبریک گفت و به خانم امیر سلام کرد و قدم نو رسیده و سال نو را تبریک گفت : خیلی خوش اومدید چه عجب خیلی از اومدنتون خوشحالیم

نازنین : ممنون آقا سیاوش عید شما هم مبارک ایشالله قسمت شما و آرزو جون شه. آرزو جون چطورن؟

سیاوش : خوبه رو ایون منتظر شما هستند، خاله جون شما برید منو و آقا رحمان با هم می آئیم. سیاوش به سمت در حیاط رفت و قفل در بزرگ را باز کرد تا آقا رحمان ماشین خودش را داخل حیاط بیاورد

سیاوش : سلام آقا رحمان خسته نباشی سفر بی خطر سال نو مبارک. آقا رحمان برای دیده بوسی از ماشین پیاده شد و به سیاوش دست داد و او را در آغوش گرفت و با هم دیده بوسی کردند و سال نو را تبریک گفتند

سیاوش : می خواهید شما برید بالا تا من ماشین را بیارم تو حیاط و میام

آقا رحمان : زحمتت زیاد میشه پسرم

سیاوش پشت رل نشست و ماشین را داخل حیاط آورد و در کناری پارک کرد بعد هم برای بستن در حیاط رفت. آقا رحمان کیف و وسایل بچه ها را از صندوق در آورد، سیاوش در حیاط را بست و برای بردن کیف و وسایل به آقا رحمان کمک کرد.

آرزو از همان دور که مادر و افسانه و زن داداشش را دید خواست به سمت آنها بیاید که سمیه خانم گفت : نه دخترم صبر کن الان رسیدیم افسانه کمی بر سرعت حرکتش افزود آرزو وقتی افسانه به کنارش رسید محکم خواهرش را در آغوش کشید و غرق در بوسه کرد و عید را به افسانه تبریک گفت و نگاه خریدارانه ایی به افسانه انداخت و گفت : وای ماشاءالله خواهرم چه خانم و خوشگل شده

افسانه : خواهر جون باز داری ازم تعریف میکنی ؟ خوب خوب هستی آرزو جون، نی نی کوچولو در چه حاله هنوز موقع به دنیا اومدنش نشد، دلم براش یه ذره شده زودتر ببینمش

آرزو : فدای تو خواهر خوب خودم بشم نه هنوز چند ماهی مونده

یاسمن هم به گرمی افسانه را در آغوش گرفت و دو دخترخاله با صمیمیت از دیدن هم ابراز خوشحالی و شادمانی کردند. آرزو با مادرش و زن داداشش هم به گرمی دیده بوسی کرد و سال نو را تبریک گفت یاسمن و صدیق خانم، خاله سمیه و نازنین را در آغوش گرفتند و دیده بوسی کردند و سال نو را به هم تبریک گفتند صدیق خانم هم همچو خواهرش از افسانه تعریف کرد ، سمیه خانم : یاسمن جون ماشاءالله چقدر خوشگل و بزرگ شدی این یه سالی چقدر تغییر کردی خانمی برای خودت شدی

یاسمن :خاله جون من که فرقی نکردم افسانه جون رو بگی چرا، خیلی خانم شده

سمیه خانم : نه که تو هنوز بچه موندی برای خودت یه پارچه خانم شدی عزیز خاله

یاسمن : ممنون خاله جون

صدیق خانم از همان لحظه دیدن خواهرش دل تو دلش نبود و از خوشحالی دیدن خواهرش کلی ذوق کرده بود

صدیق خانم : خواهر چرا دیر کردید، ما زودتر از اینا منتظرتون بودیم

سمیه خانم : خواهر جون جاده واقعاً شلوغ بود کلی تو جاده هراز ترافیک بود انگار همه داشتن می اومدن شمال

صدیق خانم : پس آقا رحمان کلی خسته شدن پشت رل تا برسین

سمیه خانم : آره خواهر جان هر چند آقارحمان عادت به ترافیک و راه بندون داره ولی واقعاً خسته کننده بود

صدیق خانم : باز خدا رو شکر سلامت رسیدین شما برید تو من هم اومدم

آقا رحمان هم همراه سیاوش داشت می آمد.صدیق خانم دم پله به همراه آرزو منتظر آقا رحمان بود،

صدیق خانم: سلام آقا رحمان خیلی خوش اومدید سفر بی خطر خسته نباشی سال نو شما هم مبارک

آقا رحمان : سلام صدیق خانم سلامت باشید،بچه ها خوبند سال جدید شما هم به خیر و خوشی، ببخشید که معطل شدید راستش زیاد تو ترافیک موندیم

صدیق خانم : خدا رو شکر سلامت رسیدید، بفرمائید آقا رحمان خسته اید بفرمائید

آقا رحمان : ممنون.

آرزو پدرش را به گرمی در آغوش گرفت و دیده بوسی کرد و سال نو را به او تبریک گفت،آقا رحمان هم با دیدن آرزو غرق در شادی و سرور شد و گونه و پیشانی دخترش را بوسید و سال نو را به تبریک گفت و از او احوال خودش و بچه اش را پرسید و گفت : کو هنوز وقت دیدن نوه عزیزم نشده ما که دلمون یه ذره شده

آرزو : نه بابائی هنوز خیلی مونده، بابا خیلی خوش اومدید خوشحالمون کردید

آقا رحمان : ممنون دخترم ما هم دلمون برای دیدنتون یه ذره شده بود مهمون می اومد و می رفت نمی شد زودتر بیایم و ما هم باید یه چند جا برای دید و بازدید تبریک سال نو می رفتیم تازه تموم شد فرصت رو غنمیت شمردیم گفتیم هر چه زودتر بیایم پیش شما

سیاوش : خیلی خیلی خوش اومدید در هر صورت به ما افتخار دادید که تشریف آوردید.ما باید خدمت می رسیدیم یه خرده کار داشتیم

آقا رحمان : ممنون آقا سیاوش شما لطف دارید

سیاوش : آقا امیر شما واقعاً ما رو خوشحال کردید که اومدید ، بابا ما که دلمون برای دیدنتون یه ذره شده بود

امیر : ممنون پسرخاله ما هم دلمون براتون تنگ شده بود، والله خیلی وقته من و نازنین تصمیم داشتیم بیایم ولی هم به دنیا اومدن نسیم سرگرممون کرد هم اینکه فکرشو نمی کردیم یه بچه این همه بریز و به پاش داشته باشه که ما دوتا وقت سر خاروندن نداشته باشیم

سیاوش : خدا الهی نگهدارش باشه، بچه ها باعث شادی و دل گرمی زندگین

امیر : آره این که البته واقعاً برای ما باعث دل گرمی و شادی شده

آرزو از دیدن نانین هم بسیار خوشحال شده بود وقتی نازنین را در آغوش گرفته بود شادمانه به نازنین گفت خیلی از آمدنت خوشحالم، خیلی دوست داشتم توهم بیایی فکرکنم خدا هم حرفهامو گوش داده

نازنین : منم از دیدنت خوشحالم ایشالله به سلامتی بچه ات را بدنیا بیاوری و ما هم از دیدنت بچه نازت خوشحال بشیم

آرزو : ممنون نازنین جون واقعاً دلم می خواست نسیم کوچولو رودوباره ببینم الهی عمه فدا بشه چقدر ناز و تپلی شده

نازنین : آره مامان قربونش بره داره بزرگ میشه

وقتی سیاوش در کنار آقا رحمان و امیر نشست،صدیق خانم در آشپزخانه برای مهمان عزیزش چای می آورد، صدیق خانم یاسمن را که مشغول گپ و گفتگو با افسانه بود صدا کرد : یاسمن : بله مامان الانه اومدم

صدیق خانم : دخترم یاسمن جون بیا چایی رو ببر واسه آقا رحمان و بچه ها تا من هم ناهار را آماده کنم.سمیه خانم هم به آشپزخانه به کنار خواهرش آمده بود

سمیه خانم :خواهر اگه کاری هست بگو من انجام دهم

همگی برای خوردن ناهار دور سفره به اتفاق نشستن جمع گرمی و صمیمی آنها با تعارف و تعریف از غذایی که صدیق خانم درست کرده بود حس و حال خوبی را ایجاد کرده بود سیاوش نگاهی به آرزو کرد و می خواست تا آرزو موضوع خرید خانه را به میان بیاورد

آرزو : راستی سیاوش جان موضوع خرید خانه ؛ تا حرف آرزو به این کلمه رسید،توجه سمیه خانم و بقیه به سمتش جلب شده بود که سیاوش با گفتن : آره آرزو جون چه خوبه بگو الان بهترین موقع دادن خبر خوبه

آقا رحمان : به به چه عالی من که با جون و دل مشتاق شنیدن خبر خوبم

سمیه خانم : آره دخترم آرزو جان بگو تا ما هم بدونیم هر چی هست معلومه یه چیزی خریدید مربوط به بچه میشه

آرزو لبخندی زد و گفت : چشم مامانی آره مربوط هست ولی برای من و سیاوش به اندازه اونم مهمه، راستش ما چند روز پیش خونه خریدیم امروزم خونه را تحویل گرفتیم

سمیه خانم : جدی مبارکه سلامتی

آقا رحمان : مبارکتون باشه سیاوش جان

امیر : داداش سیاوش مبارکه ایشالله سلامتی

نازنین: چه عالی سلامتی آرزو جون

افسانه هم گفت : مبارکتون باشه کجا هست ؟

سیاوش : همین دور و اطراف ایشالله بعد از ناهار حوصله کردید همراه آرزو جون برید ببینید منم باید برم مغازه تا کارگر برای تمیز کاری و فرش کردن خونه بیارم

آقا رحمان:سیاوش جان چه خوب شد ماهم اینجاییم تا به شما کمک کنیم من همراه تو میام

سیاوش : زیاد عجله نیست شما اول برید همراه آرزو خونه را ببینید و قراره آرزو جون اندازه سالن و اتاقها را با فرشهایی که داریم یکی کنه اگر کم بود من فرش بگیرم بیارم

آقا رحمان : باشه چشم پس ما بریم اول خونه رو ببینیم و بعد من از اونور میام مغازه تا بریم دنبال کارها

سیاوش :زحمتت زیاد میشه آقا رحمان

سمیه خانم : نه پسرم چه زحمتی، دخترم اگه حوصلشو داری الان بریم ببینیم

آرزو : مامان جون شما الان خسته این که

سمیه خانم : نه دخترم اتفاقاً خوشحال میشم الان بریم ببینیم

آرزو : پس باشه آماده بشین بریم

افسانه و یاسمن زودتر از همه از سرجاشون بلند شدند : ما آماده ایم

امیر و نازنین : ما هم حاضریم بریم

آقا رحمان تو حیاط منتظر اومدن بچه ها بود ، اومدین ؟

آرزو : آره بابا من اومدم. یکی یکی از اتاق اومدند بیرون.

آرزو :بابا اون خونه ماست

آقا رحمان : کدوم دخترم ؟؟

آرزو : اون یکی، ساختمان دو طبقه کنار، خوبه ؟؟

سمیه خانم : ببین کجا خونه گرفتن به به چه سلیقه ایی چه جایی آفرین سیاوش، چه جای خوبی چقدر نزدیک

امیر : آفرین سیاوش واقعن جای خوبی گرفتی.

دم در خونه رسیدن که آرزو کلید انداخت و در رو باز کرد بفرمائین اینم خونه ما. بابا اول شما بفرمائین

آقا رحمان : نه دخترم بفرمائین همه با هم می ریم خانم شما بفرمائین

سمیه خانم : به به به به سلامتی

آقا رحمان :چه حیاطی چه باغچه های قشنگی پارکینگ دارم که هست خوبه معلومه که صاحب خونه قبلی خیلی با سلیقه بود.

دسته جمعی شروع کردن به دیدن خونه اول پائین و دیدن و بعد رفتن بالا

سمیه خانم : چقدر قشنگه چه سالن بزرگی خونه قشنگیه سلامتی دخترم

نازنین : چقدر تزئینات و گچ بری داره

افسانه : وای آشپزخونشو نگاه کن

امیر : خیلی بزرگه خوبه کلی آدم جا میشن توش

آرزو : ان شاءالله امروز اگه تونستیم فرش کنیم فردا شب همه شام دعوتین

سمیه خانم : ان شاء الله کمک می کنیم درستش کنین، خیلی عالیه دست سیاوش درد نکنه خیلی خونه خوبی خرید خداحفظش کنه

افسانه : مامان بیا حماماشو نگاه کن، مامان بیا. یاسمن راست می گفتیا چه کاشیهای قشنگی داره چقدر بزرگه اندازه یه اتاق خوابه

نازنین : آره خیلی بزرگ و قشنگ و تمیزه

آقا رحمان گفت : خب دخترم ما که همجا رو دیدیم خونتون خیلی بزرگ و قشنگه ان شاءالله سلامتی دست آقا سیاوش هم درد نکنه، متر کجاست که من اینجا رو متر کنم ؟

آرزو : بابا من نمی دونم متر کجاست متر خیاطی خوبه ؟

آقا رحمان : نه دخترم من تو ماشین متر دارم میرم میارم

سمیه خانم و نازنین هم مشغول سرک کشیدن به اتاق خوابها و دور اطراف شدن. یاسمن و افسانه هم در آشپزخانه مشغول دیدن کابینت و دکورهای آشپزخانه بودن امیر هم مشغول و تماشای گچ بری های سالن بود آقا رحمان متر و آورد.

افسانه : خواهر جون حسابی مارو سورپرایز کردی و زودتر نگفتی یه کادو برات بگیریم

آرزو : غصه کادو نخور هنوز اولشه

سمیه خانم : دخترم بگو چی تو آشپزخونت کم داری من بگیرم

آرزو : مامان شوخی کردم سلامتیتو میخوام

سمیه خانم : دخترم شوخی چیه، من خودم خوشحال میشم برات هدیه بگیرم

نازنین : آره آرزو جون یه چیز بگو که منم بگیرم هر چی کم داری

امیر : آره خواهر جون

آرزو : من سلامتیتونو می خوام هم اینکه اینجا هستین خیلی خوشحالم کردین

سمیه خانم : اینکه تعارفه ، ماهم باید خوشحالیمونو نشون بدیم.

آقا رحمان هم رسید :امیر جون بیا اون سر مترو بگیر تا ببینم سالن چند متره

امیر : فکر کنم سالن ۸ متر پهنا و بلندشیم حدود ۱۲متر باشه

آقا رحمان : نه پسرم بیا متر کنیم

امیر : حالا ببین بابا اگه درست نبود

آقا رحمان : اطمینان داشته باشیم بهتره، این اندازه سالن دو تا اتاق خواب داره یه اتاق اتاق بچه و یه اتاقم باید ببینیم چقدر میشه متراژش

آقا رحمان : آرزو جون بیا متر کردیم و اندازشو بدست آوردیم، من دارم میرم پیش سیاوش شما برید خونه ببینید چند تا فرش دارید هر چی کمه زنگ بزن مغازه.وسایلو بزارین رو ایون تا اومدیم سریع با کارگر بیایم اینجا

آرزو : شما خسته ایی بابا باشه واسه فردا

آقا رحمان : نه دخترم می رسیم تا شب

سمیه خانم : پس ما هم بریم خونه وسایلاتو از تو انبار در بیاریم ببینیم چی کم داریم

آرزو : آره مامان بریم

سمیه خانم : دخترها بیاین بریم

تا شب کارهای خونه رسیده شد ، سیاوش هم تا قبل از غروب کارهای تمیزکاری و انجام داد. سمیه خانم و صدیق خانم و بچه ها وسایل و از انبار

بیرون آوردن برای اتاق خوابها فرش کم داشتن باهمت و همکاری همه خانواده به کارگرهای که سیاوش آورده بود تا ۱۲ شب اسباب و اثاثیه آرزو و سیاوش به خونشون منتقل شد. سیاوش و آقارحمان شب برای محافظت از وسایل شب در خونه جدید خوابیدن. صبح زود هم شروع کردن به نصب اجاق گاز و وسایل تا برای مقدمات اولیه زندگی آماده بشه. طولی نگشید که سیاوش نون گرم گرفت و همه رو بیدار کرد : پاشید امروز کلی کار داریم

صدیق خانم :آره پسرم ما آماده ایم دیشب به شما سخت گذشت

سیاوش : نه مامان خوب بود

سیاوش : مامان امروز ناهار بریم اونجا وسایل و بگیر هر چی کم دارینم بگو

صدیق خانم : باشه پسرم چشم.

بعد از صبحانه، همگی با جمع کردن وسایل به خونه جدید رفتند تا به کارها برسن، وقتی خونه فرش شد همه خوشحال و تبریک گفتند. آقا رحمانم از صبح همه کارها و برق کاریهای خونه رو رسیده بود یخچالم که سرجاش قرار گرفته بود مونده بود یه لباسشویی که سمیه خانم گفت : آقارحمان جای لباس شویی خالیه باید براشون بگیریم

آقارحمان : چشم، بعد به امیر هم گفت : پسرم یه لوستر برای سالن بگیر کمه

امیر : باشه بابا ما یه لوستر می گیریم، چقدر خوب فکر خوبیه.

افسانه و یاسمن و نازنین مشغول ردیف کردن اتاق خوابها و آرزو و سمیه خانم مشغول چیدن ظرفها تو کابینت بودن.صدیق خانمم مشغول پخت و پز بود. آقا

رحمان و امیر برای خرید لوستر و لباسشویی رفتند. موقع ناهار آقارحمان و امیر اومدن و مشغول نصب لوسترها شدند و سیاوش بعد از آنها با وسایلی که آرزو سفارش داده بود رسید و به آرزو گفت : آرزو جون به آقا مهدی و احمد آقا و بچه ها گفتم برای شام دعوتن اینجا. سولماز و بهار عصر با بچه ها اومدن و دامادها هم بعد از آنها آمدند شام همه با هم در خانه سیاوش و آرزو با خوشی و شادی دور هم بودند. امیر و نازنین و نسیم کوچولو شبها پیش آرزو و سیاوش بودند و سمیه خانم و آقا رحمان و افسانه خانه صدیق خانم بودند، روزها به گردش و خوشی سپری می شد. افسانه و یاسمن زیر درخت آلوچه که خیلی خاطرات داشتند بودند و افسانه از دوستها و کارهای خودش برای یاسمن تعریف کرد و یاسمن هم از دوستهایش و ماجرای خواستگاری سهند را با افسانه در میان گذاشت.

در یکی از روزها که به اتفاق هم برای گردش از خانه بیرون آمده بودند ناگهان یاسمن با شاهرخ روبرو شد، شاهرخ منتظر فرصتی بود که یاسمن را ببیند تا یاسمن را دید با موتورش جلوی یاسمن را گرفت و گفت : به به یاسمن خانم میشه شما را دید ؟

افسانه : آقا مزاحم نشین بفرمائین

شاهرخ : تو همون دختری هستی که اولین روز چراغ سبز می دادی

افسانه : شما ؟

شاهرخ : من شاهرخم همونکه جلو مغازم مانور می دادی. من دوست یاسمن هستم

یاسمن : هیچ هم دوستم نیستی من با تو دوستی ندارم، مزاحم نشو. راهتو بکش برو

شاهرخ : چیه می خوای منو بزنی

یاسمن : نزار برات گرون تموم شه

شاهرخ : بزار تموم شه

یاسمن : نمیخوام آبروتو ببرم

شاهرخ : من می خوام آبرومو ببری

افسانه : حالا نشونت می دم، آهای مزاحم، مردم این مردتیکه مزاحممون شده. شاهرخ که دید افسانه حسابی شلوغ کرد و مردم متوجه اون شدن و به سمتش میان موتورشو روشن کرد و سریع دور شد

افسانه رو به یاسمن گفت : پسره یه لا قبا فکر کرده ازش می ترسیم حقشو باید گذاشت کف دستش. افسانه و یاسمن باهم حسابی تو بازار گشتن و برای خودشون کمی خرید کردن و به خونه برگشتن اونروز حسابی برای گفت و گو سوژه داشتن یاسمن به افسانه گفت : دوست داری با بچه ها بریم بیرون پارک یا دریا، به مرجان و سحر هم بگیم باهامون بیان

افسانه : آره خیلی دوست دارم دوستاتو ببینم.

شب یاسمن با سحر و مرجان تماس گرفت و بهشون گفت دخترخالم اینجاست و خیلی دوست دارم بریم بیرون و آشنا بشین. اگه دوست دارین برای فردا با هم بریم گردش

سحر : برای فردا برنامه ایی ندارم و خوشحال میشم با هم باشیم

، یاسمن هم از سحر و مرجان تشکر کرد و برای فردا قرار گذاشت. شب یاسمن و افسانه کلی راجع به شاهرخ صحبت کردن و افسانه پرسید :تو با این پسره دوست شدی ؟

یاسمن : یه مدت باهاش دوست بودم ولی خیلی وقته هیچ ارتباطی باهاش ندارم.

افسانه که حسابی تعجب کرده بود یاسمن رو سین جیم کرد و یاسمن کل ماجرا را برای افسانه تعریف کرد. افسانه فهمید شاهرخ پسری بود که صبح مزاحم یاسمن شده بود همان پسری بود که چند سال پیش وقتی برای تولد شادی به خرید رفته بودن داخل پاساژ مغازه داشت و به آنها شماره داده بود و کمی به فکر فرو رفت و به یاسمن گفت : حسابی مواظب خودت باش اینجور که بوش میاد این پسره دست بردار نیست

یاسمن هم گفت : خیالت راحت مواظبم و میدونم با این پسره چیکار کنم. یاسمن و افسانه تا پاسی از شب مشغول گفت و گو راجع به شاهرخ و سحر و مرجان دوستای یاسمن بودند و یاسمن هم از سحر و مرجان تعریف می کرد که چقدر دوستای خوب و دلسوزی هستند و تمام این مدت به او در درس و مشکلات دوستیش با شاهرخ به او کمک و هم فکری کردند و اگر زحمات و کمک آنها نبود شاهرخ چه بلاهائی به سر او می آورد

افسانه : پس قدر دوستها تو بدون معلومه دوستای خوبین.

خلاصه کم کم خواب به چشمهای افسانه و یاسمن اومد و آنها به خواب رفتن. یاسمن و افسانه تا ظهر خوابیدن، صدیق خانم موقع ظهر به اتاق یاسمن اومد و آنها را صدا زد: چقدر می خوابین دخترها ظهر شده

یاسمن : ما دیر خوابیدیم مامان

افسانه: باشه خاله جون الان بلند شدیم

ساعت حدود چهار بود که یاسمن به افسانه گفت : الان راه بیفتیم بهتره تا چند جا بریم و بگردیم. یاسمن برای بچه ها زنگ زد و گفت ما داریم حرکت می کنیم همدیگه رو تو پارک ساحلی می بینیم بعد به سمت پارک رفتند و زودتر از سحر و مرجان رسیدند و روی نمیکتی روبروی ساحل نشستند تا سحر و مرجان هم از راه برسند. یاسمن از دور وقتی سحر و مرجان را دید کلی ذوق کرد و گفت :اوناشن دوستام دارن میان. وقتی بچه ها به یاسمن و افسانه رسیدند یاسمن آنها را در آغوش گرفت و به افسانه معرفی کرد

یاسمن : بچه ها بریم پارک و دور بزنیم پرنده ها رو ببینیم و تاب بازی کنیم تا غروب کلی کار داریم

بعد از طی مسافتی ۴ تایی به سمت پارک پرندگان رفتند و بعد از کمی گشت و گذار بین قفس پرنده ها برای تاب و سرسره به قسمت بازی پارک برگشتند. سحر از وقتی یاسمن را دیده بود دور و برش بود و یواشکی زیر گوشش می گفت : زن داداشم چقدر خوشگل شده. یاسمن هم می خندید و می گفت : چقدر لوسی سحر

سحر : داشتم می اومدم داداش سهندم سلام رسوند

یاسمن : خوب خوب میبینم داداشتم راه افتاد

سحر : نه یاسمن جون منظور بد نگیر

یاسمن : ها پس چی ، مگه آقا داداش شما با من نسبتی داره که سلام شخصی برام فرستاد؟

سحر : بابا شوخی کردم اصلاً سلام نرسوند خوبه

یامن : باشه ، کمی جدی گرفتم ببینم تو عکس العملت چیه ناراحت نشو ممنون

سحر : کشتی من و داشت باورم می شد که ازم ناراحت شدی

یاسمن : نه سحر جون تو عزیز منی شوخی کردم

افسانه : یاسمن جون تو و سحر خانم چی تو گوش هم پچ پچ می کنید و خودتون می خندید به ما هم بگید تا ما هم بخندیم

یاسمن : چیز خاصی نمی گیم یاد چیزی افتاده بودیم بعد یاسمن رو به بچه ها گفت : بچه ها موافقین بریم سوار اون سورنای ترسناک بشیم، بلیط هاشو بگیریم و یکم بترسیم، خیلی حال میده

افسانه : من که خیلی از هیجان خوشم میاد

مرجان : منم چند وقته نیاز به هیجان و استرس دارم

سحر : منم با جمع موافقم

یاسمن : پس بریم

تا شب گردش و تفریح توی پارک طول کشید. یاسمن و افسانه و سحر و مرجان روز خوب و فوق العاده ایی را در کنار هم در پارک گذراندن با تاریک شدن هوا، سحر به دوستانش گفت : بچه ها کم کم باید بریم من دیگه داره دیرم میشه

مرجان: آره امروز خیلی بهم خوش گذشت کاش تموم نمیشد

افسانه : بچه ها ممنون که امروز با ما اومدید برای من هم فوق العاده بود حسابی خوش گذشت

یاسمن : منم که خیلی خوشحالم خیلی خوش گذشت، بهتره بریم دیگه داره دیرمون میشه خونه نگرامون میشن. وقتی به ایستگاه تاکسی رسیدند سوار تاکسی شدند افسانه پیش دستی کرد و کرایه همه را حساب کرد یاسمن : افسانه جون تو چرا حساب کردی مهمون من بودید

افسانه : من از داشتن دخترخاله و دوستای خوبی مثل سحر و مرجان خیلی خوشحالم شما روز قشنگی برام ساختین من خاطره این روز رو از یادم نمی برم، قابل شما رو نداره یه کار کوچیک انجام دادم در مقابل زحمات شما چیزی نیست،شرمنده ام نکنید.

سحر و مرجانم از افسانه تشکر کردند، سحر اول از همه سر کوچه خودشان پیاده شدند کمی بعد مرجان با یاسمن و افسانه خداحافظی کرد و پیاده شد. یاسمن و افسانه هم خوشحال از دیدن دوستانش و تفریح سر کوچه پیاده شدند و با هم قدم زنان به خانه برگشتند.

صدیق خانم : دخترها اومدید

یاسمن : آره مامان جون

صدیق خانم : خوش گذشت ؟

افسانه : عالی بود خاله جون من که حسابی لذت بردم جای شما خالی

صدیق خانم : ممنون خاله جون همین که به شما خوش گذشت من خوشحالم

افسانه : خاله جون مامان کجاست

صدیق خانم : مامانت و آرزو و نازنین باهم رفتند بازار تا چند تا وسیله برای خونه آرزو خرید کنند

افسانه : چرا دیروز نگفتن، لاعقل می زاشتن ما باشیم باهم می رفتیم

صدیق خانم : شما که با دوستاتون بودید اونا هم بعداز ظهر تصمیم گرفتند شما که دیروز گفتید بعداز ظهر می رید بیرون، اگه خونه بودید حتماً شما را با خودشون می بردند

زیاد طول نکشید که سمیه خانم و نازنین و آرزو از بازار برگشتند و افسانه گفت :بازار خوش گذشت چرا نزاشتین فردا برید تا منم با شما بیام

آرزو : شرمنده افسانه جون یک دفعه پیش اومد وگرنه من از خدام بود تو هم همراهمون بیایی حالا شما رفتید پارک خوش گذشت

افسانه لبخندی زد و گفت : جای شما خالی اون که حسابی خوش گذشت، دوستای یاسمن جون خیلی با صفا بودند

آرزو : آره منم سحر و مرجان را چند باری که دیدم از اخلاقشون خیلی خوشم اومد بچه های خون گرم و صمیمی هستند

افسانه :آره خواهر جون گردش و تفریح با اونها خیلی خوش گذشت روز فوق العاده ایی برام بود

آرزو : خوب خدارو شکر که به تو خوش گذشت

با آمدن سیاوش و امیر و آقا رحمان، صدیق خانم از دخترها خواست تا برای چیدن سفره شام به او کمک کنند. یاسمن و افسانه سریع از جای خود برخواستن و سفره شام را آماده کردند

بعد از شستن ظرفها ی شام افسانه و یاسمن برای استراحت به اتاق یاسمن رفتن و مشغول گپ و گفت راجع به خودشان و دوستانشان و تصمیم های آینده پیش رویشان برای هم شدند

سیزدهم فروردین هم از راه رسیده بود، صبح روز قبل سحر با خانه یاسمن تماس گرفت تا نظر یاسمن را راجع به رفتن دسته جمعی به جنگل سی سنگان را بداند، از چند روز قبل سهند این پیشنهاد را برای سحر مطرح کرده بود و از سحر خواسته بود که راجع به این موضوع با یاسمن هماهنگ کند و او خانواده اش را راضی کند تا با هم این سیزده را بگذرانند، اما سحر از همان ابتدا او را دلسرد کرده بود و گفته بود فکر نکند که خانواده یاسمن با این پیشنهاد موافقت کنند. بعد از تماس سحر و چند بوق تلفن صدیق خانم گوشی را برداشت سحر گفت : سلام سحر هستم دوست یاسمن جون

صدیق خانم : سلام سحر خانم خوب هستید مادر و پدر خوبن آقا سهند خوبند

سحر : ممنون خاله صدیق سلام رسوندن ببخشید خاله یاسمن جون خونه هست

صدیق خانم : آره دخترم گوشی رو داشته باش تا من یاسمن جون رو صدا کنم

سحر : چشم

صدیق خانم برای صدا کردن یاسمن رفت، صدیق خانم همان دم در اتاق یاسمن صدایش زد و بعد هم با یک ضربه وارد اتاق یاسمن شد،یاسمن و افسانه هنوز خواب بودند.

صدیق خانم : وای شما دخترها هنوز خوابید، یاسمن جون گوشی رو بردار دوستت سحر پشت خطه

یاسمن : سلام صبح بخیر مامان باشه این دختره اول صبح چیکارم داره زنگ زده

صدیق خانم : ساعت خواب لنگه ظهره ساعت یازدهه، یه ساعت دیگه   ظهره، بعد هم از اتاق بیرون اومد.

یاسمن : سلام سحر جون خوبی ببخشید که معطل شدی چه خبر

سحر : سلام یاسمن جون خواهش می کنم ببخشید مزاحم شدم خواب بودی

یاسمن : نه داشتم بیدار می شدم خوب شد تماس گرفتی چه خبر سحر جون

سحر : راستش   گفتم فردا قصد داریم برای سیزده به در بریم جنگل سی سنگان گفتم حالا که دخترخالت افسانه جونم هست شما را خانوادگی دعوت کنم با ما بیائید

یاسمن : چی می گی سحر جون، راجع بهش باید فکر کنم، جدی حالا چرا جنگل سی سنگان جای دیگه نیست

سحر : اتفاقاً جای فوق العاده دل پذیر و زیبایی هست من مطمن هستم هیچ جا بهتر از جنگل سرسبزو منظره های طبیعت اطرافش به آدم خوش نمی گذره تو نظرت چی هست

یاسمن : خوب جو گیر نشو سحر جون باید راجع بهش با مادرم و خاله ام هم مشورت کنم اگه همه راضی شدند بتو جواب می دم اگه نه برات زنگ نمی زنم پس چه ما بیایم چه نیایم به شما خوش بگذره سحرجون

سحر :ممنون یاسمن جون پس سعیتو بکن بیای بدون شما خوش نمی گذره ما منتظریم

یاسمن : ناقلا، بازم تویه نقشه ایی تو سرت داری نه

سحر : نه جون خودم فقط دوست دارم تو هم کنارم باشی

یاسمن : تو گفتی و من باور کردم ولی باشه تلاشمو می کنم

سحر : پس منتظرم فعلاً خداحافظ

یاسمن : خداحافظ ناقلا

بعد تماس ، افسانه : کی بود؟

یاسمن :سحر

افسانه :چی می گفت ؟

یاسمن : از من خواست که به مامان و شما اطلاع بدم که فردا دست جمعی با اونها برای سیزده بدر بریم جنگل سی سنگان

افسانه : جدی چه فکر خوبی من عاشق جنگلم

یاسمن : ولی تو اون روی ماجرای دعوت سحر رو نمی دونی

افسانه : خوب خودت که گفتی به من که داداشش ازت خواستگاری کرده لابد الانم در فکر اینه که به تو و خانواده تو نزدیک تر بشه، حتی خاله و خانوادشو از نزدیک ببینه خوب چه اشکالی داره ؟؟ ما هم اونو ببینیم. من که خیلی مشتاق دیدن آقا داماد آینده هستم.

یاسمن :تو چه حرفهایی می زنی، هنوز نه به باره نه به قرار پیش خودت خیال برت نداره که من حاضر بشم برم سیزده بدر اونم با سحر اینها

افسانه : حالا که اون ازت دعوت کرده من همه رو راضی می کنم.حالا ببین چطوری مخ همه را برای رفتن به سیزده بدر میزنم، اول از همه می دونم کی ها رو راضی کنم

یاسمن : تو رو خدا افسانه جون بی خیال شو ما سیزده بدر رو همین جا تو باغ خودمون بیشتر بهمون خوش میگذره ، تاب بلند داریم کلی خاطره می شه

افسانه:تو خسته نشدی هر سال تو باغ بزار یه بارم جنگل رو امتحان کنیم،حالا که سحرجون دعوت کرد که با هم باشیم من از بودن با اون لذت میبرم امیدوارم تو هم نظرت عوض شه

یاسمن :از کی تو به سحر علاقه مند شدی،تو که تنها یه بار اونو دیدی. الهی سحر بگم تو چقدر بلایی از کی خودتو تو دل این دخترخاله من جا کردی من نفهمیدم پس بگو سحرجون از قبل برنامه ریزی کرده حالا هم مطمئن هست که دعوتش قبول میشه پس بگو چرا مطمن بود بهم می گفت تو را آنجا می بینم.

افسانه رفت تا موضوع رفتن به جنگل را با پدرش و بعد با مادر و خاله اش در میان بگذارد.

افسانه : سلام باباجون صبح بخیر

آقا رحمان : سلام دخترم ساعت خواب ظهر بخیر

افسانه : باباجون آخر فصل بهار خوابیدن می چسبه،

آقا رحمان : آره دخترم شما خسته هستید باید بخوابید، بعد هم به دخترش افسانه گفت : شوخی میکنم بیا پیشم بابایی ببینم دختر گلم چرا اینقدر خوشحال هست تا منم خوشحال بشم

افسانه : فدای تو بابائی خودم بشم راستش، افسانه کنار پدرش نشست و دستش را دور پدرش حلقه کرد و گونه های پدرش را بوسید، بابائی

آقا رحمان : جانم، دختر گلم

افسانه : من می خوام برای سیزده بدر به همراه شما بریم جنگل سی سنگان

آقا رحمان : حالا چرا جنگل سی سنگان

افسانه:میگن جای خیلی باصفا و پر از درختهای بلند و باشکوهه تازه هوای خیلی دلچسبی داره

آقا رحمان : من حرفی ندارم اگه مادرت و خاله و بچه ها راضی بودند میریم

افسانه : آخ جون بابایی مهم قبول کردن تو بود، بعد هم دوباره باباش و بوسید و از کنارش برخواست و به آشپزخانه کنار مادر و خاله اش رفت

افسانه : سلام خاله جون، سلام مامان. خوب خواهر خواهر خلوت کردید و دل می دید قلوه می گیرید دارید باز چه نقشه ایی می کشید

صدیق خانم : سلام عزیزم، چیه حسودیت میشه منو خواهرم باهم درد و دل کنیم تو هم برو با خواهرت درد دل کن

افسانه : شکر خدا من که حسود نیستم هر چی دوست دارید باهم گپ بزنید خاله جون. مامان جون منو و بابا تصمیم گرفتیم فردا برای سیزده بدر بریم جنگل سی سنگان

سمیه خانم: تو کی بلند شدی، کی با بابات خلوت کردی که همچین تصمیمی گرفتی همین ده دقیقه پیش که بابات اینجا بود هیچی نگفت

افسانه : خوب وقتی می رفتم پیشش این تصمیمو گرفتیم

سمیه خانم : اها دخترم پس تو این تصمیم رو براش گرفتی، حالا کجا هست دخترم جاش خوبه

صدیق خانم : افسانه جون چه عجب تو یه سال دلت کشید که به دشت و جنگل بری، حالا بگو پیشنهاد کی بود؟ یهو که به سرت نزده.

افسانه : نه خاله جون بین صحبتهای یاسمن و سحر این پیشنهاد به ذهنم خطور کرد گفتم یاسمن به سحر هم بگه اگه دوست دارند ما خانوادگی با اونها بریم

صدیق خانم : پس بگو شما دخترا یه نقشه تو سرتونه، ولی اشکالی نداره اگر جای خوب و باصفایی در نظر دارید بریم دلمون باز شه، سیزده بدر تو جنگل باشیم با صفاتره، منکه حاضرم

سمیه خانم : این جور که بوش میاد شما خاله و خواهرزاده که راضی هستید منم حرفی ندارم به بچه ها هم باید خبر بدیم

افسانه : خاله جون شما به بهار و سولماز جون خبر بدید بقیه کارها را ما انجام می دیم

سمیه خانم : دخترم مثلاً تو می خوای چه کاری انجام بدی ؟

افسانه : مامان من می رم با سحر جون و یاسمن جون هماهنگ بشم

سمیه خانم : واقعاً که چه کار سختی تو می خوای انجام بدی حالا بشین یه لقمه غذا بخور

یاسمن هم به آشپزخانه اومد و سلام کرد

سمیه خانم : سلام به روی ماهت عزیز خاله بیا این افسانه جون برای ما نقشه کشیده قراره ما رو ببره جنگل سی سنگان.

افسانه نگاهی معنی دار به یاسمن کرد و لبخندی زد

یاسمن : افسانه جون قرار نبود

افسانه : چی قرار نبود من که گفتم همه چی با من، میرم مامان جون و خاله جونو راضی کنم حالا هم که به سلامتی همه اعلام آمادگی کردن توچی می خوای بگی

صدیق خانم : آره دخترم یه روزه، افسانه جون دلش میخواد چه اشکالی داره که بریم جنگل سی سنگان خوش میگذره هم شما دخترا دلتون وا میشه یه گشت و گذاری تو جنگل و اطراف میزنید

یاسمن : مامان جون تو نمی دونی این افسانه چه

افسانه نزاشت یاسمن ادامه حرفشو بزنه، خو اِ یاسمن تو چی می خوای بگی، حالا که همه آماده ان تو نمی خوای همراه من بیای

یاسمن : از دست تو افسانه جون آخر حرفتو به کرسی نشوندی

افسانه : حالا بشین چای بخور و یه چند لقمه بردار بعد با هم میریم با سحر هماهنگ می کنیم

یاسمن : افسانه جون تو رو خدا بی خیال

افسانه :یاسمن جون قضیه سیزده بدر دیگه تمام شده قابل برگشت نیست، تو هم بهتره با اونا کنار بیایی من که گفتم تصمیم خودمو گرفتم حالا هم من دارم میرم تو سالن تو هم بیا تا با سحر صحبت کنیم، افسانه از جایش بلند شد و به سالن رفت. زیاد طول نکشید، یاسمن هم به کنارش آمد.

افسانه : شماره دوستت را بگیر با اونم هماهنگ کن بگو کجا همو ببینیم، به نظر من بهتره تو پارک جنگلی هم دیگه رو ببینیم

یاسمن : نمیشه، بی خیال شی

افسانه : نه یاسمن جون بگو شماره دوستتو خودم برات بگیرم

یاسمن : باشه خودم به سحر اطلاع می دم

یاسمن به سحر زنگ زد پس از چند بوق سحر گوشی را برداشت و گفت : بفرمائید

یاسمن : سلام سحر جون

سحر : سلام زن داداش گلم، چه خبر یاسمن

یاسمن : باشه حالا که قراره من زن داداشت باشم بهت نشون میدم، دختر تو چقدر پررو و سمج شدی این طوری نبودی

سحر : آخه من عاشقتم، یاسمن جون از ته قلبم دوستت دارم، میخوام زن داداش خودم باشی

یاسمن : نمی زاری حرفمو بزنم همش حاشیه میری

سحر : بببخشید بگو عزیزم

یاسمن : تو کار خودتو کردی، افسانه تا شنید پاشو تو یه کفش کرد که باید بریم جنگل حالا هم زنگ زدم بگم ما خانوادگی میایم ولی شما لطف کنید یه ساعت مشخص یه جایی نزدیک جنگل یا تو جنگ بگید ما می آئیم اونجا

سحر : فدای تو یاسمن جون خودم، می دونستم راضی می شی حالا که اینطوره تا یه ساعت دیگه بهت خبر میدم

یاسمن : پس من فعلاً خداحافظ

سحر : ممنون خدانگهدار

افسانه : آفرین، حالا سحر چی گفت ؟

یاسمن : از خوشحالی سکته نکرد خوب بود. باورش نمی شد

افسانه : بایدم باورش نشه، ولی خوب کجا باید ببینمتشون

یاسمن : جای مشخصی نگفت ولی خبر می ده تا یکی دو ساعت دیگه فکر کنم می خواد با آقا داداشش مشورت کنه

افسانه : معلومه آقا داداشش خیلی سیاست مداره و بلده چطور خواسته اشو رو پیش ببره

یاسمن : بله انگار سیاستش اینجا هم تاثیر داشت

افسانه : یاسمن جون نگو، من برای خودت گفتم. خودت می دونی تو هم به این آقا سهند علاقه داری ولی وانمود نکن که بی خیالی ، از خدات بود که ببینیش

یاسمن : چه حرفهایی می زنی نه من اصلاً برام مهم نبود

افسانه : آره معلوم بود من که از همون اول فهمیدم که تو اصلاً با علاقه تعریف نکردی تازه براتم مهم نبود که هر چه زودتر دانشگاه قبول شی ، فقط ازم راهنمایی خواستی که چطوری بتونی تو امتحانات پیش دانشگاهی نمره بهتر بیاری فقط برای آینده نه شوهر

یاسمن : وا، افسانه تو چقدر نکته گیر شدی این طوری نبودی

افسانه : خوب دیگه دارم یه چیزهایی رو جلو می ندازم

یاسمن : پس بگو تو نقشه ها داری

افسانه : خب تو اینجور فکر کن

صدیق خانم : بچه ها بیاین ناهار آمادست آقا رحمان اینا اومدن.

موقع ناهار افسانه به جمع گفت ما برای فردا برنامه ریزی کردیم فردا ساعت ۸ راه می افتیم.

سیاوش : کجا ؟

امیر : تازه فردا سیزده بدره

افسانه : هول نکنین واسه سیزده بدر هستیم

امیر : فکر میکردم واسه رفتن گفتی

سیاوش : خب قراره واسه سیزده کجا بریم ؟

افسانه : هیچی من و بابا و یاسمن جون تصمیم گرفتیم بریم جنگل سی سنگان

امیر : چه جای خوبی

افسانه : آره خیلی دیدنیه و نگاهی هم به یاسمن انداخت.همه مشغول خوردن ناهار شدند

آقا رحمان بعد از ناهار گفت : من بعداز ظهر وسایل گردش رو مهیا میکنم

سیاوش پرسید : آقا مهدی و احمد آقا هم میان ؟

صدیق خانم : بله من به بچه ها خبر دادم فقط ساعتشو نگفته بودم که می گم ساعت ۸ آماده باشن

تا صبح همه برای گردش مشغول جمع آوری وسایل مورد نیاز بودند. طبق قرار یاسمن و سحر، سحر یکی دو ساعت بعد تماس گرفت و گفت ورودی جنگل سی سنگان ساعت ۱۰ اونجا منتظریم ماشین مارو که می شناسین

یاسمن : باشه سحر جون

سحر : ما وسایل ناهار کباب و کاهو و ترشی و میاریم می خواین چیزی نیارین

یاسمن : نه سحر جون همه چیز آمادست ممنون از لطفتون وسایلو می آریم

طبق معمول صبح سیاوش و آقا رحمان که برای خرید نان و پیاده روی از خانه خارج شده بودند بازگشتند و صدیق خانم و سمیه خانم با صدای آنها به سالن آمدند. سیاوش به خاله و مادرش صبح بخیر گفت و نون گرم رو به مادرش داد و پرسید : هنوز کسی بیدار نشد

صدیق خانم : نه پسرم همه که مثل شما سحر خیز نیستند

سیاوش : مامان من تا دوش بگیرم شما هم بچه ها رو بیدار کن تا تو ترافیک نمونیم. بعد از صبحانه با آرزو و امیر اینها میایم

طولی نکشید که صدیق خانم میز صبحانه رو آماده کرد سیاوش و بقیه به جمع آنها پیوستند. طبق قرار ساعت ۷.۳۰ آقا مهدی و احمد آقا با خانواده آمدند و آماده حرکت شدند.آقا رحمان ماشین و دم در آماده کرده بود تا بچه ها بیان. سیاوش و آرزو سوار ماشین احمد آقا شدند و یاسمن و مادرش هم به همراه آقا مهدی و خانواده آقا رحمان به سمت جنگل راه افتادند.

صدیق خانم قبل حرکت سبزه ها را به روی ماشین گذاشته بود. بعد از ساعاتی به جنگل سی سنگان رسیدند یاسمن و افسانه طبق قرارشان با سحر نرسیده به جنگل همه جا را نگاه می کردند تا سحر و ماشین آنها را ببینند.

یاسمن : آقا مهدی یه خرده آرومتر برین تا من دوستمو ببینم

آقا مهدی : مگه دوستتم می خواست بیاد ؟ کدوم دوستت یاسمن خانم؟

یاسمن : خانواده آقای جهانی

آقا مهدی: به به جالب شد، شازده داماد آینده هم که میبینیم ناقلا خودتون برنامه ریزی کردین

ناگهان یاسمن سحر را که کنار ماشین ایستاده بود از دور دید و بعد هم برایش دست تکان داد و صدایش زد.آقای جهانی و سهند هم که به احترام آقای رضائی و خانواده اش ایستاده بودند پیاده شدند و سلام و احوالپرسی کردند، آقا رحمان و احمد آقا هم ایستادند و احوالپرسی کردندو سهند آنها را به جای دنج و خلوتی که سراغ داشت برد. جای خیلی باصفا و خلوتی بود همه مشغول آماده کردن وسایل و جابجا کردن آنها شدند و باهم گپ و گفتگو می کردند.

افسانه یواشکی به یاسمن گفت : ناقلا پسر خوشتیپی هست نگفته بودی سحر جون داداش به این خوش تیپی داره

یاسمن : برای من خوش تیپی مهم نیست شخصیت مهمه

افسانه : بهش میخوره آدم با شخصیتی هم باشه

یاسمن : درسته ولی من درسم برام الویت داره تا ازدواج

طولی نکشید که بوی کباب آقا رحمان و آقای جهانی به همراهی سهند و سیاوش به مشام رسید ، احمد آقا و آقا مهدی هم مشغول بستن تاب شدند. صدای شادی بچه ها به گوش می رسید، یاسمن و افسانه و سحر مشغول قدم زدن و لذت بردن از دور و اطراف بودند. فرزانه خانم که در جمع خانمها بود گفت : فکر کنم چایی دم کشیده برم چایی بریزم.

صدیق خانم : باشه من برم استکان ها رو بیارم و از سبد وسایل در آورد و فرزانه خانم و صدیق خانم به اتفاق هم برای همه چایی ریختند و دور هم مشغول خوردن چایی شدند. بهار دخترها رو صدا کرد که برای خوردن چایی بیان. کم کم نزدیک خوردن ناهار شده بود که بهار و سولماز سفره بزرگی برای ناهار پهن کردند، و دور هم مشغول صرف ناهار شدند جو صمیمی و شادی بود سهند چند بار زیر چشمی به یاسمن که کنار خواهرش نشسته بود نگاهی کرد یاسمن متوجه نگاههای سهند بود.

افسانه زیر گوش یاسمن گفت : چیه یاسمن به کسی لبخند می زنی ؟

یاسمن : حواست به منه یا به غذا خوردنت ؟

افسانه : به هر دو تا

یاسمن : منظورت چیه ؟

افسانه : یعنی تو متوجه نگاههای دامادمون نشدی

یاسمن : چرا داره به خواهرش نگاه می کنه

افسانه : بله تو گفتی و منم باورم شده. بعد دوتایی زدند زیر خنده

در کنار هم با خنده و شادی ناهار را صرف کردند. بعد ناهار آقایون مشغول فوتبال و خانمها مشغول جمع کردن سفره بودند دخترها مشغول گره زدن سبزه. غروب شده بود صدیق خانم همه را برای خوردن کاهو و سرکه صدا زد. با تاریک شدن هوا وسایل را جمع کردند و آماده برگشتن شدند روز فوق العاده ایی در کنار هم پشت سر گذاشتند.وقتی به خانه رسیدن سیاوش و امیر باهم برای تهیه نان و شام بیرون رفتند. آقا رحمان از سمیه خانم خواست تا وسایل رابرای حرکت صبح آماده کند، افسانه و یاسمن هم تا پاسی از شب مشغول صحبت و تعریف از اتفاقات خوش که دور هم با خانواده جهانی و سحر بودند، افسانه به یاسمن گفته بود به نظر او سهند پسر خوب و با اخلاقی است و از یاسمن خواست که راجع به او بیشتر فکر کند و او ارزش فکر کردن بیشتر را دارد. بنظرش سهند احترام و شخصیت فوق العاده ایی برای یاسمن قائل بود و این از رفتارش در جمع معلوم بود تا پاسی از شب دخترخاله ها مشغول گپ و گفتگو بودند. بعد از اذان صبح آقا رحمان سمیه خانم و بچه هایش را بیدار کرد تا برای رفتن آماده شوند. صدیق خانم مقدمات صبحانه را برای آنها آماده کرد سمیه خانم باآرزو تماس گرفت و سیاوش گوشی را برداشت سمیه خانم از او خواست تا امیر و نازنین را بیدار کند و آماده شوند برای رفتن. طولی نکشید امیر و نازنین به همراه سیاوش و آرزو به جمع آنها پیوستند. صدیق خانم صبحانه مختصری آماده کرده بود دسته جمعی مشغول خوردن صبحانه شدند.سمیه خانم افسانه را هم بیدار کرد و یاسمن هم برای بدرقه آنها بیدار شد. آقا رحمان و خانواده اش بعد ار تشکر و قدردانی عازم شدند و صدیق خانم آنها را بدرقه کرد.

فصل درس و مدرسه شروع شده بود یاسمن صبح اولین روز را غبراق و سرحال به سمت دبیرستان به راه افتاد وقتی به مدرسه رسیده بود بوی مدرسه حال و هوای تازه ایی داشت، انگار همین دیروز بود دبیرستان را شروع کرده بود هنوز زنگ آغاز کلاس نخورده بود هیاهوی بچه ها سلام و تبریک گفتنای دخترها به گوش می رسید هر کی با لبخند و شادی خاطرات خود را تعریف می کرد و یاسمن هم دنبال چهره ایی آشنا بود چند تا از همکلاسیهایش را دید و به آنها سلام و تبریک گفت، از دور مرجان را دید که صدایش می زند : یاسمن، یاسمن، یاسمن

یاسمن توجه اش به سمت مرجان جلب شد به طرفش رفت و دو دوست صمیمی به هم دست دادند و شروع مدرسه را تبریک گفتند و از دیدن همدیگر شاد بودند تا اینکه سحر هم به جمع آنها پیوست و سه تایی از دیدن همدیگر خوشحال بودند صدای زنگ شروع کلاس آمد ناظم مدرسه به دانش آموزان خوش آمد و تبریک گفت و کلاسها شروع شد، روزها یکی از پس دیگری سپری شد. چند روزی بود که شاهرخ مخفیانه یاسمن را تعقیب می کرد و یاسمن متوجه نبود که شاهرخ قصد غافلگیریش را داشت، از شانس یاسمن یک روزی که سحر و یاسمن همراه هم بودند، شاهرخ با دوستش که داخل ماشین در کوچه آنها منتظر رسیدن او بود و می خواست یاسمن را به زور سوار کند ولی نمی دانست سحر آن روز همراه یاسمن بود و چون خانه شان کسی نبود قصد داشت ناهار پیش یاسمن باشد ولی شاهرخ بی خبر از همه جا فکر می کرد یاسمن مانند روزهای قبل از تاکسی پیاده میشه و مسیر کوچه را طی می کند سر بزنگاه که او از کنار ماشین رد می شود در را باز می کند و او را به زور سوار ماشین می کند. شاهرخ و دوستش

طبق نقشه شان داخل ماشین در کوچه منتظر ایستاده بود شاهرخ صندلی عقب نشسته بود و دوستش که رانندگی را بعهده داشت از داخل آینه ماشین به او گفت که چه کسی از کنار ماشین رد می شود از دور چهره یاسمن را دید و به شاهرخ گفت : انگار دو نفرن. ولی شاهرخ گفت : اشتباه می کنی یه نفره

دوباره گفت : دو نفرن ببین.شاهرخ برای اطمینان نگاهی انداخت و گفت : اه این کیه همراهش عیب نداره ما کار خودمونو می کنیم هر طور شده امروز باید گیرش بندازیم. طبق نقشه شاهرخ منتظر شد تا یاسمن کنار ماشین رسید همین که یاسمن نزدیک شد در و باز کرد و یاسمن را به داخل کشید. سحر خیلی سریع با یه لگد محکم در را به داخل بست و شروع به داد و فریاد کرد ضربه ایی که سحر به در زد دست شاهرخ را لای در فشرد و درد شدیدی برای شاهرخ ماند و باعث شد دستش را از یاسمن رها کند. راننده که صحنه داد و بیداد سحر و از درد به خود پیچیدن شاهرخ را دید هول شد و ماشین را به راه انداخت شاهرخ میخواست با یک دست یاسمن را باز به داخل ماشین بکشد اما یاسمن با تمام قوا مقاومت کرد و شاهرخ مجبور شد ولش کند. با داد و فریاد سحر و یاسمن چند تا از همسایه ها از خانه شان بیرون آمدند یکی از همسایه ها به کلانتری زنگ زده بود و چند نفری هم شماره پلاک ماشین شاهرخ را گرفته بودند و دنبالش مسافتی را دویدند ولی آنها به سرعت دور شدند و قسر در رفتند طولی نکشید که مامورین کلانتری از راه رسیدند هر کس چیزی به مامورین می گفت افسر کلانتری رو به یاسمن و سحر از آنها پرسید چه اتفاقی افتاده چرا لباستان پاره شده آیا سرنشینان ماشین مورد نظر را می شناسید ؟ آیا سوء قصد داشتند ؟ سحر کل ماجرا را شرح داد ولی نگفت که شاهرخ را میشناسد و چه کسی است.

افسر کلانتری از همسایه ها و اهالی که صحنه را دیده بودند پرس و جو کردند آنها شماره پلاک و مدل و تعداد سرنشینان و آنچه را که دیده بودند به مامورین گفتند. بعد از این اتفاق شاهرخ از ترسش مدتها مخفی شده بود و ماجرا را از طریق دوستانش پیگیری میکرد. امتحانات پایان سال هم شروع شده بود یاسمن برای گرفتن نمرات عالی سخت مشغول درس خواندن بود و چند امتحانش را با موفقیت پشت سر گذرانده بود.

آرزو ماههای آخر بارداریش بود و قصد داشت به همراه سیاوش برای وضع حمل به تهران برود تا در کنار مادرش باشد، صدیق خانم هم از تصمیم آنها استقبال کرد و گفت : امکانات و وسایل در تهران بهتر است و همین که نزدیک مادرش است و باعث دلگرمی او می شود. یاسمن دیگر نمی توانست به کمک آرزو تکیه کند برای همین بیشتر به خانه سحر می رفت چند باری به مادرش گفته بود که بعد از مدرسه برای درس خواندن به خانه سحر می رود و بعد از آن سحر و سهند او را می رسانند. یاسمن به نوعی به سحر و خانواده اش عادت کرده بود و فرزانه خانم هم با صمیمیت از یاسمن پذیرایی می کرد و جو خانه را طوری نگه می داشت که او احساس راحتی کند و سهند هم از بودن یاسمن خیلی خوشحال بود و هر وقت سحر و یاسمن را می دید می گفت : ایشاءالله دانشگاه نزدیکه و ما دو تا دانشجو داریم

سحر : خب تو دلتو صابون نزن هنوز کو تا دانشگاه.

یاسمن : مهم اینه که کی مارو می بره و میاره رفت و آمد سخته.

سهند با فرصت طلبی می گفت : شما دانشگاه و برید من در خدمتتونم.

امتحانات هم تموم شده بود تابستان شروع شده بود چند هفته از رفتن سیاوش و آرزو گذشته بود که سیاوش با خانه مادرش تماس گرفت و خبر به دنیا آمدن دخترش را داد و گفت دو سه هفته دیگر به همراه خانواده برمی گردد. صدیق خانم و یاسمن خیلی از این خبر خوشحال شدند و به سیاوش و آرزو تبریک گفتند. سیاوش با سولماز و بهار تماس گرفت و این خبر خوب را به هم آنها داد خواهر ها نیز به سیاوش و به آرزو تبریک گفتند.

یاسمن مدرک دیپلم را گرفت که فردایش خانواده سیاوش و آقا رحمان آمدند. با آمدن آرزو و دخترش جو شادی و خوشحالی در خانه شان موج می زد صدیق خانم و سمیه خانم خیلی از این اتفاق شاد بودند و دو خواهر همواره مثل پروانه دور آرزو و فرزندش می گشتند صدیق خانم در سالن برای آرزو و فرزندش جایی گذاشت تا در کنار خانواده باشد و احساس تنهایی نکند. سولماز و بهار هم شب به خانه آنها آمدند و دور هم بودند و برای آرزو و فرزندش هدایایی آوردند و برادر زاده شان را به آغوش گرفتند و غرق در بوسه کردند. شب بسیار خوبی بود و خانواده در کنار هم خیلی شاد بودند.

یاسمن بعضی از روزها به اتفاق مرجان و سحر دور هم بودند. یکی از روزها مهناز خانم مادر مرجان موضوع آموزش بهیاری را که توسط هلال احمر در ترم تابستان انجام می شد که از مشتریانش شنیده بود برای دخترش گفت، مرجان هم موضوع را با یاسمن و سحر در جریان گذاشت و گفت : چون برای رشته تحصیلی ما خوب است بهتر است باهم برویم و شرکت کنیم. کلاسها شروع شده بود یاسمن و سحر و مرجان هر روز صبح با هم به کلاس می رفتند و آموزش تزریقات و پانسمان را فرا گرفتند.

تابستان هم به اتمام رسید با آغاز سال تحصیلی یاسمن و سحر و مرجان اقدامات لازم برای ثبت نام پیش دانشگاهی را انجام دادند یاسمن معدلش را به ۱۸٫۷۵ رسانده بود و هم پای سحر و مرجان که معدلشان بالا بود رساند و دوباره سه دوست صمیمی در یک کلاس کنار یکدیگر بودند و روزهای خوبی را در کنار هم سپری می کردند. کم کم برای امتحانات کنکور آماده می شدند و هنوز یک ماهی تا امتحان کنکور باقی مانده بود و بچه ها سخت مشغول خواندن درس بودند و یک سره به خانه یکدیگر رفت و آمد می کردند سهند تا جای ممکن به آنها در رفت و آمد کمک می کرد و آنها را می رساند و بیشتر نگران یاسمن بود تا حتماً در کنکور قبول شود و به هم برسند و به سحر سفارش می کرد تا می تواند مواظب یاسمن باشد و به او کمک کند. چند روزی به امتحان کنکور باقی مانده بود، یاسمن سخت مشغول خواندن درسهایش بود یک روز قبل از امتحان آنها تمام هماهنگی های لازم را برای امتحان انجام داده بودند طبق قرارشان ساعت ۷ صبح باید سر جلسه حاضر می شدند سحر از سهند خواسته بود که برای آنکه بدون استرس به سر جلسه امتحان حاضر شوند آنها را برساند و سهند هم با جان و دل قبول کرد و نیم ساعت قبل از شروع امتحان سهند و سحر به سمت خانه یاسمن حرکت کردند. صدیق خانم برای بدرقه یاسمن تا دم در به دنبالش آمد و برایش آرزوی موفقیت کرد. با دیدن سحر و سهند یاسمن سوار ماشینشان شد و به سمت خانه مرجان به راه افتادند و او را در نیمه راه دیدند و سوار کردند و همگی به سمت جلسه آزمون حرکت کردند. بچه ها سر جلسه امتحان حاضر شدند. کارتهایشان در دستشان بود بعد از خوشامدگویی ناظر، برگه سوال ها را دریافت کردند. یاسمن و سحر و

مرجان در کنار هم نبودند ولی در دلشان امید وار بودند و مشغول پاسخگویی به سوالات شدند و به موفقیتشان در آزمون مطمئن بودند بعد از ساعاتی برگه های جوابشان را تحویل دادند و بیرون از سالن منتظر یکدیگر بودند وقتی هر سه در کنار هم قرار گرفتند یاسمن با خوشحالی گفت : عالی بود من به خوبی از عهده جوابها بر آمدم.

سحر هم گفت: ایشالله من، زیاد مهم نیستم، ولی قبول شدن تو برای ما مهم تره و سه تایی خندیدند و مرجان هم مطمن از قبولی و رتبه خوبی که کسب می کند به همراه دوستانش مشغول قدم زدن در محوطه شدند، نیم ساعتی طول کشید تا سهند به دنبال آنها بیاید. با رسیدن سهند آنها به کنار ماشین آمدند و سهند از یاسمن پرسید : یاسمن خانم خوب بود ؟

یاسمن بالبخندی گفت :عالی بود

سهند هم گفت : خدارو شکرو همگی سوار بر ماشین به سمت خانه راه افتادند. سهند در طی مسیر یاسمن و مرجان را هم به خانه هایشان رساند روزها با استرس و اضطراب برای دخترها سپری می شد تا نتیجه کنکور اعلام شد. سهند بیشتر از بقیه منتظر جواب کنکور بود.روزهای آخر هر روز منتظر جواب بود و از همه طریق پیگیری می کرد و روز اعلام نتایج سهند اولین نفری بود که برای گرفتن روزنامه اقدام کرد و خودش را زودتر از همه به روزنامه فروشی رساند تا اولین نفری باشد که خبر خوش قبولی یاسمن را می بیند. سهند همانجا به دنبال اسم یاسمن گشت و با دیدن اسم یاسمن برق شادی در چشمش موج می زد.در راه یک جعبه شیرینی گرفت. یاسمن و سحر و مرجان هنوز خواب بودند که سهند

روزنامه به دست به خانه آمد و با صدای بلند سحر را صدا زد : سحر، سحر جون قبول شدید. سحر خواب آلود با عجله بلند شد و گفت : چی شده ؟ قبول شدیم؟ باید بریم روزنامه بگیریم ببینیم

سهند : من گرفتم ایناش اسم هر سه تا تون هست اینم شیرینیش، بهتره به یاسمن هم خبر قبولیش را بدهی. بعد از چند بوق صدیق خانم بود که گوشی را برداشت

سحر : سلام خاله صدیق

صدیق خانم : سلام دخترم

سحر : خاله یاسمن هست ؟

صدیق خانم : آره دخترم، داره حاضر میشه بره روزنامه بگیره

سحر : میشه صداش کنین من روزنامه گرفتم به شما و یاسمن جون تبریک می گم، هر سه تامون قبول شدیم

صدیق خانم : خدارو شکر موفق باشین گوشی و داشته باش دخترم. لحظاتی طول کشید تا یاسمن گوشی را بردارد.یاسمن : سحر سلام

سحر : سلام یاسمن جون تبریک میگم، قبول شدی

یاسمن : جدی می گی

سحر : آره عزیزم، سهند صبح زود رفت و روزنامه رو گرفت، اینجاست می خوای بیا اینجا یا بیام دنبالت خودت ببینی

یاسمن : باشه سحر جون پس برای مرجانم زنگ بزنم با هم بیایم

یاسمن و مرجان با هم هماهنگ کردند و به سمت خانه سحر راه افتادند. در بین راه همدیگر را دیدند و به اتفاق رفتند. سحر به مرجان و یاسمن گفت: من ولیمه این قبولی را اولین شب می دهم، فردا شب شام خونه ما باشید. یاسمن با دسته گل و شیرینی و مرجان با دسته گل و تابلو منبت شعر زیبا به خانه سحر آمدند در آن شب سهند بعد از سلام و احوالپرسی با مرجان و به یاسمن گفت : یاسمن خانم قولتان را که فراموش نکردید. یاسمن نگاهی به او انداخت و گفت : نه من سر قولم هستم عجله نکنید الان دیگه نگران نباشید. دخترها شب خوبی را در خانه سحر گذراندند آخر شب سهند به اتفاق سحر، مرجان و یاسمن را به خانه شان رساند، این بار سهند ایستاد تا یاسمن کاملاً وارد خانه شود و بعد حرکت کرد. بین راه سحر و سهند کلی راجع به یاسمن و خواستگاری صحبت کردند و از سحر خواست تا از یاسمن جویا شود که آیا وقتش هست به خواستگاری بروند یا نه. بعد از سحر یاسمن جشن قبولی دانشگاه را برگزار کرد و دوستانش در کنار خانواده اش شب خوب و خوشی را پشت سر گذراندند. شب بعد مرجان جشنی را برای قبولی ترتیب داد و در کنار دوستان و خانواده اش با خوشحالی جشن گرفت. یاسمن و سحر و مرجان باهم مشورت کردند تا برای انتخاب رشته در یکی از دانشگاههای شمال در رشته پزشکی ثبت نام کنند

بعد از ثبت نام آنها منتظر شروع درس و دانشگاه بودند، یاسمن چند بار از طرف سهند توسط سحر بابت قول و قرارشان مورد سوال قرار گرفته بود. یاسمن به نوعی هنوز مردد بود که چه تصمیمی بگیرد. یاسمن به سحر گفته بود که باید

وقت بیشتری به او بدهد تا او بتواند برای آینده اش بدون استرس و فشار تصمیم بگیرد، سحر هم شرایط یاسمن را درک می کرد.

چند روزی به شروع دانشگاه مانده بود، مرجان و سحر و یاسمن با هم فرم چند دانشگاه را پر کرده بودند و باهم نمرات و معدل یک سطح داشتند و در یک دانشگاه دولتی قبول شده بودند و می توانستند برای چند سال دوباره در کنار هم باشند و از دوستی و باهم بودنشان استفاده کنند تا موفقیت خودشان را بیشتر کنند. قبل از شروع دانشگاه آنها برای خرید وسایل و لوازم مورد نیازشان چندین بار به بازار رفته بودند و تا حد امکان خریدهایشان را انجام دادند.

با شروع ترم و کلاسهای دانشگاه یاسمن و سحر و مرجان هم به دانشگاه و سر کلاسهای خود رفتند. دانشگاه برای آنها فوق العاده جذاب و آموزنده بود. محیط با نشاط و جو صمیمی بین دانشجویان و اساتید دانشگاه حاکم بود که یاسمن و دوستانش با علاقه و جدیت بیشتری جزوات و درسهایشان را آماده می کردند. از وقتی که یاسمن به همراه مرجان و سحر به کلاسهای حلال احمر رفته بود حس دکتر شدن و رسیدن به اهدافش در او بیشتر شده بود، سحر چندین بار از او خواهش کرده بود که برای بلاتکلیفی سهند تصمیم بگیرد و یاسمن همیشه با شوخی و خنده سحر را دست به سر کرده بود ولی زمانی که سحر در غذا خوری دانشگاه رو به یاسمن گفت : یاسمن جون دوست دارم همین جا کنار مرجان جون، جواب بله یا خیر خودت را راجع به ازدواج با برادرم را بدونم؟

سحر یاسمن را در یک منگنه احساسی قرار داده بود یاسمن نگاه معنی داری به سحر انداخت و گفت : سحر جون چرا اینجوری شدی به تو نمی یاد؟

مرجان : راست می گه سحر جون. بعد رو کرد به یاسمن و گفت : یاسمن تو هم خیلی سخت میگیری، آقا سهند که این همه آقاست تازه هر شرایطی که تو گداشتی قبول کرد، بهتر نیست یه جواب قانع کننده بدی ما هم کلی خوشحال بشیم

یاسمن : مرجان جون راستش می ترسم، سحر جون به خدا دوست دارم ولی فکر می کنم شاید نتونم از پس همه چیزهای زندگی بر بیام

سحر : من که کنارتم، تازه اگه زن داداشم باشی بیشتر با هم هستیم راحت تر می تونیم از پس درس و دانشگاه و مشکلاتمون بر بیام

مرجان : راست می گه به نظر منم سحر جون خواهر شوهر خوبی میشه اگه به غیر این بود خودم به حسابش می رسم و سه تایی زدن زیر خنده

یاسمن : خدا بگم چی کارت نکنه مرجان جون، من اگه شما دوستای خوبمو نداشتم الان معلوم نبود چی کار می کردم، باشه سحر جون بخاطر روی گل تو و مرجان جون قبول، آقا داداشتم می تونه تا جمعه بیاد من زنش بشم، خوبه ؟

سحر : آخ جون، جدی یاسمن جون،

یاسمن : باور کن، جدی گفتم

مرجان : به سلامتی، یه جشن افتادیم

سحر : وای آخ جون. بعد هم یاسمن را در آغوش کشید و گونه های ش را غرق بوسه کرد

یاسمن :خوبه، وای ندید بدید چی گفتم مگه کشتی منو بسه

سحر : دیونه تو داری زن داداش من میشی خیلی خوشحالم

مرجان هم یاسمن را در آغوش گرفت و بوسید و تبریک گفت بعد هم به یاسمن گفت : حالا شدی دختر عاقل، خیلی برات خوشحالم

یاسمن : اگه چیزیم شد و نتونستم دکتر بشم شما مقصرید

مرجان : دیونه ایی، من و سحر همیشه کنارتیم، نمیزاریم از درس خوندن بیفتی تا ما رو داری غصه هیچی رو نخور

سحر : آره یاسمن جون اتفاقاً از این به بعد خودم بیشتر هوای درستو دارم، درس نخونی کتکه رو خوردی، نزدیکم هستی می تونم.

یاسمن : اِ جدی می گی ببین از این خواهر شوهر و زن داداش بازی سرت در بیارم خودم هر روز تنبیهت می کنم کارای خونه و انجام بدی وقت سر خاروندن نداشته باشی. بعد هم سه تایی خندان به سر کلاس رفتند تا به درسهایشان برسند. شب جمعه نزدیک بود یاسمن سر شام موضوع خواستگاری و آمدن خانواده جهانی را برای مادرش تعریف کرد و به مادرش گفت : که امروز در دانشگاه سحر موضوع آمدن خانواده اش را برای خواستگاری دوباره در میان گذاشته است و چون نمی توانستم او را ناراحت کنم گفتم : باشه با مادرم مشورت می کنم و خبرش را به تو می گویم

صدیق خانم : کار خوبی کردی دخترم حالا نظر خودت چیه؟ به نظر من آقا سهند باید پسر خوب و با شخصیتی باشه و معلوم هم هست که با جدیت و علاقه تو را می خواهد و این یکی دوسال هم که منتظرت شده خودش نشانه تصمیم جدی او برای بدست آوردن تو می باشد.

یاسمن : آره مامان جون منم تا حدودی او و خانواده اش را شناخته ام، همچنین منو سحر دوستای خوب و صمیمی هستیم تا اینجا که با خانواده او و مادر و پدرش آشنا شدم آدمهای خونگرم و مهربانی هستند و برای شخصیت من احترام قائلن. به نظر من هم سهند پسر خوبی هست اگه شما اجازه بدید بیان خواستگاری

صدیق خانم : من از خدامه دختر خوشگلم سر و سامون بگیره، عزیز مامان باشه فردا رفتی دانشگاه به سحر جون بگو برای شب جمعه می تونن به اتفاق خانواده بیان ما منتظرشونیم. صدیق خانم دخترش را در آغوش کشید و گونه های یاسمن را بوسید و گفت : ایشالله خوشبخت بشی دخترم من موضوع خواستگاری را برای خواهرها و برادرت می گم اونا هم آمادگی داشته باشن عزیزدلم، تو به کارت برس

یاسمن : باشه مامانی، ممنونم

صدیق خانم لبخندی به روی دخترش زد. یاسمن هم به اتاقش برگشت، روی تخت نشست. یاسمن با افکار گوناگون و خاطرات دور و نزدیک ذهنش را جستجو می کرد تصمیم داشت آخرین تیکه از زخم عشق گذشته را از وجودش به دور بی اندازد خاطرات تلخ و شیرینی که سالها با آنها زندگی کرده بود، برای لحظه ایی به گذشته دور برگشت به زمانی که با دخترخاله اش افسانه مشغول شیطنت و بازیگوشی کودکانه بودند، به زمانی که برای خرید به پاساژ رفته بودند به یاد کاغذ مچاله شده ایی که او را سالها در گیر خواسته های ناخواسته کرده بود ، به یاد عشقی که از یک کاغذ مچاله شده شروع شده بود، باید این آخرین تکه از زخم کهنه را به همان جای بر می گرداند که گرفته بود. یاسمن از روی تخت بر

خواست به سر کشوی میزش رفت. بین دفتر خاطرات گذشته اش جستجو کرد، خودش بود، همان کاغذ چین و چروک و چسب خورده که رویش نوشته شده بود شاهرخ و بعد هم شماره تماس و ساعت تماس نگاهی به آن انداخت خودش نمی دانست چرا این تکه کاغذ برایش آن همه خاطره و درد سر ایجاد کرده بود یاسمن وقتی کاغذ را دستش گرفت برای لحظه ایی تمام وجودش یخ شده بود عرق سردی بر پیشانی اش نشست تمام استرس اضطراب کودکانه در وجودش افتاده بود انگار همین دیروز بود که با افسانه دزدکی کاغذ را برداشتن و بی خبر از چشم خانواده برای شاهرخ زنگ زدند، برای یاسمن مرور خاطرات گذشته هم شیرین بود هم تلخ و رنج آور، برای آخرین بار نگاهی به کاغذ و نوشته های رویش انداخت، تصمیم داشت با سحر و مرجان برای یک بار آخر به پاساژ بروند و این تلخ ترین خاطره گذشته را همان گونه که برداشته بود به صاحبش پس بدهد تا در ذهنش گذشته ایی باقی نمانده باشد که بین او و آینده و قولش به یک عشق نو پا فاصله ایی ایجاد کند. یاسمن روی تختش دراز کشید، آرام آرام خواب چشمانش را فرا گرفت. صدای صدیق خانم در گوشش پیچید که میگفت : چقدر می خوابی دخترم دانشگاهت دیر میشه، پلکهایش را گشود.

یاسمن: وای چقدر خوابیدن حال میده. با صدای کمی رسا به مادرش سلام کرد و گفت : الان میام مامان دست و صورتمو بشورم. بعد هم برای شستن دست و صورتش رفت، صدیق خانم هم میز صبحانه را برای یاسمن آماده کرده بود تا یاسمن صبحانه اش را بخورد و به دانشگاهش برود. صدیق خانم قصد داشت تا به خانه بهار برود و همانجا هم برای سولماز تماس بگیرد تا به خانه خواهرش بیاید تا او در مورد خواستگاری با آنها مشورت و گفتگو کند. یاسمن با گفتن سلام

به مادرش روی صندلی کنار میز صبحانه نشست. صدیق خانم جواب سلام یاسمن را داد و با لبخندی دلنشین به روی دخترش از او استقبال کرد و گفت : من امروز میرم خونه خواهرت بهار تو هم بعداز ظهر از دانشگاه اومدی یه راست بیا اونجا

یاسمن : باشه مامان.

یاسمن بعد از صبحانه به اتاقش برگشت و برای رفتن به دانشگاه آماده شد، برای اطمینان بین کتابش را نگاهی انداخت و کاغذ مچاله شده را بین ورقهایش دید. برای سحر دوباره زنگ زد تا آنها هم برای حرکت آماده باشن، سحر به او گفت : در خانه منتظر بماند تا به اتفاق سهند بیاید و با هم به دنبال مرجان بروند

یاسمن : باشه چشم منتظر می مونم زودتر بیاین تا دیرمون نشه

سحر : باشه داریم حرکت می کنیم، پس فعلاً

یاسمن : باشه میبینمتون، چند دقیقه بعد یاسمن دم در منتظر آمدن آنها ایستاد تا صدای بوق ماشین سهند را شنید از در حیاط بیرون رفت. سهند قبل از اینکه یاسمن چیزی بگوید لبخندی زد و سلام کرد، یاسمن هم جواب سلامش را داد و سوار ماشین شد بعد با سحر دست داد و احوالپرسی کرد

سهند : خانم رضایی ممنون که قبول کردید

یاسمن لبخند زنان گفت : اگه قبول نمی کردم که سحر جون منو کشته بود

سحر : وا، یاسمن جون من کی تهدیدت کردم، خودت داشتی بالا و پائین می پریدی وقتی من پیشنهاد دادم.

یاسمن : آها پس وقتی پیشنهاد دادی بالا و پائین می پریدم، خوبه یه شاهد داریم که تا چند لحظه دیگه به جمع ما اضافه میشه اگر بر عکسشو گفت مجبوری ناهار مهمونمون کنی تا الکی تهمت نزنی.

سحر : خوب باشه من تسلیم،آره داداش من اصرار کردم تا قبول کنه

یاسمن : راستی مامان قبول کرد و گفت برای شب جمعه خوبه تشریف بیارید

سهند : واقعاً چه خوب خوشحالم کردید، خیلی عالیه، یاسمن خانم ممنونم، مطمن باشید از انتخابتون پشیمون نمی شید

یاسمن لبخندی زد زیر لب آهسته گفت : می دونم

سحر : کلک چی زیر لب گفتی به منم بگو تا بدونم

یاسمن خنده آرومی کرد و گفت : تو دختر چقدر فضولی ، چرا می خوای از تمام کارام سر در بیاری،بزار خودم زود شوهرت میدم بری

سحر : چرا یاسمن جون تازه می خوام با زن داداشم خوش باشم ، دلت میاد منو ردم کنی

یاسمن : فدای تو بشم شوخی کردم،باشه باش ور دلم باهم ترشی بندازیمت

سحر : از دست تو باز که منو نصفه کاره یخ کردی.

سر کوچه مرجانم ایستاده بود ،سهند کنار خیابان ترمز کرد و مرجان سوار شد و با دیدن آنها به همه سلام کرد و گفت : به به می بینم، جمع شما جمع شده آقا داماد و عروس خانم، دیگه سرویس ایاب و ذهاب ماهم ردیف شده، آقا سهند

دست شما درد نکنه زودتر می اومدید هم کار مارو راه می انداختین هم این دختره را یه سر و سامون می دادید

یاسمن : خوبه تو هم مرجان جون، زیاد دلت و صابون نزن. امروز استثناء بود که آقا سهند تشریف آوردند و ما رو رسوندند، از فردا طبق روال، خط یازده و سواری با ماشین خطی هست

سحر : آره مرجان جون کافیه یاسمن جون یه ندا بده ما هم از بلاتکلیفی در بیایم، برای رفتن به دانشگاه اینقدر التماس نکنیم، آقا داداش تا فهمیدن یاسمن جون تشریف دارند قبول کردند ما رو برسونند

سهند : اِ سحر جون، تو خودت خواستی منم قبول کردم که شما را برسونم و یاسمن خانمو

یاسمن : حالا اشکالی نداره، منم می دونم بخاطر سحر جون اومدید آقا سهند داشتم شوخی می کردم.

سهند : وای از دست شما دخترا هنوز هیچی نشده آدم و مجبور می کنید جبهه بگیره ، والله بالله هر دوی شما برام به یه اندازه عزیزید،خوبه

سحر : می دونم، داشتم شوخی می کردم داداش

یاسمن : آره آقا سهند شما جدی نگیرید منو و سحر جون ناراحت نمی شیم. نزدیک دانشگاه شده بودند بعد از مسافتی سهند آنها را جلوی دانشگاه پیاده کرد و از سحر پرسید : می خواین برگشتنی تماس بگیرید بیام دنبالتون

سحر : نه داداش تو دیگه زحمت نکش راه دوره، خودمون ماشین می گیریم بر می گردیم،دستت درد نکنه مارو رسوندی. یاسمن و مرجان هم تشکر کردند و وارد دانشگاه شدند

یک ساعتی طول کشید تا سهند به مغازه برگشت، شیفت کاری خودش بعد از ظهر بود و صبح برای کمک به پدرش در مغازه می ماند، سهند وقتی به مغازه رسید موضوع قبول خواستگاری توسط خانواده رضایی و یاسمن را برای پدرش بازگو کرد. حسین آقا از شادی اشک شوق در چشمانش حلقه زده بود با شادمانی پسرش را در آغوش کشید و به او تبریک گفت : خدا رو شکر مادرت از شنیدن این خبر خیلی خوشحال می شه. منم فکر نمی کردم این خانواده به زودی راضی بشن، ایشالله به خیر و خوشی پس ما باید برای شب جمعه آماده باشیم

سهند : بابا تو زیاد نگران کارهای پیش رو نباش همه چیزها حله تا جمعه زیاد وقت داریم

حسین آقا : آره پسرم، باشه

بین دو جلسه کلاس یاسمن موضوع کاغذ مچاله شده و تصمیمش را برای پس انداختنش را برای سحر و مرجان تعریف کرد و از آنها خواهش کرد برای آخرین بار او را تا پاساژ همراهی کنند تا او بتواند ، آخرین و مهم ترین قسمت باقی مانده از خاطره کهنه را به صاحبش بر گرداند و خیال خودش و او را برای همیشه از زندگیش راحت کند

سحر : یاسمن جون تو دیوانه ایی بگیر پاره کن بنداز دور، حوصله داری دوباره به اونجا برگردی

یاسمن : نه سحر جون اگه می خواستم این تیکه کاغذ و پاره کنم تا حالا پاره کرده بودم این کاغذ مچاله شده یک عشق درد آور برای من بود باید ذهنم را از تمام اما و اگرها پاک کنم، اگه نمیای اشکالی نداره من خودم میرم.

مرجان : نه یاسمن جون مگه میشه ما با تو نیایم حق با توهه تمام مشکلات و دردسرهایی که طی سالها با اون دست به گریبان بودی از این کاغذ مچاله شده لعنتی شروع شده، مرجان نگاهی دقیق به کاغذ چسب زده انداختو نوشته های رویش را خواند. سحر هم نگاهی به کاغذ چین و چروک دار کرد و گفت : واقعاً از یک نوشته و یک شماره چقدر غم بزرگ و مشکلات بوجود آمده، باشه یاسمن جون حق با توئه، باشه باهم می رویم تا برای همیشه تو را از شر این بی همه چیز خلاص کنیم

جلسه آخر کلاس تمام شد و یاسمن و سحر و مرجان طبق قرار به سمت پاساژ حرکت کردند، برای راحت تر رسیدن به مقصد یک اتومبیل کرایه ایی گرفتن تا بتوانند سریعتر و زودتر به مقصد برسند ، بعد از ۲۰ دقیقه راننده آنها را روبروی پاساژ که یاسمن آدرس داده بود پیاده کرد و یاسمن کرایه را حساب کرد. سه تای به سمت مغازه شاهرخ به راه افتادن همین که وارد پاساژ شدند یاسمن احساس استرس و ترس کرده بود ولی مرجان دستش را گرفت و گفت : یاسمن جون ما همراهتیم و به او دل گرمی داد و سحر هم دستش را گرفت و گفت :من هم کنارتم این آخرین باره که می تونه ناراحتت کنه ولی قوی باش. وقتی روبروی در مغازه شاهرخ رسیدن مغازه تعطیل بود. مرجان نفس راحتی کشید و گفت : بهتر، ریخت آشغالشو نمی بینیم. یاسمن : آره واقعاً : خیالم راحت شد بهتر بریم روبروی ویترین تا من بتونم کاغذ را از زیر در بندازم داخل مغازه بعد

هم بریم. یاسمن خم شد و از شکاف زیر در کاغذ مچاله شده را به داخل پرت کرد و بعد هم به مرجان و سحر گفت : بریم دیگه خیالم راحت شد درونم چیزی از گذشته نگذاشتم که فکرم ومخدوش کنه

سحر : آره بریم

مرجان : واقعاً امیدوارم هیچ وقت این عوضی را نبینم

یاسمن : امیدوارم

از پاساژ بیرون اومدن.

یاسمن من باید برم خونه خواهرم و با دوستانش خداحافظی کرد و سوار تاکسی شد ولی سحر و مرجان پیاده راه افتادن، زیاد راه تا خانه شان نداشتن، بین راه مرجان از سحر پرسید : خواستگاری فردا شبه ؟

سحر : آره مرجان جون، من که لحظه شماری می کنم

مرجان : یاسمن جون دختر فوق العاده اییه، ایشاء الله با داداشت خوش بخت بشه

سحر : ممنونم به نظر منم همینطوره، من که عاشقشم.از خیلی سال پیش که دوست شدیم دوست داشتم همچین موقعیتی پیش بیاد و اون زن داداش من بشه

مرجان : ناقلا، پس خیلی ساله که انتخابش کردی

سحر خندید و گفت : آره مرجان جون بین هم کلاسیام هم خوشتیپ بود و هم خوش برخورد و مهربان و درس خوان و با وقار همه جوره هم قبولش داشتم و از کل ماجراهای زندگیش هم با خبر بودم. می دونستم حد خودشو تو دوستی با

یک پسر غریبه همیشه حفظ می کنه چون کنارش بودم و تمام حرفهاشو برام می گفت، و از بابت دوستی قبلیش نگران نبودم

مرجان : خوش بحال یاسمن جون که یه دوست خوب مثل تو همیشه همراهش بود و هواشو داشت ، سحر تو هم دوست خوب منی از وقتی شناختمت جز خوبی و محبت از تو هم چیزی ندیدم، مرجان جون به دوستی با تو هم افتخار می کنم اگه یه داداش دیگه داشتم حتماً تو رو براش انتخاب می کردم.و باهم خندیدند

مرجان : ممنونم سحر جون من هم از دوستی با تو و یاسمن جون خوشحالم ، شما دوستهای فوق العاده ایی هستید. سر کوچه مرجان از سحر خداحافظی کرد سحر باید دو تا کوچه پائین تر می رفت سحر هم از مرجان خداحافظی کرد و به سمت کوچه و خانه شان رفت

شب خواستگاری هم فرا رسید، سهند در تب و تاب بود آخر وقت به آرایشگاه رفته بود و خودش را مرتب و آماده کرد. دسته گل زیبایی هم برای یاسمن تهیه دیده بود، رز قرمز و زنبق سفید که به طرز زیبایی توسط گل فروش در سبدی تزئین شده بود را سفارش داده بود که هنگام برگشت به خانه از گل فروشی گرفت ، کت و شلوارش را که روز قبل از اتو شویی گرفته بود روی تختش آماده پوشیدن بود. سحر و مادرش هم در حال آماده شدن بودند. حسین آقا هم آماده شده بود. ساعت۸,۳۰ شده بود که همگی به اتفاق سوار ماشین شدند.

سحر به شوخی به سهند گفت : داداش چقدر این کت و شلوار بهت میاد هر کی تو رو ببیند بی برو برگرد جواب مثبت میده، دست گلت هم که حرف نداره.

سهند لبخندی زد و گفت :ممنون خواهری، امیدوارم کردی، ایشالله برای خودتم دست گل زیبا بیارن

سحر : وا باز تو داری منو از سرت وا می کنی، آخه من چه هیزم تری به تو فروختم که تو می خوای زودتر از شرم خلاص شی

سهند : شوخی کردم باش پیش خودمون، کی میاد تو رو بگیره

سحر : حق داری، حالا که کاراتو رو به راه کردم وگرنه کی می اومد زن تو بشه ، حیف زن داداش گلم که داره حروم تو میشه

سهند : خواهری نگو، یعنی من اینقدر بدم

سحر : آها خوب باشه، نه زیاد زیادم. خودتو گم نکن اگه من نبودم ، حالا تو برام کر کری نمیخوندی و داشتی پیرمرد میشدی

سهند : باشه دستت درد نکنه

سحر : خوب حالا خودتو نباز شوخی کردم رسیدیم اونجا خودتو دست کم نگیر. شوخی کردم داداشم خوش تیپ و خیلی هم جوون و با کلاسه، تازه خوش اخلاق و مهربون هم هستی

حسین آقا : رسیدیم بچه ها اونجا مواظب حرفاتون باشید بزارید ما بزرگترها صحبت کنیم، شما لطف کنید ساکت باشید تا ما بتونیم راحت تر مسئله را جوش بدیم به خیر و خوشی پیش بره

سهند : به چشم باباجون

سحر : چشم بابائی من که همیشه ساکتم

حسین آقا : میدونم دختر گلم

حسین آقا دم در منزل رضایی ماشین را پارک کرد ، فرزانه خانم و سحر و سهند قبل از آنکه حسین آقا ماشین را کنار کوچه پارک کند جلوی در منتظر حسین آقا شدند. سهند دسته گل زیبا را در دست داشت، رو به سحر گفت : ببینم وقتی یاسمن خانمو دیدم دسته گل و بهش بدم، چیزی باید بگم یا نه فقط سلام، قابل شما رو نداره

سحر : چی شده به تته پته افتادی، داداش نترس یاسمن جون آدم ساده و مهربونیه همون سلام و تقدیم گل به نظرم برای این برخورد کافیه

سهند : باشه حالا نوبت تو هم میشه می بینیم کی تته پته می کنه

فرزانه خانم :بچه ها شما اینجا هم دست از کل کل بر نمی دارید، باباتونم اومد، سهند جون زنگ ایفون و بزن

سهند دستش رو زنگ آیفون فشار داد چند لحظه طول نکشید که سیاوش گفت : بله بفرمائید

حسین آقا بود که قبل از سهند گفت : سلام آقای رضایی

سیاوش : آقای جهانی ، بفرمائید بعد هم در حیاط را باز کردو گفت : آقای جهانی و خانواده اومدن من برم تا دم در

صدیق خانم : باشه پسرم تو برو استقبال. داخل خانه همه خودشان را برای استقبال آماده می کردند سیاوش هم تا دم در به استقبال رفت.سیاوش سلام گرم و پر مهری به حسین آقا و سهند و فرزانه خانم و سحر کرد و از آنها

دعوت کرد که به داخل خانه بروند ، حسین آقا هم از سیاوش و مهرورزی و قدردانی او تشکر کرد و کمی از احوالات و کارش جویا شد. سیاوش به اتفاق خانواده آقای جهانی به سمت خانه و سالن به راه افتاد آقا مهدی و احمدآقا دم سالن روی پله منتظر مهمانان بودند تا به خانواده آقای جهانی به خصوص سهند دوست و همکار خود خیر مقدم و احوالپرسی کنند. از وقتی آقا مهدی و احمد آقا فهمیدند که یاسمن نظر مثبت به سهند دارد آنها هم از این تصمیم خواهر زن خود خوشحال بودند و سهند را فردی لایق و مسئولیت پذیر و مورد احترام و در شان یاسمن و خانواده می دانستند. آقا جهانی با آقا مهدی و احمد آقا سلام و احوالپرسی کرد و بعد آقا مهدی با سهند هم دست داد و احمد آقا هم مشغول خوش آمد گویی به فرزانه خانم و سحر بود و احمد آقا بعد احوالپرسی و خوش آمدگوئی به خانواده آقای جهانی با سهند مشغول احوالپرسی شد و آنها را به داخل خانه همراهی کرد.سهند با دسته گل زیبائی که در دست داشت به همراه خانواده، آخر از همه وارد شد. صدیق خانم و دخترهایش با فرزانه خانم و خانواده اش سلام و احوالپرسی کردند و و بعد از خوش آمد گویی هر یک در جایی نشستند. یاسمن هم در بین به گرمی مورد استقبال و تعریف و تمجید فرزانه خانم و شوخی های شیرین سحر و لطف و مهربانی های پدرانه حسین آقا قرار گرفته بود، سهند هم با لبخند با یاسمن روبرو شد و بعد سلام دست گل زیبا را به او تقدیم کرد. یاسمن : دست گل زیباییست و لبخندی به روی سهند زد و به خاطر دست گل زیبا از او تشکر کرد، سهند خواهش می کنم قابل شما رو نداشت.

در دو جمع دو خانواده بحث و گفتگو پیرامون قرار مدارهای عقد و ازدواج سهند و یاسمن بالا گرفته بود. احمد آقا از طرف خانواده رضایی بیشتر نظرات و انتظارات آنها را بیان می کرد.حسین آقا هم به احترام کم و بیش با انتظارات و نظرات آنها موافق بود. بحث مهریه و عقد و محرمیت به میان آمد، دامادهای خانواده رضایی با بیان این که ما رسم گذشته را محترم می شماریم در این خانواده ۱۰۰ سکه و یک شاخه نبات و قران رسم هست و به نظر ما این شرایط هم برای ما و هم برای آقا سهند منصفانه باشد

سهند هم با لبخند تائید کرد و آقای جهانی هم موافق این موضوع بود مانده بود خرید طلا و پوشاک برای عروس و داماد که آن را هم خانمها باهم گفتگو می کردند قرار و مدارها بین دو خانواده به خوبی گذاشته شده بود. قرار شد یاسمن و سهند برای گروه خون بین هفته بروند تا همه چیز مرتب شود و قرار و مدارهای مراسم عقد را بگذارند و مراسم را برگزار کنند.شب از نیمه گذشته بود همه چیز به خوبی و خوشی سپری شد. خانواده آقای جهانی با اشاره حسین آقا از جایشان بر خواستند

حسین آقا : زحمت دادیم ان شاء الله همیشه به خوبی و خوشی باشد ما رفع زحمت کنیم

سیاوش : زحمت کشیدین تشریف داشتین ،افتخار دادین مبارک شما هم باشه. بعد از خداحافظی به سمت خانه حرکت کردند.خانواده رضائی برای لحظه ایی دور هم نشستند و از این اتفاق شاد بودند همه به یاسمن تبریک گفتند و بعد هم سولماز و بهار از همه خداحافظی کردند و به خانه شان رفتند.

آرزو و سیاوش به همراه آسایش که در بغلش خوابیده بود از جایشان برخواستند ، یاسمن آسایش را بوسید و نوازش کرد و آنها هم به خانه شان رفتند. یاسمن و صدیق خانم تنها شدند و کلی حرف برای هم داشتند

صدیق خانم از اتفاقات پیش رو خوشحال بود.نصیحتهای مادرانه صدیق خانم به یاسمن آغاز شد و گفت : خانواده خوبی به نظر می رسند ان شاء الله در زندگی هم با هم خوب باشین زندگی مثل یک دفتر نانوشته است که خودت آن را می نویسی پس سعی کن چیزهای خوبی بنویسی در زندگی پستی و بلندی هست داری و نداری داره به شوهرت همیشه احترام کن بزار دوستت داشته باشه همیشه مونس و همراهت باشه هیچی رو هم به شوهرت ارجحیت نده. خلاصه صدیق خانم کلی سفارش به یاسمن کرد و یاسمن هم فقط با گفتن چشم چشم به حرفهای مادرش گوش می داد. بعد از صحبتهای صدیق خانم یاسمن گفت : مامانی من خیلی خسته شدم اگر اجازه بدی برم بخابم

صدیق خانم : برو عزیزدلم منم خیلی خسته ام شبت بخیر

صبح با صدای تلفن یاسمن از جا برخواست مرجان بود، یاسمن گوشی را بر داشت و خواب آلود گفت : بله بفرمائید

مرجان : سلام یاسمن جون چه خبر خوبی چی شد ان شاء الله که درست شد ، چه کاره ایم بیایم عروسی یا نه

یاسمن : سلام مرجان جون خوبی صبح شما هم بخیر

مرجان : صبح نیست کله ظهره، تو تنبل شدی تقصیر ما نیست ، نگفتی چی شد؟

یاسمن : چقدر عجله داری تو تازه اینا اومدن، شانس آوردم تو جای سحر نیستی وگرنه من دیونه میشدم

مرجان : حالا خودتو لوس نکن چیکار کردی از پسره خوشت اومد

یاسمن : نه راستش خواهرش خیلی پر روئه

مرجان : باز تو داری گیر میاری ما رو

یاسمن : شوخی کردم همه چیز درست شد ، قرار ها گذاشته شد می خواهیم هفته بعد بریم گروه خون اگه جواب مناسب بود دعوتت می کنم

مرجان : جدی ، چه خبر خوبی خیلی برات خوشحالم

یاسمن : مرسی عزیزم ایشاءالله مراسم عروسی تو بیایم

مرجان : حالا کو تا من، بزار عروسی تو رو پیش ببریم بعد سحر هست تا من خیلی مونده

یاسمن: اِ تو انگاری میخوای ترشی بشی مرجان جون

مرجان : نه عزیزم می خوام دکتر بشم بعد فکر ازدواج بیفتم

یاسمن : ان شاء الله همینطور هم میشی فعلاً

مرجان : خداحافظ عزیزم

روز رفتن به گروه خون یاسمن کمی دست پاچه بود، قبل رفتن سحر تماس گرفت و خبر آمدنشون را به اطلاع یاسمن رسانده بود و از او خواست تا حاضر

شود که به اتفاق سهند برای گروه خون بروند. یاسمن هم کمی وقت خواست و به سحر گفت : تا یه ساعت دیگه آماده می شم

گروه خونی آنها با هم دیگه مچ بود و سهند از خوشحالی داشت بال در می آورد. بعد از گرفتن جواب مثبت گروه خون، سهند برای گرفتن هدیه برای همه همراهان و از جمله یاسمن آنها را به فروشگاهی که از قبل می شناخت برد و از آنها خواهش کرد که به سلیقه خود چیزی را به عنوان هدیه قبول کنند. بعد هم به اتفاق در بازار به قنادی رفتند و سفارش بستنی مخلوط با فالوده و کیک رولت خامه ایی داد که همگی با اشتهاء و شادی باهم خوردند سهند برای هر دو خانواده یک جعبه شیرینی خامه ایی خرید تا از این که یاسمن و او می توانند بدون دردسر و مشکل خونی با هم ازدواج کنند اوج خوشحالیش را نشان داده باشد بعد از دو ساعت سهند و سحر و یاسمن و سولماز به خانه برگشتند.

سهند یاسمن و خواهرش سولماز را به خانه شان رساند و بعد خداحافظی از آنها به اتفاق سحر به خانه رفتند. مراسم عقد یاسمن و سهند با حضور اعضای خانواده دو طرف و دوستان صمیمی آنها در تالار باشکوه برگزار شد و سهند و یاسمن در آغاز بهار طبیعت بهار زندگی مشترک خود را به شادی جشن گرفتند و باهم پا در مسیر زیبای زندگی مشترک نهادند. در مراسم عقد یاسمن سحر و مرجان سنگ تمام گذاشتند و هدیه ایی به یاد ماندنی به یاسمن دادند یاسمن هم از داشتن آنها و زحمتهایی که سحر و مرجان برای او کشیدند قدر دانی کرد و برای هر دو آنها آرزوی خوشبختی کرد. طبق قرار سهند و یاسمن، آنها تصمیم گرفتن مراسم عروسی را تا پایان دانشگاه یاسمن صبر کنند. یاسمن با جدیت بیشتری درس خود را ادامه می داد سحر و مرجان هم بیشتر هوای کار

او را داشتن آنها با هم پاره وقت در بیمارستان کار می کردند و هم بیشتر بر تجربه خود می افزودند. چهار سال اول دانشگاه آنها بخوبی پیش رفت و آنها توانستند مدارک اولیه را بگیرند این بین مرجان از همه بیشتر وقتش را در بیمارستان و کلینیک می گذراند. در یکی از شبهای پائیز اتفاق خاصی در بیمارستان رخ داده بود. پیج بیمارستان مرجان را فوری به اتاق عمل خواسته بود به خاطر بیمار تصادفی که آورده بودند. مشخصاتی که راننده آمبولانس ارائه کرده بود مصدوم موتور سواری بود که به شدت با یک اتومبیل تصادف کرده بود از ناحیه سر و دست و پا به شدت آسیب دیده بود و هشیاری خود را از دست داده بود بعد از اینکه مصدوم وارد بیمارستان شد به قسمت رادیولوژی بردند و از شکستگی هایش عکس گرفتند. مصدوم همراهی نداشت و آنچه در پرونده مصدوم نوشته بود مصدوم در آن وقت شب هیچ همراهی نداشت جز چند راننده اتومبیلی که در صحنه تصادف به آنجا رسیده بودند و بعد از رادیولوژی بیمار سریعاً به اتاق عمل برده شد، با پیج اتاق پرستارها مرجان طبق عادت همیشه که مسئول اتاق عمل بود خودش را به اتاق عمل رساند و در اولین نگاه به مصدوم در جایش خشکش زده بود و از آنچه می دید شوکه شده بود بروی برانکارد کسی نبود جز شاهرخ که خونینی و مالین افتاده بود برای لحظه ایی مرجان حس درد آور عجیبی پیدا کرده بود، مردد بود که چه بگوید خوشحال باشد یا اینکه ناراحت ولی حس پرستاری و نجات جان انسانها او را وادار کرد که سریعاً مصدوم را معرفی کند و اقدامات اولیه را شروع کند. برای نجات جان مصدوم به تقلا و تکاپو افتاد و قبل از آمدن جراح اقدامات اول نجات را آغاز کرد با آمدن دکتر مرجان به عنوان پرستار مراقب شرح حال وضعیت

بیمار را برای دکتر شرح داد و با گفتن اسم بیمار از دکتر خواهش کرد برای نجات جانش کاری کند چند ساعتی به سختی و دشواری در اتاق عمل پیش رفت تا دکتر جراح توانست مصدوم حادثه را احیاء کند. بعد از آنکه شاهرخ را به بخش مراقبتهای ویژه بردند مرجان هم بعد از آمدن از اتاق عمل سری به او زد که خودش دوباره وضعیت شاهرخ را چک کرد و بعد هم به قسمت پرستاران رفت و شرح کلی شاهرخ از اسم و آدرس او را به ایستگاه پرستاری داد تا به خانواده اش اطلاع دهند. مرجان از آن چیزی که دیده بود خدا را سپاس گفت و از تنبیه و سرنوشت بد شاهرخ برایش طلب بخشش کرد. مرجان بعد از انجام کارهای بیمارستان با یاسمن تماس گرفت. یاسمن بعد از سلام گفت : چه خبر مرجان جون این وقت شب ایشالله خیره ؟

مرجان : امشب یه مصدوم عجیب داشتم تو بیمارستان

یاسمن : خدانکرده آشنا بود ؟

مرجان : اتفاقاً آشنا بود کسی که خودم دوست داشتم بلائی به سرش بیارم.

یاسمن : خب بگو کی بود ؟

مرجان : شاهرخ، به سختی تصادف کرده و بیهوش تو کماست. صدمه شدیدی دیده ما هر کاری که در توانمون بود براش انجام دادیم، بقیه اش با خداست.

یاسمن : جدی خیلی عجیبه، می گن دست روزگار گذر همه را به هم می رسونه، بازم بزرگی خودتو نشون دادی

مرجان : این وظیفمه که جون آدمها رو نجات بدم، فقط می خواستم بهت بگم که خدا جای حق نشسته

یاسمن نفس عمیقی کشید و گفت : درسته واقعاً

مرجان : بیشتر مزاحمت نمیشم یاسمن جون، من برم خسته ام

یاسمن : مواظب خودت باش می بینمت

روزها پشت سر به هم به همین منوال گذشت بعد از چندماه شاهرخ به هوش آمد. پدر و مادر شاهرخ از به هوش آمدنش خیلی خوشحال بودند و خدارو شکر کردند. مرجان طی چند ماهی که شاهرخ در بیهوشی بسر می برد کمکهای بسیاری به خانواده شاهرخ کرده بود. برخلاف شاهرخ پدر و مادرش انسانهای فهمیده و درد آشنایی بودند و از زحمتهایی که مرجان برای آنها و بهبودی شاهرخ می کشید قدردانی می کردند. با مرخص شدن شاهرخ پدرش هنگام ترخیص از ایستگاه پرستاری خواست تا پرستاری که در آن مدت به آنها کمک کرده بود را پیج کنند و از خانواده اش خواست تا کمی صبر کنند تا آن پرستار را یک بار دیگر ببینند. وقتی پدر شاهرخ به همراه پرستار به قسمت ترخیص آمدند شاهرخ از آنچه می دید شوکه شده بود.

پدر شاهرخ گفت: این خانم پرستار برای نجات جانت خیلی تلاش کرد آن زمانی که در اتاق عمل و بیهوش بودی همیشه مراقبت بود

شاهرخ با شرمندگی سرش را پائین انداخته بود و آنچه که می دید برایش باور کردنی نبود تنها شکسته و با صدای نا مفهوم گفت : ممنونم که نجاتم

دادی. برای مرجان همین قدر کافی بود که شاهرخ متوجه شد که او می توانست تلافی کند ولی جانش را نجات داد.

سالها گذشت یاسمن و سهند به خوبی در کارهایشان موفق شدند و باهم ازدواج کردند و سهند هم زندگی زیبا و رویائی که به یاسمن قولش را داده بود فراهم کرد و آن دو در کنار هم کانون گرمی را برای هم محیا کردند. سحر و مرجان هم کم و بیش به آنها سحر می زدند و هر دوی آنها دکتر شده بودند و زندگی آنها با موفقیت و خوبی در جریان بود. تابستان فرا رسیده بود یاسمن با چشمانی خواب آلود از خواب بلند شده بود چند وقتی بود احساس عجیبی داشت به مادرش زنگ زد و بعد از احوالپرسی صدیق خانم جویای حال او و سهند شد و به او خبر داد که افسانه و همسرش قرار است به شمال بیایند

یاسمن : وای چه خوب، کی مادر ؟بعد راستی مامان می خواستم بپرسم که من احساس عجیبی دارم اشتها ندارم

صدیق خانم : مبارکه ایشالله که درست باشد

یاسمن : ولی مامان خبر تو بهتر بود

صدیق خانم : خبری که تو دادی خیلی بهتره عزیزم ایشالله که صاحب یه نی نی کوچولو خوشگل بشید.

با آمدن افسانه خاطرات کودکی و نوجوانی برای یاسمن زنده شده بود. یاسمن و افسانه در کنار هم اوقات خوشی را سپری می کردند سحر هم به جمع آنها می پیوست و چند روزی را با مرجان بودند. دوستان قدیم اوقات خوبی را در کنار هم سپری می کردند و هر کدام برای خود حرف و خاطره ایی داشتند و آنها از

داشتن همدیگر لذت می بردند. زندگی در جریان بود هر کسی برای خود آینده ایی در نظر داشت توام با آرامش و آسایش و عشق سر لوحه یک زندگی شیرین و بادوام برای آنها بود.

پایان